JN451971

일본설화의 민속세계

일본설화의 민속세계

인 쇄 2013년 1월 10일
발 행 2013년 1월 15일

저 자 김용의
발행인 지병문
발행처 전남대학교출판부

등 록 1981년 5월 21일 제53호
주 소 500-757 광주광역시 북구 용봉로 77
전 화 062-530-0571~2
마케팅 062-530-0573
팩 스 062-530-0579
홈페이지 http://www.cnup.co.kr

ISBN 978-89-97620-87-6 (93380)

가격 15,000 원

이 도서의 국립중앙도서관 출판시도서목록(CIP)은 e-CIP홈페이지(http://www.nl.go.kr/ecip)와 국가자료공동목록시스템(http://www.nl.go.kr/kolisnet)에서 이용하실 수 있습니다.
(CIP제어번호: CIP2013000132)

일본설화의 민속세계

김 용 의 저

전남대학교출판부

도노(遠野)시의 도노역 정면 모습이다. 역 앞에 "민화의 고향 도노에 오신 것을 환영합니다."라고 쓴 간판이 세워졌다. 촬영 : 김용의

도노(遠野)시의 갓파(河童) 사당. 바로 근처에 갓파가 살았다고 전해지는 개울이 있다. 촬영 : 김용의

도노(遠野)시에 거주하는 전문 이야기꾼이 이 지역을 방문한 관광객을 상대로 이야기를 들려주고 있다. 촬영 : 김용의

'오시라사마'라고 부르는 민속신의 신상(神像)이다. '오시라사마'는 일본 동북지방을 중심으로 민간에서 널리 믿었던 민속신앙의 신이다. 촬영 : 김용의

도노(遠野)지역의 우풍제(雨風祭)에 사용되던 짚인형 촬영 : 김용의

도노(遠野)시의 거리에 설치된 야나기타 구니오의 흉상 촬영 : 김용의

세하 우타키(斎場御嶽) 입구에 설치된 조형물. 세하 우타키(斎場御嶽)는 오키나와의 대표적인 우타키로 세계유산으로 지정되어 있다. 촬영 : 김용의

세하 우타키(斎場御嶽) 안의 제사유적지. 류큐왕부 시절에 기코에오키미(聞得大君)이라 부르던 최고위직의 여성사제가 이곳에서 제사를 지냈다. 촬영 : 김용의

오키나와 기노완(宜野湾)시의 거리 모퉁이에 설치된 이시간토(石敢当). 이시간토(石敢当)은 주로 네거리에 설치하는 일종의 부적이다. 촬영 : 김용의

후텐마궁(普天宮) 동굴 내부에 있는 암석에 금주을 치고 신격화한 모습. 동굴 곳곳에서 신격화된 기암암석을 발견할 수 있다. 후텐마궁은 오키나와 기노완시에 위치해 있다. 촬영 : 김용의

서 문

저자는 이 책에서 민속학적 관점에서 일본설화를 조명하고자 하였다. 이 책은 제1부 『도노 모노가타리(遠野物語)』의 민속세계, 제2부 오키나와 설화의 민속세계, 제3부 한국과 일본의 설화 비교, 모두 3부로 나누어 구성하였다.

제1부는 『도노 모노가타리(遠野物語)』에 관한 2편의 논문을 수록하였다. 『도노 모노가타리』는 이와테현(岩手県) 도노(遠野) 출신의 사사키 기젠(佐佐木喜善)이라는 사람이 도노지역에 전승되던 이야기를 구술하고, 이를 민속학자 야나기타 구니오(柳田国男)가 채록하여 성립하였다. 『도노 모노가타리』에는 모두 119화에 이르는 이야기가 수록되어 있다. 일본민속학의 기념비적 작품이라는 평가에 걸맞게, 일본의 민속학은 물론이고 일본문학을 비롯한 여러 학문 분야에 많은 영향을 주었다. 저자는 이를 『도노 모노가타리-일본민속학의 원향』(2009, 전남대학교 출판부)이라는 제목으로 한국어로 번역하여 소개하였다. 이를 계기로 『도노 모노가타리』의 민속학적 의의와 내용을 분석한 몇 편의 논문을 발표하기도 하였다. 이 책에는 그 논문들 중에서 설화연구와 직접 관련이 있는 1편을 골라서 수록하였다. 저

자는 2009년 11월에 도노 지역을 답사하였다. 그 답사 성과를 정리한 논문이 이 책에 「일본 도노(遠野)지역 갓파(河童)전승의 관광상품화 양상」이라는 제목으로 수록한 논문이다.

제2부는 오키나와의 설화에 관한 논문 4편을 수록하였다. 저자는 2002년 4월부터 5개월 동안 오키나와에 체류하면서 오키나와 민속을 현지에서 조사하고 공부하는 기회를 가졌다. 그 때 조사한 성과를 바탕으로 후에 오키나와 민속에 관한 몇 편의 논문을 발표하였는데, 그 중에서 설화연구에 대한 4편의 논문을 골라서 이 책에 수록하였다. 그 중에서 2편은 『유로설전(遺老説伝)』에 관한 논문이다. 저자가 이를 『유로설전-오키나와 민족설화집』(2010, 전남대학교출판부)이라는 제목으로 한국어로 번역하여 소개한 것이 연구의 계기가 되었다. 『유로설전』은 류큐왕부(琉球王府)에서 편찬한 설화집이다. 편년체로 기술된 오키나와의 정사(正史)인 『구양(球陽)』의 외권(外巻)으로 편찬되었는데, 모두 141편에 이르는 흥미로운 설화가 수록되어 있다.

다른 2편의 논문은 오키나와의 남단에 위치한 하테루마지마(波照間島)에 전해지는 파이파티로마 전설에 관한 연구이다. 파이파티로마는 이 지역 사람들 사이에 구전되던 지상의 낙원(楽園)을 가리키는 말이다. 파이파티로마의 전승 양상을 고찰하고, 그 낙원 전설이 문학에 수용되는 과정을 분석하였다.

제3부는 한국설화와 일본설화를 비교한 2편의 논문을 수록하였다. 「한일 요괴설화 비교연구의 과제」는 일본에서 활발하게 연구되는 '요괴학'의 성과를 참고로 하여 한일 요괴설화 비교를 위한 몇 가지 문제점을 짚어보고자 하였다. 「한일 동물설화의 비교연구(1)」에서는 설화에서 절대적으로 큰 비중을 차지하는 동물설화를 주목하여, 한국과 일본의 동물설화를 비교하였을 때에 드러나는 특징을 밝히고자 하였다.

이 책은 저자가 그 동안 여러 학술지에 발표한 논문 중에서 일본 설화연구와 관련된 8편의 논문으로 구성하였다. 이번에 책으로 엮으면서 다시 읽어보니, 논지가 뚜렷하지 않거나 자료가 빈약한 부분이 눈에 많이 띈다. 다시 수정하고 보완하여 책으로 엮어야겠다는 생각이 들었지만, 그 동안 저자가 공부해온 과정을 돌이켜 반성하고 새로운 학문적 결의를 다진다는 의미에서 오탈자 위주로 수정하는데 그쳤다. 이 책에 수록된 논문이 발표된 학술지를 밝히면 다음과 같다.

- 『도노 모노가타리(遠野物語)』의 요괴전승 : 『일본학연구』 21집 2007.5월 단국대학교 일본연구소
- 일본 도노(遠野)지역 갓파(河童)전승의 관광상품화 양상 : 『일

어일문학연구』 82집 2012. 8월 한국일어일문학회

- 『유로설전(遺老説伝)』 우타키(御嶽) 유래설화의 양상과 유형 : 『일본어문학』 45집 2010. 6월 한국일본어문학회
- 『유로설전(遺老説伝)』에 전하는 오키나와의 비주르 신앙 : 『일본어문학』 47집 2010. 12월 한국일본어문학회
- 오쿠다 히데오의 『사우스 바운드』에 수용된 오키나와의 '파이파티로마' 전설 : 『일본연구』 30집 2011.2월 중앙대학교 일본연구소
- 오키나와 야에야마(八重山) 지역의 낙원 전설-하테루마지마(波照間島)의 파이파티로마 전설- : 『일어일문학연구』 80집 2012. 2월 한국일어일문학회
- 한일 요괴설화 비교연구의 과제 : 『일본어문학』 2집 1996. 12월 한국일본어문학회
- 한일 동물설화의 비교연구(1) : 『일본어문학』 10집 2001. 3월 한국일본어문학회

부족한 성과지만, 이 책이 나오기까지 많은 분들로부터 가르침과 도움을 받았다. 2002년 오키나와에 체류하던 시절부터 지금까지 저자의 오키나와 민속 이해를 위해 도움을 주신 이나후쿠 미키코(稲福みき子) 교수와 가리마타 게이이치(狩俣恵一) 교수를 비롯한 오키나와국제대학 남도문화연구소의 선생님들께 감사의 마음을 전하고자 한다. 2009년 도노지역 답사 때에 동행하여 도움을 주신 도쿄학예대학의 이시이 마사미(石井正己) 교

수께는 그 학문적 열정에 경의를 표할 따름이다. 일본 게이오대학 노무라 신이치(野村伸一) 교수님, 중앙대학교 박전열 교수님, 그리고 국제일본문화연구센터 고마쓰 가즈히코(小松和彦) 교수님께는 지금까지도 이어지는 사제지간의 학연과 가르침에 감사드린다. 끝으로 교정단계에서 수고를 아끼지 않은 대학원생 차주연님, 편집을 위해 애써주신 전남대학교출판부의 편집부 여러분께 진심으로 감사드린다.

2012년 12월 동지를 맞이하며

저자 김용의

목 차

서 문 ———————— 10

제1부 『도노 모노가타리(遠野物語)』의 민속세계

『도노 모노가타리(遠野物語)』의 요괴전승

1. 일본의 요괴연구와 『도노 모노가타리(遠野物語)』 ——— 22
2. 『도노 모노가타리(遠野物語)』의 요괴의 종류 및 성격 — 27
2.1. 산에 사는 요괴(山の怪) ———————— 37
2.2. 망령(亡霊) ———————— 41
2.3. 동물요괴(動物の怪) ———————— 44
2.4. 집에 사는 요괴(家の怪) ———————— 46
2.5. 물에 사는 요괴(水の怪) ———————— 52
3. 『도노 모노가타리(遠野物語)』의 요괴전승의 특징 ——— 56

일본 도노(遠野)지역 갓파(河童)전승의 관광상품화 양상

1. 일본의 지역활성화 운동과 갓파(河童) ———————— 64

2. 도노(遠野)지역의 지역활성화와
『도노 모노가타리(遠野物語)』 — 66
3. 『도노 모노가타리(遠野物語)』 갓파(河童)전승의
관광상품화 — 73
4. '고향' 이미지의 상품화 — 91

제2부 오키나와 설화의 민속세계

『유로설전(遺老說伝)』에 전하는 오키나와의 비주르 신앙

1. 일본과 오키나와의 석신(石神) 신앙 — 98
2. 『유로설전(遺老說伝)』에 전하는 오키나와
석신(石神) 신앙의 양상 — 101
3. 『유로설전(遺老說伝)』에 전하는 오키나와의
비주르 신앙 — 112
4. 오키나와 비주르 신앙의 현재적 의의 — 117

『유로설전(遺老說伝)』 우타키(御嶽) 유래설화의 양상과 유형

1. 오키나와의 민속종교와 우타키(御嶽)신앙 — 124
2. 『유로설전(遺老說伝)』의 우타키(御嶽) 유래설화의 양상 — 127
3. 『유로설전(遺老說伝)』의 우타키(御嶽) 유래설화의 유형 — 131
3.1. 자연물의 신격화 — 131
3.2. 동물의 신격화 — 133
3.3. 인물의 신격화 — 135

4. 『유로설전(遺老説伝)』의 우타키(御嶽)신앙의 특징 —— 145

오키나와 야에야마(八重山) 지역의 낙원 전설
- 하테루마지마(波照間島)의 파이파티로마 전설 -

1. 하테루마지마(波照間島)의 파이파티로마 전설 —— 150
2. 역사적 기록과 전설 사이의 파이파티로마 —— 153
3. 오키나와의 니라이카나이 관념 —— 159
4. 오키나와의 니라이카나이 관념과 파이파티로마 —— 170

오쿠다 히데오의 『사우스바운드』에 수용된 오키나와의 '파이파티로마' 전설

1. 오키나와는 '일본의 파라다이스'인가 —— 176
2. 오키나와의 낙원 전설과 신화적 감성 —— 177
3. 『사우스바운드』의 오키나와 표상장치 —— 182
4. 『사우스바운드』의 이원론적 대립구도 —— 188
5. 『사우스바운드』에 나타난 '파이파티로마'의 수용 양상 – 193
6. 현대 일본사회의 낙원을 찾아서 —— 197

제3부 한국과 일본의 설화 비교

한일 요괴설화 비교연구의 과제

1. 서론 —— 206
2. 일본의 요괴연구 —— 209

2.1. 채집과 분류 209
2.2. 요괴와 유령 212
2.3. 요괴와 신에 대한 관념 215
3. 한국의 '요괴' 연구 220
3.1. 귀신과 도깨비의 개념 220
3.2. 일제 식민지 시대의 귀신 연구 227
3.3. 일본의 오니(鬼)와 한국의 도깨비 230
4. 결론 235

한일 동물설화의 비교연구(1)

1. 머리말 240
2. 한국과 일본의 동물설화 243
2.1. 한국의 동물설화 243
2.2. 일본의 동물설화 252
2.3. 한국과 일본의 동물설화 264
3. 일본의 〈원숭이와 게의 싸움(猿蟹合戦)〉과 한국의 〈게와 원숭이〉 266
3.1. 일본의 〈원숭이와 게의 싸움(猿蟹合戦)〉 266
3.2. 일본의 〈원숭이와 게의 싸움(猿蟹合戦)〉에서 한국의 〈게와 원숭이〉로 273
4. 맺음말 280

제1부
『도노 모노가타리(遠野物語)』의 민속세계

『도노 모노가타리(遠野物語)』의 요괴전승

일본 도노(遠野)지역 갓파(河童)전승의 관광상품화 양상

『도노 모노가타리(遠野物語)』의 요괴전승

1. 일본의 요괴연구와 『도노 모노가타리(遠野物語)』
2. 『도노 모노가타리(遠野物語)』의 요괴의 종류 및 성격
   - 2.1. 산에 사는 요괴(山の怪)
   - 2.2. 망령(亡霊)
   - 2.3. 동물요괴(動物の怪)
   - 2.4. 집에 사는 요괴(家の怪)
   - 2.5. 물에 사는 요괴(水の怪)
3. 『도노 모노가타리(遠野物語)』의 요괴전승의 특징

1. 일본의 요괴연구와 『도노 모노가타리(遠野物語)』

일본의 민속문화를 연구하다 보면, 여러 방면에서 요괴(妖怪)[1] 라는 존재를 의식하게 되는 경우가 많이 있다. 이는 단지 민속문화에만 한정된 것이 아니라 일본문화 전반에 걸쳐 찾아볼 수 있는 현상이라고도 할 수 있다. 일본의 문학사, 미술사, 예능사 등을 개관해 보면, 수많은 종류의 요괴가 다양한 방식으로 등장하고 있음을 확인할 수 있기 때문이다. 그 영향 때문인지, 일본에서는 '요괴학(妖怪學)'이라는 이름으로, 요괴연구를 일정한 학문적 틀을 갖춘 독립된 학문 분야로 정착시키고자 하는 연구가 시도되기도 했다.[2]

일본에서 본격적인 요괴연구가 시작된 것은 민속학자 야나기

---

1) 일상적인 일본어로는 '요카이(妖怪)'보다 '오바케(お化け)'가 일반적으로 흔히 사용되었다. 요괴라는 용어가 한국어로도 다소 생소한 느낌을 주지만, 이 논문에서는 일본에서 이미 요괴라는 용어가 학술적으로 폭넓게 사용되고 있는 점을 감안하여 '요괴'라는 용어를 사용하기로 한다.
   민속학자 宮田登가 지적하고 있는 것처럼, '요괴(妖怪)'라는 용어는 일본어로는 비교적 새로운 용어이다. 예를 들면 일본의 고대 문헌에는 요괴라는 용어의 용례가 보이지 않고, 오늘날의 요괴에 해당하는 존재를 '모노노케(物の怪)'라고 지칭했다. 宮田登 『妖怪の民俗学』 (岩波書店, 1990) p.4.

2) 대표적인 연구로 小松和彦의 『요괴학신고(妖怪学新考)』를 들 수 있다. 小松和彦는 '요괴학'을 가리켜, '요괴문화학'이자 요괴를 매개로 하여 인간에 관한 이해를 심화하는 '인간학'이라 정의하였다. 또한 연구영역을 현실세계에 존재하는 요괴현상, 문학작품이나 회화 등에 등장하는 요괴라는 둘로 크게 나누어 정리하고 있다. 小松和彦 『妖怪学新考』 (小学館, 1994) p.8.

타 구니오(柳田国男, 이하 야나기타)의 영향이 절대적이었다고 볼 수 있다. 야나기타 이전에도, 히라타 아쓰타네(平田篤胤)나 이노우에 엔료(井上円了)의 주목할 만한 연구가 있었지만,[3] 야나기타가 제시한 요괴의 유형분류 및 연구방법론을 축으로 하여, 연구자들 사이에서 논의가 전개되기에 이른다. 야나기타의 요괴연구는 후학들 사이에서 한편으로는 계승되고 한편으로는 비판받는 양상을 띠며 논의가 전개되어 왔다.

야나기타는 요괴연구의 필요성에 대해 주로 세 가지 점을 강조하였다. ①일본의 각지에서 전승되는 요괴의 종류를 채집하여 전국적인 분포를 파악해야 한다. ②요괴와 유령을 구별하여 설명할 필요가 있다. ③요괴와 신(神)을 같은 계열로 파악하여 민간신앙의 신이 쇠퇴한 결과 요괴가 발생하였다고 본 점이 그것이다.[4] 이후 일본의 요괴연구는 야나기타가 강조한 앞의 세 가지 점을 중심으로 논의가 전개되었다고 해도 과언이 아니다.

①에 관해서 야나기타는 본인이 직접 감수한 『종합일본민속어휘(綜合日本民俗語彙)』(1955~1956)에서, 요괴의 출현장소를 기준으로 하여 산에 사는 요괴(山の怪), 길에 사는 요괴(道の

---

3) 平田篤胤의 연구로는 『稲生物怪録』・『古今妖魅考』(모두 平田篤胤全集 9巻에 수록) 등이 있다. 井上円了의 연구로는 『妖怪学講義』가 있다. 井上円了의 경우는 오늘날의 연구경향과는 달리, 요괴의 존재 자체를 부인하며 요괴현상을 과학적 지식으로 설명하려 한 점이 특징이다.

4) 小松和彦 앞의 책 pp.15~18. 柳田国男의 요괴연구에 관해서는 「妖怪談義」(『定本柳田国男集』 第四巻 1963)를 참조. 일본의 요괴연구의 전개과정 및 쟁점을 개관할 수 있는 국내 논고로는 김용의(1996) 「한일 요괴설화 비교연구의 과제」(『日本語文學』 제2집)를 참조.

怪), 나무에 사는 요괴(木の怪), 물에 사는 요괴(水の怪), 바다에 사는 요괴(海の怪), 눈 요괴(雪の怪), 집에 사는 요괴(家の怪), 불요괴(火の怪), 소리요괴(音の怪), 동물요괴(動物の怪)로 분류를 시도하였다.[5] 『종합일본민속어휘』에는 일본의 전국 각지에서 채집한 요괴와 관련한 어휘가 400여 개 정도 수록되어 있다. 이후에 야나기타 구니오의 분류방법은 곤노 엔스케(今野円輔), 지바 미키오(千葉幹夫) 등이 답습하였다.[6]

야나기타는 ②요괴와 유령의 구별을 위한 기준으로 세 가지 점을 제시하였다. 즉 요괴는 유령과 달리 출현장소가 대개 정해져 있으며, 또한 요괴는 상대를 고르지 않고 평범한 다수를 대상으로 교섭을 시도하며, 유령은 반드시 정해진 시각에만 출현한다는 것이다.[7] 이 같은 야나기타 구니오의 생각에 정면으로 반론을 제기한 연구자로 고마쓰 가즈히코(小松和彦)를 들 수 있다. 고마쓰 가즈히코는 야나기타의 구별 기준이 대강의 기준은 될지라도, 구체적인 사례를 검토할 경우에 들어맞지 않는 경우가 많음을 지적한다.[8]

---

5) 民俗学研究所編 『改訂綜合日本民俗語彙』 柳田国男監修 (平凡社, 1970) pp.404～406.

6) 今野円輔는 柳田国男와 마찬가지로 우선 출현장소에 따라 요괴를 분류한 후, 동물요괴 : 동물 이외의 요괴, 일정한 지역에 정착 : 왕복, 순회를 기준으로 분류를 추가하였다. 千葉幹夫는 기물(器物)요괴를 새로 추가하고, 일본의 각 현(県)별로 나누어서 요괴의 종류, 출현장소, 특징에 관해 간단한 해설을 곁들였다. 今野円輔(1959), 「妖怪」『日本民俗学大系』 第八巻, 小学館. 千葉幹夫(1995), 『全国妖怪事典』, 小学館.

7) 柳田国男(1963), 「妖怪」『定本柳田国男集』 第四巻, 筑摩書房. pp.292～293.

③요괴와 신(神)을 같은 계열로 파악하여 신의 존재를 믿는 민간신앙이 쇠퇴한 결과 요괴가 발생하였다고 본 것은, 야나기타의 요괴연구에서 가장 핵심적인 부분이라고 할 수 있다. 야나기타는 민간신앙의 신과 요괴를 같은 계열로 보고서, 신에 대한 신앙이 쇠퇴한 결과로 요괴가 발생한 것으로 간주하였다. 즉 신의 영락한 모습이 요괴라고 일원론적으로 해석한 것이다. 이 점에 관해서 미야타 노보루(宮田登)나 고마쓰 가즈히코는 신에서 요괴, 요괴에서 신으로 유동적인 변모를 할 수 있다고 다른 해석을 하였다.9)

이 논문은 흔히 일본민속학의 출발로 여겨지는 『도노 모노가타리(遠野物語)』(이하, 『도노 모노가타리』로 표기)의 요괴전승을 개관하고, 요괴전승에 등장하는 요괴의 종류를 구체적으로 분류하여 파악하는 것이 목적이다. 여기서 말하는 「요괴전승」이란, 요괴가 등장하여 인간과 여러 가지 형태로 관계를 맺는 이야기라는 의미이다.

『도노 모노가타리』는 이와테현(岩手県) 도노(遠野) 출신의 사사키 기젠(佐佐木喜善)이 도노지역에 전승되던 이야기를 구술한 것을 야나기타가 직접 듣고서 채록한 것이다.10) 1910년 사

---

8) 小松和彦는 平田篤胤의 『稲生物怪録』을 예로 들면, 유령에도 출현하는 장소가 정해진 것이 있으며, 특정한 상대로 한정하여 출현하지 않는 경우가 있음을 지적하고 있다. 小松和彦, 앞의 책, pp.16~17.

9) 宮田登(1975), 「祀り上げ祀り棄ての構造」『国文学』第二十第一号, 学灯社. 小松和彦(1979), 「妖怪-山姥をめぐって」『日本の民俗宗教』, 弘文堂.

10) 『도노 모노가타리』의 성립과정에 대해서는 야나기타가 서문에서 비교적 상세하게 언급하고 있다.

가판(私家版)으로 쇼세이도(聚精堂)에서 350부가 처음 출판되었으며, 1935년에 초판을 증보한 『도노 모노가타리 증보판(遠野物語 增補版)』(郷土研究社)이 출판되었다.

일본민속학의 기념비적 작품이라는 평가에 걸맞게, 일본의 민속학은 물론이고 일본문학을 비롯한 여러 분야에 많은 영향을 주었다.[11] 직접 관련이 있는 예를 하나 들자면, 작가 이노우에 히사시(井上ひさし)는 『도노 모노가타리』에 자극받아서 『신석 도노 모노가타리(新釈 遠野物語)』를 펴냈으며, 그의 장편소설 『기리기리진(吉里吉里人)』은 『도노 모노가타리』에 소개된 '기리기리(吉利吉里)'라는 지명에서 따온 것이다.[12]

『도노 모노가타리』에는 모두 119화에 이르는 귀중한 이야기가 수록되어 있다. 이 중에서 제1화와 제2화는 도노지역의 지세

---

11) 초판이 발간된 이후로 인문사회과학 분야의 많은 연구자들이 주목하였으며, 연구사에 관해서는 石内徹(1996)에 세밀하게 잘 정리되어 있다. 石内徹는 연구사를 제1기 초판 평가시기, 제2기 재판 평가시기, 제3기 재평가 시기, 제4기 평가 확립시기, 제5기 연구심화와 다양화의 시기라는 다섯 시기로 나누어 고찰하였다. 石内徹(1996), 「『遠野物語』研究小史」『柳田国男遠野物語作品論集成Ⅰ』, 大空社. pp.1～37.

石内徹가 정리한 연구사 이후의 주목할 만한 성과로는 川森博司를 꼽을 수 있다. 川森博司의 연구는 현재 도노(遠野)지역에서 민담의 구술대상이 지역주민이 아닌 관광객으로 바뀐 점을 주목하여, 구술자료가 어떻게 관광자원으로 활용되고 있는가를 고찰하고 있다. 즉 컨텍스트의 변화에 따라 텍스트가 어떻게 변하는지를 주목하였다. 이 점은 민속자원을 활용한 지역활성화 운동에 관한 연구에 많은 도움이 된다. 川森博司(2000), 「観光の場のなかの昔話と語り手-岩手県遠野の事例から-」『日本昔話の構造と語り手』, 大阪大学出版会.

12) 『도노 모노가타리』의 제5화, 제100화에 기리기리(吉利吉里)라는 지명이 나온다.

(地勢)에 관한 기록이며, 마지막 제119화는 사자춤(獅子舞)을 출 때 부르는 노래의 가사를 모아놓은 것이다. 이 글에서는 모두 119화에 이르는 전체 이야기의 내용을 분석하여 여기에 등장하는 요괴의 종류 및 성격에 관해 분석하기로 한다. 내용 분석을 위한 텍스트로는 이와나미(岩波) 문고판 『遠野物語・山の人生』(岩波文庫, 1976)을 사용하였다.[13)]

2. 『도노 모노가타리(遠野物語)』의 요괴의 종류 및 성격

『도노 모노가타리』에는 다양한 요괴가 등장하여 도노지역 사람들과 여러 가지 형태로 관계를 맺고 있다. 요괴와 지역 사람들이 팽팽한 대립관계를 보이는가 하면, 서로 접근하여 성적(性的) 관계를 맺기도 한다. 요괴는 사람들에게 공포를 불러일으키는 무서운 존재이지만, 때로는 요괴와 좋은 관계를 유지한 덕분에 부자가 되기도 한다.

〈표 1〉은 필자가 『도노 모노가타리』에 수록된 모두 119화에

13) 『도노 모노가타리』는 1910년에 초판이 출판된 이래 문고판만 해도 여러 종류가 출판되었다. 이들 판본에는 초판본을 따른 것과 증보판을 따른 두 종류가 있다. 또한 문어체의 텍스트를 알기 쉽게 현대 일본어로 번역한 것으로 後藤総一郎가 감수한 『口語訳 遠野物語』(河出書房新社, 1992)가 있다. 텍스트의 변천과정 및 내용의 차이에 관해서는 石井正己(1997)에 자세히 언급되어 있다. 石井正己(1997), 「テクストとしての柳田国男」『Area Mook 民俗学がわかる』, 朝日新聞社 pp.63~67.

이르는 이야기를 대상으로 등장요괴, 목격자, 출현장소, 요괴의 외형적 특징으로 나누어 분석한 결과이다. 〈표 1〉의 출전번호는 원문에 매겨져 있는 이야기 번호이다. 모두 119화 중에서 무려 73화에 요괴가 등장한다. 말하자면 『도노 모노가타리』 중에서 모두 73화가 요괴전승인 셈이다.

〈표 1〉을 보면 살펴보면 전체적으로 세 가지 특징이 있음을 알 수 있다. 첫째 요괴의 출현장소로 산 속 공간이 압도적으로 많이 차지한다. 그 이유로는 도노(遠野)지역이 사방으로 산으로 둘러싸인 지역임을 감안할 필요가 있겠다.[14] 말하자면 요괴가 서식할 수 있는 '생태적' 환경에 크게 좌우된 셈이다. 도노지역 사람들에게 있어서 산 속은 대부분의 경우에 사람들이 일상생활을 영위하는 일상적인 공간이라기보다, 요괴가 거주하는 비일상적인 특수한 공간으로 인식되었음을 확인할 수 있다. 둘째 요괴를 목격한 사람이 매우 구체적으로 드러나 있다. 특히 목격자로는 사냥꾼이나 숯 굽는 사람과 같이 산 속에서 생업을 영위하는 사람들이 많은데, 대부분의 이야기에서 요괴의 목격자가 이야기를 매우 생생하게 전달하고 있기 때문에 '사실적인' 측면이 강조되었다. 셋째 이야기에 등장하는 요괴의 외형적인 특징이

14) 제1화 및 제2화에서 도노지역의 지세에 관해 설명하고 있는데, 이에 따르면 도노지역은 가미헤이군(上閉伊郡)의 서쪽 절반으로 산으로 둘러싸인 평지이다. 사방으로 둘러싸인 산들 중에서 가장 빼어난 산을 하야치네(早池峯)라 부르며, 북쪽 쓰쿠모우시(附馬牛) 안쪽에 위치해 있다. 동쪽으로는 롯코우시산(六角牛山)이 서있다. 이시가미산(石神山)은 쓰쿠모우시(附馬牛)와 다쓰소베(達曾部)의 사이에 있으며, 높이는 앞의 두 곳보다 낮다고 되어 있다.

표 1 『도노 모노가타리(遠野物語)』의 요괴전승

출전 번호	등장요괴	목격한 사람	출현 장소	특징
3	야마온나(山女), 야마오토코(山男)	사냥꾼 : 사사키 가헤에 (佐佐木嘉兵衛)	산속	야마온나 : 아름다움, 긴 검은 머리, 흰 얼굴, 키가 큼 야마오토코 : 키가 큼
4	야마온나(山女)	기치베(吉兵衛) 집안 주인	산속	젊음, 긴 검은 머리
5	야마온나(山女), 야마오토코(山男)	미상	산속	미상
6	부잣집 딸(長者の娘) : 요괴아내	사냥꾼(같은 마을 사람)	산속	
7	야마오토코(山男), 납치당한 여자	사냥꾼(같은 마을 사람)	산속	키가 매우 큼, 눈빛이 날카로움
8	사무토 할머니 (サムトの婆)	친척, 아는 사람		
9	정체불명(山人?)	기쿠치 야노스케	고개	큰 목소리
14	오쿠나이사마, 오시라사마			가택신, 신상(神像) 을 모심.
15	오쿠나이사마	아베씨(阿部氏)	논	키가 작은 아이 모습, 신상(神像)
16	곤세사마, 오코마사마			곤세사마와 오코 마사마는 신체(神 体)가 비슷함
17	자시키와라시	①이마부치 간주로의 딸 ②사사키씨 어머니	집안	열두세 살 된 아이 모습 ①사내아이 ②코푸는 소리
18	자시키와라시	아무개 남자	다리 부근	여자 아이
21	여우	마고자에몬	집안	

출전 번호	등장요괴	목격한 사람	출현 장소	특징
22	망령 (사사키씨의 증조모)	사사키씨 어머니	집안	생전의 모습
23	망령 (사사키씨의 증조모)	많은 사람들	집문	생전의 모습
27	젊은 여자	이케노하타 집안주인	연못	젊은 여자가 편지를 부탁함
28	중 모양의 사람(山人)	아무개 사냥꾼	산속 움막	커다란 몸집
29	커다란 남자 세 명 (山人)	하네토 집안주인	산속	커다란 남자 세 명, 무서운 눈빛
30	커다란 남자(山男)	아무개 남자	산속	몸집이 크다, 세 척이 되는 짚신
31	이인(異人)			여자를 납치
32	흰 사슴(白鹿)	사냥꾼	산속	시스케 곤겐(死助 権現)으로 제사
33	괴음(怪音)	버섯 캐러가서 산에서 자는 사람	산속	큰 나무를 쓰러 뜨리는 소리, 노래소리
34	여자(山女)	숯 굽는 사람	산속 움막	긴 머리를 두 갈래로 나눔
35	달려가는 여자(山女)	사사키씨 할아버지 동생	산속	달려감
36	원숭이의 홋타치 (猿の経立) 개의 홋타치(犬の経立)	하교 길의 아이들	바위산 위	앞모습은 망아지, 뒷모습은 작음
44	원숭이의 홋타치 (猿の経立)	숯 굽는 사람	산속 움막	
45	원숭이의 홋타치 (猿の経立)	미상		사람과 비슷함, 여색 을 즐겨서 민가의 여 자를 납치, 털가죽이 갑옷처럼 단단함

출전번호	등장요괴	목격한 사람	출현장소	특징
46	원숭이의 훗타치(猿の経立)	아무개 남자	산속	
47	원숭이의 훗타치(猿の経立)		산속	사람을 보면 도망치면서 나무열매를 던짐
49	젊은 여자(若き女)	나그네	산속	머리카락을 늘어뜨림, 빙그레 웃음
54	사령(주인집 딸)	부잣집 하인	연못속	베 짜는 여자
55	갓파(川童)	②밤에 여자 거처를 드나듬	①강가에 있는 집 ②강가에 있는 집	①2대 째 갓파의 아이를 배다. 태어난 아이를 베서 통에 넣고 묻다. 생긴 모습이 매우 추했다.②갓파의 아이를 낳았는데 손에 물갈퀴가 있었다.
56	갓파(川童)	아무개 집안		갓파의 아이를 낳았는데 몸이 새빨갛고 입이 컸다.
57	갓파(川童)		강변모래밭	갓파의 발자국, 사람 손과 비슷
58	갓파(川童)	신야(新屋) 집안	연못	갓파가 나타나서 연못으로 말을 끌어들임
59	갓파(川童)	사사키씨 증조모	집정원	사내아이 모습
60	여우	가헤에(嘉兵衛) 할아버지	산속움막	총구에 흙을 채움

출전 번호	등장요괴	목격한 사람	출현 장소	특징
61	흰 사슴(白鹿)	가헤에(嘉兵衛) 할아버지	산속	사슴 모양을 한 흰 바위
62	중 모습을 한 남자	가헤에(嘉兵衛) 할아버지	산속 움막	붉은 옷을 걸침
63	마요이가(マヨイガ)	미우라(三浦) 아무개	산속 외딴 집	정원에 꽃이 만발하고 닭이 뛰어다님, 외양간, 마구간, 방에 그릇이 가득
64	마요이가(マヨイガ)	야마자키(山崎) 아무개	산속 외딴 집	정원에 꽃이 만발하고 닭이 뛰어다님, 외양간, 마구간, 방에 그릇이 가득
65	아베노 사다토(安倍貞任) 어머니		산속	암굴 문을 닫는 소리가 들림
69	오시라사마	가난한 농부와 그 딸		오시라사마의 기원, 뽕나무로 만든 신상(神像)
70	오쿠나이사마, 오시라사마		집안에 모셔 둠	①야마구치의 구가(舊家) : 목상 ②하네이시 다니에 : 족자
72	가쿠라사마		마을 입구 무덤 위	나무로 된 좌상(坐像)
73	가쿠라사마		여러 마을에 존재	조잡한 목상
74	가쿠라사마			나무로 된 반신상

출전번호	등장요괴	목격한 사람	출현장소	특징
75	여자(山女)	인부 몇 사람	산 속의 벌목 움막	여자가 나타나서 어딘가로 데려감
77	망령(남자)	다지리 조자부로(田尻長三郎)	처마 부근	처마 밑에 누워 있음
78	아무개의 망령(남자)	야마구치에 사는 조조(長蔵)	문앞	유키갓파(雪合羽)를 입고 있음
79	망령(남자)	조조(長蔵)의 아버지	문 부근	품안에 손을 넣고, 얼굴이 잘 보이지 않음
81	망령(남자)	마에카와 만키치(前川万吉)	문 부근	벽에 붙어 있음, 창백한 얼굴
82	망령(사람)	다지리 마루키치(田尻丸吉)	집안	머리를 늘어뜨림
86	망령 : 마사(政)의 아버지	공사장 사람들	공사장	같이 일을 함
87	망령 : 호가(豪家)의 주인	절의 중	절	같이 차를 마심, 차가 엎질러짐
88	망령 : 아무개 노인	절의 중	절	같이 차를 마심, 차가 엎질러짐
89	산신	아무개	산속	키가 매우 큼, 얼굴이 붉고 눈이 반짝임
90	남자 : 텐구(天狗)	아무개 젊은이	산속 뽕나무밭	매우 크고 얼굴이 새빨갛다, 함께 씨름을 함
91	산신(男女)	도리고젠(鳥御前)	산속	얼굴이 붉은 남녀
92	키가 큰 남자(山男)	아이들	산속	키가 큼

출전 번호	등장요괴	목격한 사람	출현 장소	특징
93	산인(山人)	기쿠치 기쿠조(菊池菊蔵)	산속	얼굴이 붉고 눈이 반짝임
94	여우	기쿠치 기쿠조(菊池菊蔵)	산속 숲	친구로 둔갑, 씨름을 함, 떡을 뺏김
95	큰 바위	기쿠치 아무개(정원사)	산속	서 있는 사람 모양을 한 바위
97	망령(아들)	기쿠치 마쓰노조(菊池松之丞)	저승	저승체험
99	망령 : 두 명의 남녀	후쿠지(福二)	변소(해변가)	여자는 죽은 아내
100	여우	아무개(어부)	작은 강	아내로 둔갑
101	여우	나그네	상가(喪家)	여우의 장난
102	키가 큰 남자(山神)	오마사(おまさ)	마을	정월 대보름(小正月) 밤에 나타남, 키가 큼, 얼굴이 붉고 눈이 반짝임
103	유키온나(雪女)			정월 대보름(小正月) 밤에 나타남
107	이인(異人) : 산신(山神)	젊은 처녀	강가	키가 크고 얼굴이 붉음, 산신에게서 점술(占術) 능력을 받음
108	산신(山神)	마고타로(孫太郎)	산속	산신에게서 점술(占術) 능력을 받음
116	야마하하(山姥) 민담	등장인물 : 부모, 딸		야마하하 퇴치
117	야마하하(山姥) 민담	등장인물 : 부모, 딸		야마하하 퇴치

매우 구체적으로 묘사되어 있다. 이는 일본요괴의 일반적인 특징으로도 볼 수 있는데,[15] 『도노 모노가타리』에도 요괴의 특징이 매우 구체적으로 구술되어 있다.

그렇다면 『도노 모노가타리』에는 구체적으로 어떤 종류의 요괴가 등장하는 것일까? 〈표 2〉는 필자가 야나기타가 『종합일본민속어휘(綜合日本民俗語彙)』에서 시도한 일본의 요괴분류 기준을 참고로 하여, 『도노 모노가타리』에 등장하는 요괴를 유형별로 나누어 빈도수를 집계한 결과이다. 야나기타의 요괴분류에는 망령(亡霊)이 요괴의 하위분류로 포함되어 있지 않지만,[16] 이 논문에서는 많은 빈도수를 감안하여 요괴의 하위분류로 포함시켜 같이 고찰하였다. 〈표 2〉를 보면, 산에 사는 요괴(山の怪)가 모두 25화, 죽은 사람의 혼령(亡霊)이 모두 13화, 동물요괴(動物の怪)가 모두 12화, 집요괴(家の怪)가 모두 10화, 물요괴(水の怪)가 모두 5화, 소리요괴(音の怪)가 모두 1화, 눈요괴(雪の怪)가 모두 1화, 기타 모두 6화라는 결과를 보이고 있다. 산에 사는 요괴로는 야마히토(山人), 야마오토코(山男), 야마온나(山女), 산신(山神), 야마하하(山姥) 등이 등장하며, 동물요괴로는 여우, 사슴, 원숭이가 등장한다. 집에 사는 요괴로는 오쿠

---

15) 이 점에 관해서는 한국의 대표적인 '요괴'라 할 수 있는 도깨비의 경우와 비교해보면 쉽게 이해할 수 있다. 예를 들어 『한국구비문학대계』에 수록되어 있는 대부분의 도깨비 이야기에는 도깨비의 외형적 특징이 드러나 있지 않다.

16) 야나기타는 「영괴(靈怪)」라는 항목 밑에 「영이(靈異)」 「요괴(妖怪)」 등을 하위분류하고 「망령(亡霊)」을 「영이(靈異)」에 포함시켜 놓았다.

▌표 2 ▌『도노 모노가타리(遠野物語)』에 등장하는 요괴의 유형

요괴의 분류	요괴의 종류	출전번호
산에 사는 요괴 : 모두 25화	야마히토(山人), 야마오토코(山男), 야마온나(山女), 산신(山神)	3, 4, 5, 6, 7, 9, 28, 29, 30 ,31, 34, 35, 48, 62, 75, 89, 90, 91, 92, 93, 102, 107, 108, 116, 117
망령(亡靈) : 모두 13화		22, 23, 54, 77, 78, 79, 81, 82, 86, 87, 88, 97, 99
동물요괴 : 모두 12화	여우	21, 60, 94, 100, 101
	사슴	32, 61
	원숭이	36, 44, 45, 46, 47
집에 사는 요괴 : 모두 10화	오쿠나이사마, 오시라사마, 자시키와라시, 가쿠라사마	14, 15, 16, 17, 18, 69, 70, 72, 73, 74
물에 사는 요괴 : 모두 5화	갓파(川童)	55, 56, 57, 58, 59
소리 요괴 : 모두 1화	괴음(怪音)	33
눈(雪)요괴 : 모두 1화	유키온나(雪女)	103
기타 : 모두 6화	사무토 할머니	8
	젊은 여자	27
	마요이가	63, 64
	사다토의 어머니	65
	큰 바위	95

나이사마(オクナイサマ), 오시라사마(オシラサマ), 자시키와라시(ザシキワラシ), 가쿠라사마(カクラサマ) 등이 등장한다. 물에 사는 요괴로는 갓파(河童)가 등장하며, 눈 요괴로는 유키온나(雪女)가 등장한다. 이하 산에 사는 요괴, 망령, 동물요괴, 집에 사는 요괴, 물에 사는 요괴를 중심으로 순서대로 고찰하기로 한다.

2.1. 산에 사는 요괴(山の怪)

『도노 모노가타리』에 가장 빈번하게 등장하는 요괴는 산에 사는 요괴이다. 제3화, 제4화, 제5화, 제6화, 제7화, 제9화, 제28화, 제29화, 제30화, 제31화, 제34화, 제35화, 제48화, 제62화, 제75화, 제89화, 제90화, 제91화, 제92화, 제93화, 제102화, 제107화, 제108화, 제116화, 제117화에 산에 사는 요괴가 등장한다. 특히 이른바 야마오토코(山男)와 야마온나(山女)가 자주 등장하고 있다. 야마오토코란 간단히 설명하면, 산 속에 살고 있다는 남자요괴이다. 그리고 야마온나란 산 속에 살고 있다는 여자요괴를 가리킨다. 흔히 야마오토코와 야마온나는 짝을 이루어 전승되는 경우도 많다. 『도노 모노가타리』의 이야기 중에서 구체적인 사례를 살펴보기로 한다.

사례 1 : 제3화

깊은 산 속에는 산인(山人)이 살고 있다. 도치나이촌(栃内村) 와노(和野)에 사는 사사키 가헤에(佐々木嘉兵衛)라는 사람은 나이가 70여 살인데 지금도 생존해 있다. 이 노인네가 젊었을 적에 사냥을 하러 깊은 산속으로 들어갔다. 멀리 떨어진 바위 위에 아름답게 생긴 여인이 한 명 있었다. 길게 늘어뜨린 검은 머리를 빗고 있었다. 얼굴색은 매우 희었다. 용감한 남자였으므로 바로 총을 겨누고 쏘았더니 여인이 쓰러졌다. 그곳으로 달려가 보았더니 키가 큰 여인으로 흐트러진 머리는 키보다도 길었다. 나중에 증거물로 삼으려고 그 머리카락을 조금 잘라서 묶어 품에 집어넣었다. 이윽고 집으로 가는 도중에 견딜 수 없이 졸음이 와서 잠시 그늘로 들어가서 졸았다. 꿈인지 생시인지 모르고 졸고 있는 사이에, 키가 큰 사내가 다가와서 품속으로 손을 집어넣어 잘라둔 머리카락을 꺼내서 사라졌다. 이 때 잠에서 깨어났다. 이 사내는 야마오토코(山男)라고 한다.[17)]

〈사례 1〉은 도치나이촌(栃内村) 와노(和野)에 사는 사사키 가헤에(佐々木嘉兵衛)라는 사람이 젊었을 적에 산 속으로 사냥을 하러 가서 야마오토코와 야마온나를 목격한 체험담으로 되어 있다. 여기에 등장하는 야마온나의 모습을 주목하면 긴 검은

17) 본문에서 인용한 『도노 모노가타리』의 사례는 모두 필자가 한국어로 번역을 하였다.

머리에 흰 얼굴색으로 묘사되어 있다. 특히 머리가 길다는 점은 야마온나의 가장 뚜렷한 특징이기도 하다. 〈표 1〉에서 확인할 수 있는 바와 같이, 『도노 모노가타리』의 제4화, 제34화, 제48화에 등장하는 야마온나는 공통적으로 긴 머리를 늘어뜨리고 있다.

〈사례 1〉에는 야마오토코의 모습이 구체적으로 묘사되어 있지 않지만, 야마오토코는 공통적으로 키가 매우 크고 눈빛이 아주 날카로운 모습을 하고 있다. 즉 『도노 모노가타리』의 제7화, 제28화, 제29화, 제30화, 제92화, 제93화에 등장하는 야마오토코의 공통적인 특징은 키가 매우 큰 거한으로 눈빛이 날카롭다는 점이다.

『도노 모노가타리』에 등장하는 산에 사는 요괴를 살피면서 눈에 띠는 것이 산신(山神)의 존재이다. 제89화, 제91화, 제102화, 제107화, 제108화에 산신이 등장하는데, 여기 등장하는 산신의 특징을 간추려보면 야마오토코의 이미지와 매우 흡사하다는 점을 발견할 수 있다. 산신은 키가 매우 크고 얼굴이 붉으며 눈빛이 날카로운 것으로 묘사되어 있다. 붉은 얼굴을 제외하면, 산신과 야마오토코의 이미지가 겹치는 것이다. 이 점은 적어도 도노지역의 주민들은 거의 산신과 야마오토코를 구별하지 않고 같은 부류의 존재로 인식하고 있었음을 의미한다고 해석할 수 있다. 즉 신성(神性)과 요괴성(妖怪性)을 동일하게 받아들이고 있었다고 볼 수 있다.

제116화와 제117화는 야마하하(やまはは)에 관한 이야기이다.[18] 야마하하란 보통 야만바(やまんば, 山姥)라 부르며, 산속에 살고 있다는 여자요괴이다. 입이 귀밑까지 찢어진 무서운 노녀(老女)로 등장하기도 하고, 젊고 아름다운 여성으로 등장하기도 한다. 키가 크며 머리가 길며 반짝이는 눈을 가졌다고 전해진다. 제117화의 사례를 살펴보기로 한다.

사례 2 : 제117화

옛날 옛날 어느 곳에 아버지와 어머니가 살고 있었다. 시집갈 딸의 혼수를 사러 읍내로 나가면서 "누가와도 문을 열어주지 말라"고 당부하고서 문을 잠궜다. 낮 무렵에 야마하하가 와서 딸을 잡아먹었다. 야마하하는 딸의 가죽을 뒤집어쓰고서 부모를 기다렸다. 저녁이 되자 부모가 돌아와서 문 앞에서 "아가 집에 있느냐"고 묻자, 야마하하는 "있어요. 빨리 오셨네요."하고 대답했다. 부모는 읍내에서 사온 여러 가지 혼수를 보여주며 딸이 좋아하는 모습을 바라보았다. 날이 밝자 집에서 키우던 닭이 날개짓을 하면서, "창고 구석을 뒤져보세요. 꼬끼오!"하고 울었다. 부모는 닭이 평소와는 다르게 우는구나 하고 생각했다. 딸을 시가로 보내기 위해 말에 태워서 막 출발하려던 참에 닭이 다시 울기 시작했다. 닭은 "딸을 태우지 않고 야마하하를 태웠구나 꼬끼오!"하고 울었다. 닭이 계속해

18) 1997년에 제116회 나오키상(直木賞)을 수상한 반도 마사코(坂東真砂子)의 『야마하하(山妣)』는 야마하하를 소재로 한 문학작품으로 야마하하에 관해 아주 구체적으로 묘사되어 있다.

서 울어대자 비로소 부모가 알아차렸다. 야마하하를 말에서 끌어내려 죽여버렸다. 다음에 창고 구석으로 가서 뒤져보니 딸의 유골이 여기저기 흩어져 있었다.

〈사례 2〉에 등장하는 야마하하는 사람을 잡아먹는 무서운 요괴이다. 일반적으로 야마하하는 사람을 잡아먹는 무서운 요괴인가 하면, 인간에게 부(富)를 가져다주는 복신(福神)이라는 양의적(兩義的)인 성격을 지닌 존재인데, 〈사례 2〉는 전자의 경우이다. 제116화에서는 야마하하에게서 도망쳐 나온 딸이 몇 번인가의 위기를 넘기고서, 원조자의 도움으로 야마하하를 죽이고 부모가 있는 마을로 돌아간다는 내용이다.

2.2. 망령(亡靈)

망령(亡霊)에 관한 이야기는 모두 13화이다. 요괴의 유형분류로 하자면 산에 사는 요괴에 이어 두 번째로 많은 유형이다. 모두 13화에 이르는 망령 이야기 중에서 특히 필자의 관심을 끄는 이야기가 제54화이다. 먼저 사례를 소개하기로 한다.

사례 3 : 제54화

헤이가와(閉伊川) 유역에는 연못이 많아서 무서운 전설이 적지 않다. 오구니가와(小国川)와 합류하는 가까운 곳에 가와이(川井)라는 마을이 있었다. 그 마을 장자(長者) 집의 하인이 어느 연못 가까이에 있는 산에서 나무를 하다가 연못 속으로 도끼를 빠뜨렸다. 주인집 도끼였으므로 연못 속으로 들어가서 찾아보았다. 물속으로 들어가자 무슨 소리가 들렸다. 소리를 쫓아가니 바위 그늘에 집이 있었다. 안쪽에서 아름다운 여자가 베를 짜고 있었다. 그 베틀에 도끼가 걸려있었다. 도끼를 돌려달라고 말할 때, 여자가 뒤돌아보았다. 그 얼굴을 보니 이삼년 전에 죽은 주인집 딸이었다. "도끼는 돌려줄테니 내가 여기 있는 것을 다른 사람한테 말하지 말라"고 한다. "그 대신에 당신에게 좋은 일이 생겨서 하인 노릇을 하지 않아도 살 수 있도록 해주겠다."고 말했다. 그 덕분인지 어쩐지는 모르겠지만, 그 후로 도비키(胴引)라는 도박에서 계속 이겨서 부자가 되었다. 얼마 후에 하인을 그만 두고 집에 돌아와서 자기 농사를 짓게 되었다. 이 남자는 이제 옛날 일을 잊고서 주인집 딸이 주의를 준 말도 기억하지 못했다. 어느 날 그 연못가를 지나서 읍내로 나가던 길에 문득 옛날 일을 생각해냈다. 같이 가던 사람에게 전에 이런 일이 있었다고 들려주었더니, 그 소문이 금방 마을 전체로 퍼졌다. 그 무렵부터 그 남자는 다시 재산이 기울어서, 다시 옛 주인집에서 머슴을 살다가 늙게 되었다. 집주인은 무슨 생각에서인지 그 연못에다 뜨거운 물을 많이 부어넣었으나, 아무런 효력이 없었다고 한다.

〈사례 3〉은 다른 망령에 관한 이야기와 비교할 때 매우 이색적이다. 〈표 1〉을 보면 망령에 관한 이야기는 제22화, 제23화, 제54화, 제77화, 제78화, 제79화, 제81화, 제82화, 제86화, 제87

화, 제88화, 제97화, 제99화로, 모두 13화가 수록되어 있다. 그중에서 제22화, 제23화, 제54화, 제77화, 제78화, 제79화, 제81화, 제82화, 제86화, 제87화, 제88화, 제99화는 현실세계(이승)에 망령이 출현한 것을 친척이나 아는 사람들이 겪은 목격담으로 되어 있다. 목격자(혹은 화자)들이 겪은 사령에 관한 이야기가 매우 구체적이고 상세하게 수록되어 있다. 단지 제97화만이 거의 죽음 상태에 이른 사람이 저승세계를 체험하고 돌아 온 이야기이다. 즉 제97화는 기쿠치 마쓰노조(菊池松之丞)라는 사람이 숨이 거의 넘어간 상태에서 저승을 체험하고 이승으로 돌아온 이야기로, 이른바 임사체험(臨死体験)에 관한 이야기이다. 기쿠치 집안의 보다이지(菩提寺)인 기세인(喜清院)이라는 절이 저승으로 설정되어 있다. 보다이지(菩提寺)란 조상대대로 위패를 안치하고 명복을 비는 절로, 이야기의 내용과 잘 들어맞는 무대 설정이라 볼 수 있다.

앞의 대부분의 이야기와 비교할 때 〈사례 3〉은 매우 이색적인 이야기이다. 장자(長者) 집의 하인이 나무를 하다가 연못 속으로 도끼를 빠뜨린 것이 계기가 되어, 연못 속에서 이삼년 전에 죽은 주인집 딸을 만나고 왔다는 것이 줄거리이다.

〈사례 3〉은 일본의 민담 연구자들이 이른바 「황금도끼(黄金の斧)」라 부르는 이향담의 유형이다.「황금도끼(黄金の斧)」에는 「이웃집 할아버지(隣の爺)」 유형과 「이향(異郷)방문」 유형이라는 두 가지 유형이 있는데,[19] 〈사례 3〉의 경우는 후자에 속한

19) 稲田浩二 他編 『日本昔話事典』 (弘文堂, 1977) p.330.

다. 즉 연못 속의 세계라는 이향을 체험하고 돌아 온 이향담(異鄕譚)의 구조로 되어 있다. 이야기 서두에서 도끼를 빠뜨리는 부분은 한국의 이야기에서도 흔히 확인할 수 있는 모티브이며, 연못 속에서 만난 원조자(주인집 딸)의 도움으로 부자가 되었다는 모티브도 설화에서 자주 볼 수 있다.

2.3. 동물요괴(動物の怪)

동물요괴는 모두 12화이다. 그 중에서 여우에 관한 이야기가 제21화, 제60화, 제94화, 제100화, 제101화이다. 사슴에 관한 이야기가 제32화, 제61화이다. 그리고 원숭이에 관한 이야기가 제36화, 제44화, 제45화, 제46화, 제47화이다. 먼저 여우에 관한 이야기를 소개한다.

사례 4 : 제60화

와노촌(和野村)에 사는 가헤이(嘉兵衛) 노인이 꿩 잡는 오두막에 들어가서 꿩을 기다리고 있으면 여우가 자주 나타나서 꿩을 내쫓았다. 여우가 미웠으므로 총을 쏘아 잡으려고 잘 겨냥하였으나, 여우는 아무렇지도 않은 얼굴을 하고 있었다. 그런데 방아쇠를 당겨도 총알이 나가지 않았다. 가슴이 두근거려서 총을 살펴보았더니, 어느 틈엔가 총구에서 손잡이 있는 곳까지 남김없이 흙이 채워져 있었다.

〈사례 4〉는 와노촌(和野村)에 사는 가헤이(嘉兵衛)라는 노인이 꿩을 잡으러갔다가 여우에게 홀린 이야기이다. 여우가 인간에게 결정적인 위해(危害)를 가한 것은 아니지만, 여우의 장난기가 느껴지는 유머러스한 이야기이다.

제94화에는 여우가 기쿠조(菊蔵)라는 남자의 친구로 둔갑하여 기쿠조가 가지고 있던 떡을 빼앗아 간 이야기이다. 그리고 제100화에는 여우가 어부의 아내로 둔갑하여 어부에게 접근했다가 칼에 찔려 죽는 이야기가 수록되어 있다.

동물요괴에서 특히 주목을 끄는 것은 제36화, 제44화, 제45화, 제46화, 제47화에 보이는 원숭이 훗타치(猿の経立)에 관한 이야기이다. 원숭이 훗타치(猿の経立)란, 원숭이가 늙어서 매우 이상한 모습으로 변한 요괴를 의미한다. 『도노 모노가타리』의 제36화에는 원숭이 훗타치만이 아니라 개 훗타치(犬の経立)도 소개되어 있다. 여기서 개란 이리를 의미하며, 이리가 늙어서 이상한 모습으로 변한 요괴를 개 훗타치(犬の経立)라고 한다. 원숭이 훗타치에 관한 사례를 살펴보기로 한다.

사례 5 : 제44화

롯코우시산(六角牛山)의 봉우리가 이어진 곳에 하시노(橋野)라는 마을의 윗산에 금광이 있었다. 이 광산 덕택에 숯을 구워서 생계를 이어가던 사람이 있었다. 피리를 잘 부는 사람으로, 어느 날 낮에 움막에 누워서 피리를 불고 있었다. 그러

자 오두막 입구에 걸린 발을 걷어 올리는 사람이 있었다. 놀라서 바라보니 원숭이 훗타치(猿の経立)였다. 두려운 생각에 일어섰더니 서서히 저편으로 달려갔다.

<사례 5>는 숯을 구워서 살아가는 사람이 움막에 출현한 원숭이 훗타치를 목격한 이야기이다. 원숭이 훗타치에 관해서는 자세히 알려지지 않았으나, 제45화에 원숭이 훗타치의 속성이 비교적 상세하게 소개되어 있다. 즉 제45화를 보면, 원숭이 훗타치(猿の経立)는 사람과 아주 닮았으며, 여색(女色)을 즐겨서 마을 여자를 납치해 가는 일이 많았다고 한다. 또한 송진을 털에 바르고 그 위에 모래를 뿌려두기 때문에 털가죽이 갑옷과 같아서 총알도 뚫지 못한다고 소개되어 있다.

2.4. 집에 사는 요괴(家の怪)

집에 사는 요괴로는 오쿠나이사마(オクナイサマ), 오시라사마(オシラサマ), 자시키와라시(ザシキワラシ) 등이 등장한다. 이들 집에 사는 요괴는 일본민속에서 공통적으로 집안의 화복(禍福)을 좌우하는 가택신(家宅神)의 성격을 지니고 있다.

오쿠나이사마란, 주로 일본의 야마가타현(山形県) 쇼나이(庄内)지방에서 모셔두는 민속신(民俗神)으로 오코나이사마(オコナイサマ)라 부르기도 한다. 구가(旧家) 및 목수나 통만드는 일을 하는 집안에서 모시는 신으로, 신체(神体)는 화지(和紙)나 천

을 씌운 남녀 한 쌍의 인형이다.[20]

『도노 모노가타리』의 제14화, 제15화, 제70화에 오쿠나이사마에 관한 이야기가 소개되어 있다. 제14화에는 다이도(大同)라 부르는 지역의 유지 집에서 오쿠나이사마를 신으로 모셨다는 이야기가 있다. 신상(神像)으로는 뽕나무를 다듬어서 얼굴 모양을 그려 넣고, 네모진 천의 가운데에 구멍을 뚫고서 신상을 위에서부터 집어넣어 옷을 입히며, 정월 십오일이면 마을 사람들이 이 집으로 몰려들어 제사를 지냈다고 한다. 제15화는 오쿠나이사마를 모시면 좋은 일이 생긴다는 이야기이다. 내용을 보면, 쓰치부치촌(土淵村)의 가시와자키(柏崎)에 사는 아베(阿部) 성을 가진 장자(長者) 집안에서 어느 해인가 모내기를 하는데, 어느 곳에선가 키가 작은 아이가 한 명 나타나서 모내기 일을 도왔다는 이야기이다. 모내기 일을 도와준 아이의 모습이 보이지 않아서 찾아보았더니, 그 집안에서 오쿠나이사마를 모셔둔 선반에 발자국이 멈춰 있었으며, 신상(神像)이 들어있는 문을 열어보았더니 신상의 허리부터 밑으로가 진흙투성이였다고 한다.

오시라사마란 오쿠나이사마와 비슷한 성격을 지닌 가택신으로, 일본의 도호쿠(東北)지방에서는 한 쌍으로 된 목우(木偶)를 신체(神体)로 모셔 둔다. 특히 야마가타현(山形県)에서는 오코나이사마(オコナイサマ)라 부르기도 한다.[21] 이를 보면 야마가타현에서는 오시라사마를 앞서 살펴본 오쿠나이사마와 같은 존

20) 福田アジオ 他編『日本民俗大辞典(上)』(吉川弘文館, 1999) p.250.
21) 福田アジオ 他編『日本民俗大辞典(上)』(吉川弘文館, 1999) p.259.

재로 인식하고 있었음을 알 수 있다. 『도노 모노가타리』의 제14화에도 오쿠나이사마의 이야기에 바로 이어서 오시라사마에 관해 언급하고 있다. 제14화를 보면, 오시라사마의 신상(神像)도 오쿠나이사마와 같은 방법으로 만들며, 정월 십오일이면 마을 사람들이 모여서 제사를 지냈다고 한다. 백분(白粉)을 신상의 얼굴에 바르기도 하였으며, 다이도(大同) 집안에는 반드시 다타미(畳) 한 장 크기의 방이 있어서 이 방에서 자는 사람은 이상한 일을 겪었다고 소개하고 있다.

자시키와라시(座敷わらし)는 일본의 이와테현(岩手県)을 중심으로 한 도호쿠(東北)지방의 북부에 널리 분포하고 있는 요괴이다. 자시키와라시(座敷わらし)의 와라시란 동자(童子)란 뜻이다. 그 명칭에는 여러 가지가 있지만, 공통적으로 어린 사내아이(童子)나 계집아이(童女)의 모습을 하고 있는 것으로 전해진다.[22] 『도노 모노가타리』의 제17화, 제18화가 자시키와라시에 관한 이야기이다. 사례를 보기로 한다.

사례 6 : 제17화

유서 있는 집안에는 자시키와라시(ザシキワラシ)라는 신이 살고 있는 경우가 적지 않다. 이 신은 대부분 열두세 살 정도

22) 福田アジオ 他編『日本民俗大辞典(上)』(吉川弘文館, 1999) p.697. 아울러서 자시키와라시에 관해서는 柳田国男가『妖怪談義』에서 논하고 있는 부분을 참고. 柳田国男가『妖怪談義』(講談社学術文庫, 1977) pp.117~123.

의 소년 모습을 하고 있다. 때때로 사람들에게 모습을 드러내는 경우가 있다. 쓰치부치촌(土淵村)의 이이데(飯豊)에 사는 이마부치 간주로(今淵勘十郎)라는 사람의 집에, 최근에 고등여학원(高等女学院)에 다니던 딸이 방학을 맞이하여 집으로 돌아왔다. 어느 날 복도에서 갑자기 자시키와라시와 마주쳐 놀란 일이 있었다. 틀림없이 사내아이의 모습이었다. 같은 마을의 야마구치(山口)에 사는 사사키(佐々木)씨의 경우는 어머니가 혼자서 바느질을 하고 있는데, 옆방에서 종이가 부스럭부스럭 하는듯한 소리가 들렸다. 그 방은 남편이 쓰는 방으로, 남편은 도쿄(東京)를 가서 있을 리가 만무하고, 이상한 생각이 들어서 방문을 열어보았으나 아무런 흔적도 없었다. 잠시 그 방에 앉아있었더니 콧소리(코를 푸는 소리)가 들렸다. 그제야 자시키와라시의 소행이라는 것을 알았다. 이 집안에도 자시키와라시가 살았던 것이다. 오래전의 일이다. 이 신이 살고 있는 집안은 부자가 된다고 전해진다.

〈사례 6〉의 이야기의 전반부는 쓰치부치촌(土淵村)의 이이데(飯豊)에 사는 이마부치 간주로(今淵勘十郎)라는 사람의 딸이 자시키와라시와 마주친 목격담이다. 후반부는 야마구치(山口)에 사는 사사키(佐々木)씨의 어머니의 경험담이다. 〈사례 6〉을 보면, 자시키와라시는 소년 모습을 하고 있으며, 코를 푸는듯한 소리를 내기도 한다. 때때로 사람들 앞에 정체를 드러내기도 한다. 〈사례 6〉의 말미에 "이 신이 살고 있는 집안은 부자가 된다고 전해진다"라는 부분을 보면, 자시키와라시가 집안의 번영을 보장해주는 가택신(家宅神)의 성격을 지니고 있음을 알 수 있다. 따라서 자시키와라시가 집안에 있는 동안에는 번영이 보장되지만, 집밖으로 나가게 되면 집안이 망하게 된다고 믿었다. 『도노 모노가타리』의 제18화에 이와 관련한 이야기가 수록되어 있다.

사례 7 : 제18화

혹은 자시키와라시가 여자아이인 경우가 있다. 같은 야마구치(山口)에 사는 명문 집안인 야마구치 손자에몬(山口孫左衛門)이라는 집안에는 두 명의 여자아이신이 살고 있다고 오래전부터 전해져왔다. 어느 해인가 같은 마을에 사는 어떤 남자가 읍내에서 돌아오는 길에 다리 부근에서 낯선 아름다운 처자 두 명과 만났다. 깊은 생각에 잠긴듯한 표정으로 이쪽으로 다가왔다. "어디에서 오는 길인가"하고 물었더니, "우리는 야마구치에 사는 손자에몬 집에서 오는 길"이라고 대답했다. "어디로 가는 길인가"하고 물었더니, "건너편 마을의 아무개 집에 간다."고 대답했다. 아무개 집은 마을에서 조금 떨어진 건너편 마을에 있으며, 지금도 집안이 훌륭한 부농(富農)이다. 이제 손자에몬 집안도 끝이구나 생각했더니, 얼마 안 있어서 그 집안의 주인과 하인들이 스무 명이나 독버섯을 먹고 하루 만에 죽어버렸다. 일곱 살 된 여자아이 혼자 남았으나 그 아이도 늙도록 자식이 없다가 최근에 병으로 죽었다.

〈사례 7〉에 등장하는 자시키와라시는 〈사례 6〉과 달리 여자아이 모습을 하고 있다. 야마구치 손자에몬(山口孫左衛門)이라는 집안에 살고 있었으나, 다른 곳으로 옮겨가자 집안이 망하고 말았다는 이야기이다. 제18화에 이어서 제19화에는 손자에몬 집안이 망하게 된 경위가 구체적으로 언급되어 있으며,[23] 제20화에는 집안이 망하게 될 것을 암시하는 전조담(前兆談)이 수록되어 있다.[24]

---

23) 제19화는 다음과 같다.

어느 날 손자에몬 집의 배나무 부근에 본 적이 없는 버섯이 많이 피어 있었다. 남자 하인들이 먹을 수 있는지 없는지 다투고 있는 것을 보고, 손자에몬이 먹지 않는 것이 좋겠다고 말렸다. 그런데 하인 한 명이 "어떤 버섯이라도 물통 속에 넣고 껍질을 벗긴 삼대를 섞어서 잘 저은 후에 먹으면 탈이 없다"고 하므로 이 말대로 집안사람들이 모두 버섯을 먹었다. 일곱 살 된 여자아이만 밖에 나가서 놀다가 점심 먹으러 집에 오지 않았기 때문에 목숨을 건졌다. 집주인이 느닷없이 죽어서 경황이 없는 동안에, 멀고 가까운 친척들이 와서 "빚 받을 것이 있다"거나 "받기로 되어 있다"고 해서 집안의 가재도구를 된장까지도 남김없이 가지고 가버렸다. 이 마을이 생길 때부터 이어져온 장자(長者)였지만 하루아침에 흔적도 없이 망했다.

24) 제20화는 다음과 같다.

이 흉사(兇事)가 있기 전에 여러 가지 전조(前兆)가 있었다. 남자 하인들이 쌓아놓은 여물을 쇠스랑으로 끄집어낼 때 큰 뱀이 발견되었다. 집주인이 죽이지 말라고 만류했는데도 하인들이 듣지 않고 뱀을 때려 죽였다. 그 자리 밑을 보니 많은 뱀들이 우글거리고 있었다. 하인들은 재미삼아서 남김없이 죽여 버렸다. 죽인 뱀을 버릴 곳도 없어서 집밖에 구덩이를 파고 묻은 후에 뱀 무덤을 만들었다. 그 뱀은 몇 소쿠리나 되었다고 한다.

2.5. 물에 사는 요괴(水の怪)

『도노 모노가타리』에는 물에 사는 요괴로 갓파(川童)[25]에 관한 이야기가 모두 5화가 수록되어 있다. 갓파는 물에서 사는 일본요괴의 대표적인 존재이다. 일본에 갓파를 소재로 한 캐릭터 상품이 많이 있고, 유명한 만화가들의 작품 속에 갓파가 자주 등장하는 것을 보면, 일본인들에게 매우 친숙한 요괴임을 알 수 있다. 갓파의 기원에 관해서는 인형기원설, 역사적으로 실존했던 특정한 사회집단과의 관련설, 중국도래설, 겐페이전투(源平合戦)와의 관련설 등이 있다.[26] 주요 속성으로는 ①물가에서 산다 ②사람에게 밥상이나 그릇을 빌려주며 물고기를 선물하기도 한다 ③사람에게 달라붙어서 병에 걸리게 한다 ④말을 물 속으로 끌어들이려 한다 ⑤사람의 시리코다마(尻子玉)를 빼먹거나 여자를 희롱하는 등의 못된 짓을 한다 ⑥사람에게 스모(相撲)를 겨루자고 덤빈다 ⑦특히 오이를 좋아한다 ⑧불교의 상징물을 두려워한다는 점을 들 수 있다.[27] 『도노 모노가타리』의 사례를 살펴보기로 한다.

---

25) 일본어로 갓파(川童)의 한자 표기로는 일반적으로 '河童'가 많이 사용되고 있지만, 이 글에서는 『도노 모노가타리』의 원문을 존중하여 '川童'로 표기한다.

26) 갓파의 기원설에 관해서는, 김용의(2005), 「물가에 맴도는 요괴 갓파(河童)」『일본의 요괴문화-그 생성원리와 문화산업적 기능』, 한누리 미디어 pp.159~161을 참조.

27) 갓파의 속성에 관해서는 石川純一郎 『河童の世界』(時事通信社, 1985), 中村禎里 『河童の日本史』(日本エディタースクール出版部, 1985)에 체계적으로 잘 정리되어 있다.

●● 사례 8 : 제55화

하천에는 갓파(川童)가 많이 살았다. 사루가이시천(猿ヶ石川)에는 특히 많이 살았다. 마쓰자키촌(松崎村)에 사는 가와바타(川端) 집안에 이대에 걸쳐 갓파(川童)의 자식을 낳은 사람이 있었다. 태어난 아이는 잘게 잘라서 한 대들이 통에 넣어서 땅속에 파묻었다. 그 생김새가 매우 추했다. 여자의 남편은 니이바리촌(新張村)에 사는 아무개로 이 사람도 가와바타 집안이었다. 남편이 다른 사람들에게 자초지종을 이야기했다. 어느 날 집안사람들이 모두 밭일을 끝내고 저녁에 집으로 돌아가려던 차에, 여자가 하천가에 우두커니 서서 싱글벙글 웃고 있었다. 다음 날에는 낮에 같은 일이 벌어졌다. 이런 일이 거듭되었다. 마침내 그 여자의 거처로 같은 마을의 아무개가 밤마다 드나든다는 소문이 퍼졌다. 처음에는 그 남편이 해변 쪽으로 짐바리꾼 일을 하러 간 사이에만 찾아왔으나, 나중에는 남편이 있는 밤에도 찾아왔다. 갓파(川童)의 소행이라는 소문이 점점 퍼지게 되었다. 집안사람들이 모두 모여서 지키고자 했으나 아무 소용이 없었다. 시어머니도 가서 며느리 옆에서 함께 잤으나, 심야에 며느리가 웃는 소리를 듣고서 '갓파가 찾아왔구나…' 하고 알아차릴 뿐 어찌할 수가 없었다. 사람들이 어찌해 볼 방도가 없었다. 아주 난산(難産)이었는데, 어떤 사람이 일러주기를 "말구유에 물을 채워서 그 안에서 애를 낳으면 쉽게 낳을 수 있다"고 했다. 일러준 대로 했더니 과연 그대로였다. 태어난 아이는 손에 물갈퀴가 있었다.

이 여자의 어머니도 일찍이 갓파의 자식을 낳은 적이 있다고 한다. 이삼 대에 걸친 인연만이 아니라는 사람도 있다. 이 집안도 격식 있는 집안으로 아무개라는 사족(士族)이다. 촌회(村会)의원을 한 적도 있다.

〈사례 8〉에 따르면 갓파는 인간과 성적(性的) 교섭을 갖기도 한다. 갓파에 관한 이야기들을 분석해 보면 갓파 쪽이 남성, 인간 쪽은 여성으로 설정되는 경우가 대부분이다. 〈사례 8〉도 마쓰자키촌(松崎村)에 사는 가와바타(川端) 집안의 여자가 갓파(川童)의 자식을 낳았다는 이야기이다. 즉 여기에 등장하는 갓파는 남성으로 인식되었다. 〈사례 8〉에는 태어난 아이의 손에 물갈퀴가 달려 있었다고 매우 생생하게 이야기하고 있다. 인간이 갓파의 아이를 낳았다는 이야기는 제56화에도 나온다. 제56화를 보면, 가미고촌(上郷村)에 사는 아무개 집에서 갓파(川童)의 자식으로 여겨지는 아이를 낳은 적이 있는데, 몸이 새빨갛고 입이 큰 징그러운 아이였다고 나와 있다.

『도노 모노가타리』의 제58화에 수록된 갓파 이야기도 주목할 필요가 있다.

사례 9 : 제58화

고가라세천(小烏瀬川)의 오바코(姥子) 연못 부근에는 신야(新屋)라는 집이 있었다. 어느 날 연못으로 말을 씻으러 끌고

가서, 마부가 다른 곳에서 놀고 있는 사이에, 갓파(川童)가 나타나서 말을 물속으로 끌어들이려 했다. 오히려 말에게 끌려서 마구간 앞까지 와서 말구유를 덮어쓰고 있었다. 이집 사람들이 말구유가 뒤집혀 있는 것을 이상케 여기고 조금 들어서 들여다보았더니 갓파의 손이 나와 있었다. 마을 사람들이 모여서 죽일 것인지 용서해 줄 것인지를 의논했다. 결국 앞으로는 마을의 말들에게 장난을 치지 않겠다고 굳게 언약을 하도록 하고 풀어주었다. 그 갓파는 지금은 마을을 떠나 아이자와노다키(相沢の滝) 연못에 살고 있다고 한다.

〈사례 9〉에는 말을 보면 물 속으로 끌어들이는 갓파의 습성이 나타나 있다. 갓파는 왜 말을 물 속으로 끌어들이려 하는 것일까? 이 점에 관해서는 많은 연구자들이 주목하였다. 문화인류학자 이시다 에이치로(石田英一郎)는 말이 민속학적 관점에서 볼 때에 신의 사자(使者)라는 점을 주목하였다. 즉 물의 신(水神)이라는 속성을 지니고 있는 갓파가 신의 위상에 어울리는 탈 것을 탐낸 결과 말을 물 속으로 끌어들인다고 해석하였다.[28)]

갓파가 말에게 위해(危害)를 가하는 속성과 관련하여 흥미로운 점이 있다. 갓파와 말과 원숭이의 삼각관계이다. 일본에서는 옛날부터 마굿간에 말과 함께 원숭이를 기르는 풍습이 있었다. 혹은 원숭이를 기르는 대신에 원숭이가 말의 고삐를 잡아 끌고

---

28) 김용의(2005), 「물가에 맴도는 요괴 갓파(河童)」『일본의 요괴문화-그 생성원리와 문화산업적 기능』, 한누리 미디어 p.163.

있는 모습을 그린 에후다(絵札)를 마굿간에 걸어두기도 했다. 이는 원숭이가 갓파와 사이가 좋지 않은 점을 이용하여, 갓파의 공격으로부터 말을 지키기 위한 방편이었다고 한다.[29)]

〈사례 9〉에는 갓파를 붙잡은 마을사람들이 모여서 죽일 것인지 용서해 줄 것인지를 의논한 결과, 앞으로는 마을의 말들에게 장난을 치지 않겠다고 굳게 언약을 하도록 하고 풀어주고 있다. 이 부분은 갓파의 와비쇼몬(詫び証文)이라 해서, 많은 갓파 이야기에 등장하는 모티브이다. 즉 갓파가 다시는 사람들에게 못된 짓을 하지 않겠다는 의미로 사죄문(詫び証文)을 쓰고 용서를 빌었다는 것이다.

3. 『도노 모노가타리(遠野物語)』의 요괴전승의 특징

일본민속학의 출발을 알리는 성과로 평가되는 『도노 모노가타리』(119화)에는 다양한 종류의 일본의 요괴가 등장하여 인간과 여러 형태의 관계를 맺고 있다. 여기에 등장하는 요괴는 인간에게 위해(危害)를 가하는가 하면, 좋은 관계가 유지될 때에는 인간에게 부(富)를 가져다주기도 한다.

모두 73화에 이르는 『도노 모노가타리』의 요괴전승을 등장

---

29) 이 점에 관해서는 다음 연구를 참조. 石川純一郎 (1985), 『河童の世界』, 時事通信社 pp.117~119. 大野桂 (1994), 『河童の研究』, 三一書房 pp.58~62.

요괴, 목격자, 요괴의 출현장소, 요괴의 특징으로 나누어 분석하고 야나기타 구니오가 시도한 요괴의 분류 방법에 따라 유형별로 나누어 고찰한 결과, 일반적으로 세 가지 특징이 두드러짐을 확인할 수 있었다. 첫째 요괴의 출현장소로 산 속 공간이 압도적으로 많다는 점이다. 그 이유로 요괴의 「생태적」 환경이라는 측면에서 도노(遠野)지역이 사방으로 산으로 둘러싸인 지역임을 주목하였다. 이를 반영한 때문인지 모두 73화에 이르는 요괴전승 중에서 산 속에 사는 요괴(山の怪)에 관한 이야기가 모두 25화로 가장 많이 등장하였다. 『도노 모노가타리』에 바다에 사는 요괴(海の怪)에 관한 이야기가 전혀 소개되지 않은 점도 요괴의 「생태적」 환경과 밀접한 관련이 있다. 사방이 산으로 둘러싸인 도노지역 사람들에게 있어서 산 속은 사람들이 일상생활을 영위하는 일상적인 공간이라기보다, 요괴(신)가 거주하는 비일상적인 특수한 공간이었다.

둘째 이야기의 구성이 매우 탄탄하며 요괴를 목격한 사람이 매우 개별적이고 구체적으로 드러나 있다. 특히 목격자 중에서 사냥꾼이나 숯 굽는 사람과 같이, 산 속에서 생업을 영위하는 사람들이 목격한 요괴 이야기가 생생하게 전해지고 있었다. 이들이 전하는 요괴 이야기의 대부분은 매우 구체적이기 때문에 이야기가 매우 생생하고 문학적인 측면이 강조되었다. 이 점은 『도노 모노가타리』의 성립과정에 야나기타가 적극적으로 개입하여 문학작품으로 '윤색'했다는 사실과도 관련이 있을 것이다. 즉 야나기타는 화자(話者)인 사사키 기젠이 구술한 이야기를 그

대로 옮겨 적은 것이 아니라 나름대로 다시 손질을 하였다는 것이 정설이다. 이 점에 관해서는 다른 기회에 고찰하고자 한다.

셋째 이야기에 등장하는 요괴의 외형적인 특징이 매우 구체적으로 묘사되어 있다. 예를 들어 야마오토코(山男)의 경우에, 몸집이 매우 크고 눈빛이 날카롭다는 외형적 특징이 거의 공통적으로 이야기되고 있다. 요괴의 모습이 매우 구체적이고 정형화된 이미지로 전승된다는 점은, 일본요괴의 일반적인 특징으로 볼 수 있다. 이 점에 관해서는 한국의 대표적인 요괴라 할 수 있는 도깨비의 경우와 비교해보면 쉽게 납득할 수 있을 것이다. 한국의 도깨비 이야기에는 대부분 도깨비의 외형적 특징이 드러나 있지 않기 때문이다.

또한 이 논문에서는 『도노 모노가타리』에 등장하는 요괴를 유형별로 나누어 분석한 결과, 여기에 등장하는 요괴의 종류 및 성격을 구체적으로 파악할 수 있었다. 필자의 분석에 따르면 산에 사는요괴(山の怪)가 모두 25화, 망령(亡霊)이 모두 13화, 동물요괴(動物の怪)가 모두 12화, 집에 사는 요괴(家の怪)가 모두 10화, 물에 사는 요괴(水の怪)가 모두 5화, 소리요괴(音の怪)가 모두 1화, 눈요괴(雪の怪)가 모두 1화, 기타 모두 6화라는 결과를 보이고 있다.

각 유형별로 대표적인 사례를 들어 고찰한 결과, 개별 요괴의 특징을 확인할 수 있었다. 산에 사는 요괴로는 야마오토코(山男), 야마온나(山女), 야마하하(山姥)의 사례를 들어 분석하였다. 특히 야마온나와 야마하하의 이미지가 중복되고 있는 점은,

다른 텍스트와 비교하면서 더욱 분석해 볼 필요가 있다. 동물요괴로는 여우, 사슴, 원숭이가 등장하는데, 여우와 원숭이의 사례를 들어 분석하였다. 집에 사는 요괴로는 오쿠나이사마, 오시라사마, 자시키와라시의 사례를 고찰하였으며, 특히 자시키와라시의 특징을 주목하였다. 물요괴로는 갓파(川童)가 모두 5화 수록되어 있는데, 선행연구의 성과와 비교하면서 갓파의 두드러진 특징에 관해서 구체적으로 분석하였다.

『도노 모노가타리』에 관해서는 방대한 선행연구가 있지만 앞으로도 연구할 과제가 적지 않게 남아 있다고 할 수 있다. 예를 들면, 본문에서 소개한 제54화 및 제63화의 경우는 일본인의 이향관(異鄕觀)을 고찰하는 데에 주목할만한 단서를 제공하고 있다. 『도노 모노가타리』와 다른 텍스트와의 비교를 통한 영향관계를 밝히는 것도 중요하다. 그리고 수많은 일본의 연구자들이 『도노 모노가타리』를 주목한 학문적 배경에 관해서 연구사적으로 검토해 볼 필요가 있다.

참고 문헌

김용의(1996)「한일 요괴설화 비교연구의 과제」『日本語文学』제2집 한국일본어문학회

______(2005)「물가에 맴도는 요괴 갓파(河童)」『일본의 요괴문화-그 생성원리와 문화산업적 기능』한누리 미디어

石井正己(1997)「テクストとしての柳田国男」『Area Mook 民俗学がわかる』朝日新聞社

石内徹(1996)「『遠野物語』研究小史」『柳田国男遠野物語作品論集成Ⅰ』大空社

石川純一郎(1985)『河童の世界』時事通信社

石田英一郎(1995)『河童駒引考』岩波文庫

稲田浩二 他編(1977)『日本昔話事典』弘文堂

井上円了(1979)『妖怪学講義』全六巻 国書刊行会

大野桂(1994)『河童の研究』三一書房

川森博司(2000)「観光の場のなかの昔話と語り手-岩手県遠野の事例から-」『日本昔話の構造と語り手』大阪大学出版会

後藤総一郎 監修(1992)『口語訳 遠野物語』河出書房新社

小松和彦(1979)「妖怪-山姥をめぐって」『日本の民俗宗教3』弘文堂

________(1994)『妖怪学新考』小学館

今野円輔(1959)「妖怪」『日本民俗学大系』第八巻 小学館

千葉幹夫(1995)『全国妖怪事典』小学館

中村禎里(1985)『河童の日本史』日本エディタースクール出版部

平田篤胤(1976)『古今妖魅考』『平田篤胤全集』第9巻 名著出版

________(1976)『稲生物怪録』『平田篤胤全集』第9巻 名著出版
福田アジオ他編(1999)『日本民俗大辞典(上)』吉川弘文.館
坂東真砂子(1886)『山妣』新潮社
宮田登(1975)「祀り上げ祀り棄ての構造」『国文学』第二十第一号 学灯社
______(1990)『妖怪の民俗学』岩波書店
柳田国男(1963)「妖怪談義」『定本柳田国男集』第四巻 筑摩書房
________(1976)『遠野物語・山の人生』岩波文庫
柳田国男監修(1970)『改訂綜合日本民俗語彙』民俗学研究所編 平凡社

일본 도노(遠野)지역 갓파(河童)전승의 관광상품화 양상

1. 일본의 지역활성화 운동과 갓파(河童)
2. 도노(遠野)지역의 지역활성화와 『도노 모노가타리(遠野物語)』
3. 『도노 모노가타리(遠野物語)』 갓파(河童) 이야기의 관광상품화
4. '고향' 이미지의 관광상품화

1. 일본의 지역활성화 운동과 갓파(河童)

갓파(河童)는 일본에서 널리 알려진 요괴 중의 하나이다. 무서운 요괴임에도 일본인과 매우 친숙하다. 갓파는 일본 각지에서 이를 전면에 내세운 마쓰리(祭り)가 열리는가 하면 문학작품의 소재로도 자주 등장한다.[1] 또한 일본의 애니메이션 및 만화를 통해서 그 캐릭터가 고정되었다.[2] 이 갓파의 기원에 대해서는 연구자들 사이에 여러 학설이 제기되었다.[3] 갓파는 주로 물가에서 살며 말을 물속으로 끌어들이거나 사람에게 스모(相撲)를 하자고 덤비는 속성이 있는 것으로 알려졌다.[4]

흥미로운 것은 일본에서 갓파를 지역활성화 운동에 활용하고

---

1) 예를 들면 芥川竜之介의 소설에 『河童』(1927)가 있으며 대표적인 갓파 문학자인 火野葦平는 갓파를 소재로 하여 43편의 단편소설을 썼다.

2) 갓파의 다양한 캐릭터 및 이를 활용한 상품에 관해서는 河童連邦共和国 監修 『日本のかっぱ』(1991, 桐原書店)가 참고가 된다.

3) 기원에 관해서는 인형화생설, 특정한 사회집단설, 중국도래설, 겐페이 전투(源平合戦)관련 기원설 등이 있다. 이 점에 관해서는 김용의 「물가에 맴도는 요괴 갓파(河童)」『일본의 요괴문화』(2005 : 159~161, 한누리미디어)를 참조.

4) 이 밖에도 다음과 같은 속성이 있다. 사람에게 밥상이나 그릇을 빌려주며 물고기를 선물한다. 사람에게 달라붙어서 병에 걸리게 한다. 아이의 시리코다마(尻子玉)를 빼가거나 여자를 희롱한다. 오이를 좋아한다. 불교의 상징물이나 수신제(水神祭)의 주물을 무서워한다. 이 점에 관해서는 石川純一郎 『河童の世界』(1985, 時事通信社)를 참조. 石川純一郎는 갓파의 속성을 말을 끌어당기는 갓파(駒を引く河童), 간을 빼가는 갓파(肝を抜く河童), 씨름을 좋아하는 갓파(相撲を好む河童), 부를 가져다주는 갓파(富を授ける河童), 오이를 좋아하는 갓파(キュウリを好む河童)로 나누어 구체적인 사례를 통해 분석하였다.

자 하는 움직임이다.[5] 즉 일본어로 무라오코시(村おこし)나 마치즈쿠리(町づくり)라 부르는 지역활성화 운동의 소재로 갓파가 주목받았다. 이 글에서 주목하는 이와테현(岩手県) 도노시(遠野市)는 그 대표적인 지역 중의 하나이다. 도노시는 『도노 모노가타리(遠野物語)』라는 구전설화집으로 널리 알려진 지역이다. 『도노 모노가타리』는 이 지역 출신의 사사키 기젠(佐佐木喜善)이 도노지역에 전승되던 이야기를 구술하고 민속학자 야나기타 구니오(柳田国男)가 이를 채록하여 성립하였다.[6] 1910년 사가판(私家版)으로 350부가 처음 출판되었으며 1935년에 증보판이 출판되었다. 초판에는 총 119편의 이야기가 수록되어 있으며 증보판에는 「도노 모노가타리 습유(遠野物語 拾遺)」라는 제목으로 총 299편이 새로 추가되었다.[8]

이 글에서는 도노시의 지역활성화 운동에 있어서 『도노 모노

---

5) 대표적인 지역을 소개하면 나가노현(長野県) 고마가네시(駒ヶ根市), 지바현(千葉県)의 후나바시시(船橋市), 사가현(佐賀県)의 사가시(佐賀市), 가고시마현(鹿児島県)의 히시카리초(菱刈町)등이 있다. 河童連邦共和国 監修 『日本のかっぱ』(1991 : 112~126, 桐原書店)에 대표적인 지역이 소개되어 있다.

6) 『도노 모노가타리』는 의 성립 및 구성에 관해서는 다음과 같은 논고가 있다. 김용의(2007), 「『도노 모노가타리(遠野物語)』와 일본인의 이향관(異郷観)」 『일본학연구』 제21집, 단국대학교 일본연구소. 김용의(2007), 「『도노 모노가타리(遠野物語)』의 요괴전승」 『일본연구』 제31호, 한국외국어대학교 일본연구소. 『도노 모노가타리』의 한국어 번역으로는 김용의 역, 『도노 모노가타리』(2009, 전남대학교출판부)가 있다.

8) 「도노 모노가타리 습유(遠野物語 拾遺)」에 관해서는 島亨 補注, 谷川健一 解説, 『遠野物語』 新装版(2010, 大和書店)이 상세한 주석이 달려있어서 도움이 된다.

가타리』가 차지하는 비중을 개관하고, 특히 『도노 모노가타리』에 수록된 갓파 이야기를 주목하여 이 갓파 이야기가 도노지역의 지역활성화 과정에서 관광상품으로 활용된 양상을 검토하고자 한다.[9)]

2. 도노(遠野)지역의 지역활성화와 『도노 모노가타리(遠野物語)』

도노시(遠野市)는 이와테 현(岩手県)에 속하며 센다이(仙台)에서 약 180킬로미터 떨어져 있다. 총면적은 825.6평방킬로미터이며 인구는 2009년 현재 3만 명을 약간 넘는다.[10)]

도노시의 지역활성화 운동은 1970년 이와테현에서 개최된 전국체육대회(国体)의 축구경기 장소로 도노시가 결정된 것이 하나의 계기가 되었다. 1967년에 이 같은 결정이 나자, 도노시에서는 시 차원에서 준비를 시작하고 시민운동전문위원회에서는 시민운동 차원에서 지역활성화 운동을 전개하였다. 그리고 도노시국체실행위원회 관광부에서 관광안내 책자 제작을 추진하며 외부를 의식한 지역 정비에 나섰다.[11)]

---

9) 필자는 이 연구를 위해서 2009년 11월 13일부터 16일까지 4일 동안 도노시에 머물며 자료수집 및 현지조사를 실시하였다.

10) 도노시의 개황(概況)에 관해서는 도노시에서 2009년도에 발행한 「도노시세요람(遠野市勢要覧)」에 따른다.

11) 川森博司, 「観光の場のなかの昔話と語り手-岩手県遠野の事例から-」『日本昔話の構造と語り手』(2000: 183, 大学出版会)

그런데 이 시기는 일본에서 『도노 모노가타리』가 명망 있는 연구자 및 작가 사이에서 본격적으로 주목을 받고, 그 영향으로 일반 독자들에게 널리 알려진 시기이기도 한다. 예를 들면 요시모토 다카아키(吉本隆明), 미시마 유키오(三島由紀夫), 다니카와 겐이치(谷川健一), 고바야시 히데오(小林秀雄) 등이 이 시기에 『도노 모노가타리』를 재평가하였다.[12] 그 중에서 민속학자 다니카와 겐이치의 평을 인용하기로 한다.

> 야나기타는 하나의 도노(遠野)를 주목함으로써 많은 도노를 환기시키고 있는 셈이다. 그 끝없는 보편정신이 『도노 모노가타리』라고 하는 고유한 이야기를 불후(不朽)의 이야기로 만들었다. 도노는 고유명사임과 동시에 보통명사가 되었다. 그 점이 소재를 제공한 사사키 기젠(佐々木喜善)과 야나기타 구니오의 결정적인 차이였다. 따라서 도노가 일본민속학의 고향이라고 말할 때에, 이중의 의미가 담겨있다. 야나기타가 도노라고 말할 때에 그것은 증식하는 도노, 심화하는 도노이다.[13]

---

12) 吉本隆明는 1966년에서 1967년 사이에 『文芸』지에 연재한 일련의 '共同幻想論' 논문에서 『도노 모노가타리』에 관해서 언급하였다. 三島由紀夫는 「小説とは何か」(1970)에서 『도노 모노가타리』 제22화의 한 대목을 예로 들며 "여기에 소설이 있다(ここに小説があった)"라고 평가하였다. 小林秀雄는 「信ずることと知ること」(1976)에서 『도노 모노가타리』를 주목하였다. 이들 글은 石内徹, 『柳田国男遠野物語作品論集成』(1996, 大空社)에 전문이 수록되어 있다.

13) 谷川健一, 「解説」 『遠野物語』(1972 : 246~247, 大和書房版).

다니카와 겐이치는 야나기타 구니오가 주목한 도노는 “고유명사임과 동시에 보통명사”이며, “증식하는 도노, 심화하는 도노”라고 평하였다. 여기서 말하는 “고유명사임과 동시에 보통명사”라는 의미는 도노지역의 민속세계가 도노에만 한정된 것이 아니라 일찍이 일본 어디에서나 찾아볼 수 있었던 보편적인 민속세계라는 것을 의미한다. 이를 한 마디로 표현하자면 일본인의 ‘마음의 고향’을 의미한다고 볼 수 있다. 다시 말하자면, 야나기타 구니오는 『도노 모노가타리』를 통해서 일찍이 일본 어디에서나 보고 느낄 수 있었던 일본인의 ‘마음의 고향’을 증식하고 심화하였던 셈이다.

다니카와 겐이치를 비롯한 많은 평자들이 『도노 모노가타리』를 재평가하기 시작한 시기는 일본에서 이른바 고도경제성장기의 말기에 해당한다. 고도경제성장과 더불어 급속도로 도시화가 진행되었다. 그 과정에서 농촌(어촌 및 산촌 포함)을 떠나 도시에서 생활하던 사람들 사이에 고향에 대한 노스탤지어가 형성되었다. 이는 원래 도시에서 나고 자란 사람들의 경우에도 크게 다르지 않다고 보아야 한다. 즉 어려서 농촌을 경험하지 못한 사람들 사이에서도, 비록 외부에서 주어진 정형화된 간접적 이미지임에도 불구하고 고향의 이미지가 증식되고 심화되었던 것이다. 마침 그 고향 이미지의 중심에 『도노 모노가타리』가 위치해 있었다.

『도노 모노가타리』에 대한 외부 논자들의 평가와 더불어, 『도노 모노가타리』는 지역활성화 운동 차원에서 현지의 행정관청 및 주민들 사이에서 새롭게 주목받기 시작한다. 그 출발은 앞서 언급한 1970년의 전국체육대회(国体)였다. 이 시기에 들어서서 『도노 모노가타리』에 수록된 이야기를 외부의 관광객들에게 들려주기 위한 시설이 세워지기 시작한다. 그리고 도노 출신으로 외부인을 상대로 이야기를 들려주는 전문적인 이야기꾼들의 대외활동이 본격화된다. 물론 이야기꾼들이 관광객을 상대로 들려주는 이야기는 『도노 모노가타리』에 수록된 이야기에 한정되지는 않지만 『도노 모노가타리』가 절대적인 비중을 차지한다.

현재 도노시에는 외지에서 찾아온 광광객을 상대로 도노지역에 전해지는 이야기를 들려주는 시설이 여러 곳에 마련되어 있다. 예를 들면 〈그림 1〉을 주목하기로 한다. 〈그림 1〉은 도노시 관광협회에서 관광객을 위해 제작한 관광지도이다.[14] 지도상의 7-G 지점에 도노무카시바나시무라(遠野昔話村)가 위치해 있다. 이곳에는 야나기타 구니오가 도노를 방문했을 때에 머물렀던 여관을 옮겨서 보존한 야나기오주쿠(柳翁宿)가 있으며,[15] 원래 술창고(酒蔵)를 이용하여 『도노 모노가타리』의 이야기를 들려주는 이야기창고(物語蔵)를 마련하였다. 또한 도노물산관(遠野物産館) 2층에 마련된 도노가타리베관(遠野語り部館)에서는 계절에 따라서 정기적으로 전문 이야기꾼들이 『도노 모노가타리』

---

14) 원래 지도는 좌우가 길고 상하가 좁게 제작되었으나 여기서는 지면 관계상 상하가 긴 형식으로 게재한다.

15) 柳田国男의 도노 방문, 특히 최초의 방문에 관해서는 여러 설이 있다. 이 점에 관해서는 高柳俊郎, 『柳田国男の遠野紀行』(2003 : 65~69, 三弥井書店)를 참조.

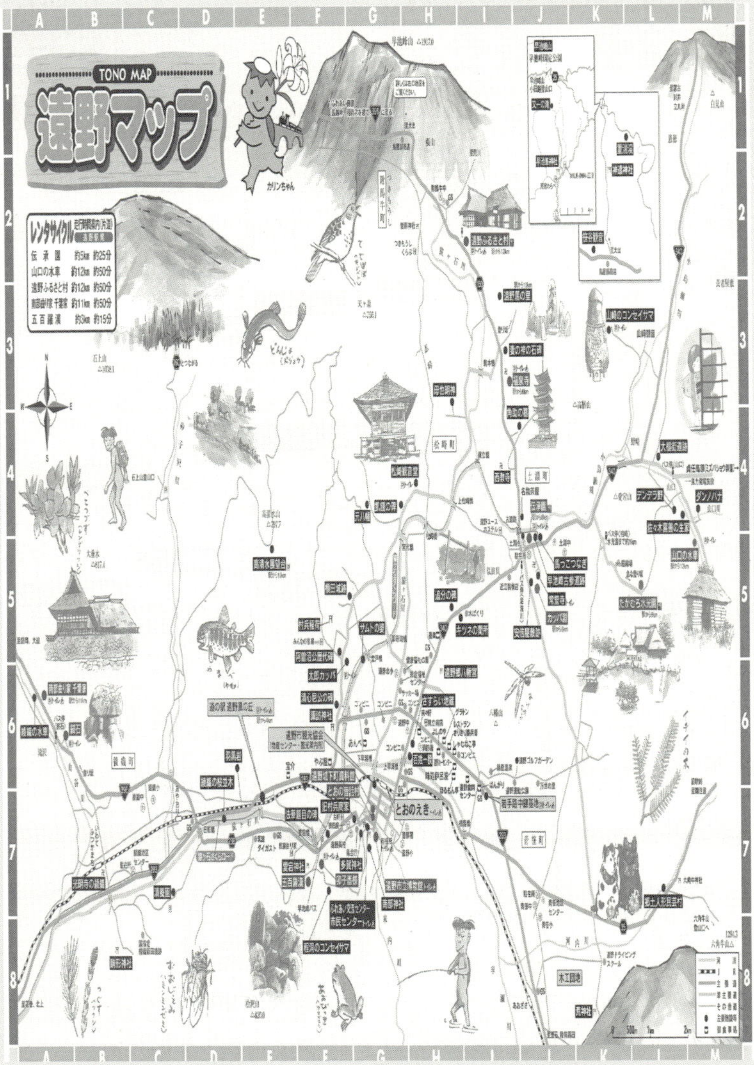

그림 1 도노시의 관광지도

에 수록된 이야기를 중심으로 도노지역에 전해지는 이야기를 구연한다.[16] 그리고 도노역 바로 옆에 위치한 도노관광안내소에는 자원봉사 이야기꾼들이 관광객을 상대로 이야기를 들려주는 시설이 마련되어 있다. 〈사진 1〉은 도노관광안내소 입구 모습이다.

도노시의 지역활성화 운동에서 빠뜨릴 수 없는 것이 도노 출신 전문 이야기꾼의 존재이다. 이 지역에서는 이들 전문 이야기꾼을 '가타리베(語り部)'라고 부른다. 외부에 많이 알려진 대표적인 이야기꾼(語り部)으로는 스즈키 사쓰(鈴木サツ), 쇼부케 미야(正部家ミヤ), 기쿠치 야요(菊池ヤヨ), 기쿠치 에코(菊池栄子), 스치 나요(須知ナヨ), 사사키 이세(佐々木イセ) 등이 있다.[17] 이들 중에서 스즈키 사쓰, 쇼부케 미야는 역시 이 지역의 이야기꾼으로 유명한 기쿠치 리키마쓰(菊池力松)의 딸들이다. 스즈키 사쓰는 1971년 5월 무렵 아버지를 대신해서 NHK 라디오 취재에서 이야기를 구연한 것이 계기가 되어 전문 이야기꾼으로 나서게 되었다. 그리고 기쿠치 야요와 기쿠치 에코는 기쿠치 리키마쓰의 손녀이다. 이 점을 보면 도노지역에서 활동하는 이야기꾼 사이에 가계를 중심으로 한 계보가 형성되어 있음

16) 4월에서 11월 사이에는 하루에 3회 구연하며, 휴가철인 7월 20일부터 8월 31일까지는 하루 5회 구연한다. 그리고 12월에서 3월까지는 주말 및 공휴일에 한해서 하루에 1회 구연한다.

17) 鈴木サツ는 『鈴木サツ全昔話集』(1999, 福音館書店), 正部家ミヤ는 『正部家ミヤ昔話集』(2002, 古今社)를 출판하기도 하였다. 이들의 이력 및 활동에 관해서는 石井正己 『昔話と観光』(2011, 三弥井書店)에 자세히 언급되어 있다.

▌사진 1 ▌ 도노 관광안내소 입구 모습 : 유리문에 이야기 구연시간을 알리는 게시문이 붙어 있다. 촬영: 김용의

을 알 수 있다.[18)]

3. 『도노 모노가타리(遠野物語)』 갓파(河童)전승의 관광상품화

2007년 일본의 하라 게이치(原敬一) 감독이 제작한 애니메이션 「갓파 쿠와 여름방학(河童のクゥと夏休み)」은 국내에서도 소개되어 인기를 끌었다. 이 작품은 쿠(クゥ)라는 이름을 가진 어린 갓파(河童)와 고이치(康一) 소년 사이의 우정을 주된 내용으로 한다.[19)] 「갓파 쿠와 여름방학」에서 볼 수 있는 것처럼, 갓파의 캐릭터가 각종 미디어를 통해 상품화되어 특히 아이들 사이에서 인기가 높다.

「갓파 쿠와 여름방학」에서 흥미로운 것은 고이치 소년이 갓파 쿠를 데리고 도노시로 여행을 떠나는 대목이다. 말하자면 도노시는 「갓파 쿠와 여름방학」에서 '갓파의 고향'으로 묘사된다. 고이치가 갓파 쿠를 데리고 도노시를 찾은 데에는 특별한 이유가 있었음이 분명하다. 그 이유를 『도노 모노가타리』에서 찾아

---

18) 본고의 과제와는 직접 관련이 없어서 다루지 않지만, 기쿠치 야요와 기쿠치 에코의 아버지 즉 기쿠치 리키마쓰의 아들인 기쿠치 가시치(菊池嘉七)도 이야기꾼으로 알려져 있다. 이들 이야기꾼들의 가계를 중심으로 이야기가 어떤 방식으로 구연되고 전승되었는지 흥미로운 과제라고 할 수 있다.

19) 참고로 애니메이션의 원작은 木暮正夫의 『갓파 대소동(かっぱ大さわぎ)』, 『갓파의 놀라운 여행(かっぱびっくり旅)』, 『쿠와 텐구와 갓파 대왕(クウとてんぐとかっぱ大王)』이다.

볼 수 있다. 『도노 모노가타리』에는 여러 편의 갓파 이야기가 수록되어 있으며, 갓파 이야기라는 그 설화적 배경으로 인해 고이치는 갓파 쿠를 데리고 도노시를 찾았던 것이다.

『도노 모노가타리』에는 갓파 이야기가 제55화, 제56화, 제57화, 제58화, 제59화 등 모두 5편 수록되어 있다. 제55화는 갓파의 자식을 낳은 여자에 관한 이야기이다. 제56화 역시 갓파의 자식에 관한 이야기로 그 자식을 시장에 내다가 팔려고 하자 사라졌다는 이야기이다. 제57화는 갓파의 발자국에 관해서 전해지는 이야기이다. 제58화는 갓파가 말을 물속으로 끌어들이는 장난을 치다가 실패하였다는 이야기이다. 제59화는 붉은 얼굴을 한 갓파에 관한 이야기이다. 그 중에서 먼저 제55화를 살펴보기로 한다.

사례 1 : 제55화

하천에는 갓파(川童)가 많이 살았다. 사루가이시천(猿ヶ石川)에는 특히 많이 살았다. 마쓰자키촌(松崎村)에 사는 가와바타(川端) 집안에 2대에 걸쳐 갓파(川童)의 자식을 낳은 사람이 있었다. 태어난 아이는 잘게 토막내서 한 되 크기의 통에 넣어서 땅속에 파묻었다. 그 생김새가 매우 추했다. 여자의 남편은 니이바리촌(新張村)에 사는 아무개로 이 사람도 가와바타 집안 사람이었다. 남편이 다른 사람들에게 자초지종을 이야기했다. 어느 날 집안사람들이 모두 밭일을 끝내고 저녁에 집으로 돌아가려는데 여자가 하천가에 우두커니 서서 싱글벙글 웃고 있었다. 다음 날 낮에도 같은 일이 벌어졌다. 이런 일이 거듭되었다. 마침내 그 여자의 거처로 같은 마을의 아무개가 밤마다 드나든다는 소문이 퍼졌다. 처음에는 그 남편이 해변 쪽으로 짐바리꾼 일을 하러 간 사이에만 찾아왔으나 나중에는 남편이 있는 밤에도 찾아왔다. 갓파(川童)의 소행이라는 소문이 점점 퍼지게 되었다. 집안사람들이 모두 모여서 지켰으나 아무 소용이 없었다. 시어머니도 며느리 옆에서 함께 잤으나 심야에 며느리가 웃는 소리를 듣고 '갓파가 찾아왔구나…' 하고 짐작할 뿐 막을 방도가 없었다. 다른 사람들도 어찌해 볼 방도가 없었다. 아주 난산(難産)이었는데 어떤 사람이 일러주기를 "말구유에 물을 채워 그 안에서 애를 낳으면 쉽게 낳을 수 있다"고 했다. 일러준 대로 했더니 과연 그대로였다. 태어난 아이는 손에 물갈퀴가 있었다. 이 여자의 어머니도 일찍이 갓파의 자식을 낳은 적이 있다고 한다. 2,3대에 걸친 내력이 아니라는 사람도 있다. 이 집안도 격식 있는 집안으로 아무개라는 사족(士族)이다. 촌의회(村会)의 의원을 지낸 적도 있다.[20)]

앞의 〈사례 1〉은 마쓰자키촌(松崎村)에 사는 가와바타(川端) 집안에 얽힌 이야기이다. 이 집안의 여자들이 2대에 걸쳐서 갓파의 자식을 낳았다고 한다. 〈사례 1〉의 줄거리를 시간 순서에

20) 이하 사례 인용을 위한 텍스트는 김용의 역 『도노 모노가타리』(2009, 전남대학교출판부)를 사용하였다.

따라서 다시 구성해 보기로 한다. 가와바타(川端) 집안의 여자가 하천가에 우두커니 서서 웃는 일이 반복된다 → 여자의 처소로 남자가 드나든다 → 시어머니를 비롯한 집안사람들이 막아보고자 했으나 소용이 없었다 → 이윽고 출산을 하기에 이르렀는데 난산이었다 → 어떤 사람이 일러준 대로 말구유에서 낳았더니 순산을 할 수가 있었다 → 태어난 아이의 손에는 물갈퀴가 달려 있었다 → 태어난 아이는 매우 추하게 생겼다 → 아이를 토막내고 통 속에 넣어 땅에 묻었다.

〈사례 1〉에서는 세 가지 점을 주목할 필요가 있겠다. 첫째 여자가 갓파에게 홀려서 갓파가 여자의 처소로까지 찾아왔으나 이를 막을 방도가 없었다는 점이다. 둘째 태어난 아이가 갓파의 자식임을 확인할 수 있는 표증(表証)이다. 갓파의 신체적 특징 중의 하나는 물갈퀴가 달려있다는 점인데, 태어난 아이는 손에 물갈퀴가 달려있어서 갓파의 자식임을 분명하게 확인시키고 있다. 셋째 태어난 갓파의 자식을 "잘게 토막내서 한 되 크기의 통에 넣어서 땅속에 파묻었다"는 점을 주목할 필요가 있다. 〈사례 1〉 뿐만이 아니라, 갓파와 인간의 혼인을 주된 모티브로 하는 갓파 이야기, 특히 갓파 쪽이 남성이고 인간 쪽이 여성인 경우에 태어난 아이를 기르지 않고 죽이는 경우가 대부분이다. 그 배후에 남성 중심의 혈연(血緣)을 중시하는 사회적 관념이 결정적으로 작용하였기 때문이다. 즉 태어난 아이가 갓파의 피를 물려받은 아이였기 때문에 죽어야만 했던 것이다. 『도노 모노가타리』 이야기 중에서 갓파와 인간 사이에서 태어난 아이에 관한 이야기를 하나 더 살펴보기로 한다.

●● 사례 2 : 第56화

가미고촌(上郷村)에 사는 아무개 집에서도 갓파(川童)의 자식으로 여겨지는 아이를 낳은 적이 있다. 확실한 증거는 없었지만 몸이 새빨갛고 입이 큰 징그러운 아이였다. 꺼림직 해서 내다 버리려고 아이를 데리고 갈림길로 나갔다. 거기다 버려두고 조금 걸어오다 문득 생각을 바꾸었다. "그냥 버리기는 아까우니까 구경거리를 내다 팔면 돈이 되겠구나." 생각하고서 되돌아갔다. 이미 자취를 감추고 보이지 않았다고 한다. 미치치가에(道ちがえ)란 길이 두 갈래로 갈라진 곳 즉 오이와케(追分)를 말한다.

〈사례 2〉도 〈사례 1〉에 이어서 갓파와 인간 사이에 태어난 아이에 관한 이야기이다. 〈사례 2〉는 갓파가 남성인지 여성인지 불분명하지만 〈사례 2〉가 〈사례 1〉과 조응한다는 점을 고려한다면 갓파는 남성으로 등장한다. 〈사례 2〉에는 갓파의 피를 이어받아 태어난 어린 갓파의 생긴 모습이 구체적으로 묘사되었다. 〈사례 1〉과 〈사례 2〉와는 다른 유형의 갓파 이야기를 소개하기로 한다.

사례 3 : 제58화

고가라세천(小烏瀨川)의 오바코(姥子) 연못 부근에는 신야(新屋)라는 집이 있었다. 어느 날 연못으로 말을 씻기려고 끌고 갔는데 마부가 다른 곳에서 놀고 있는 사이 갓파(川童)가 나타나서 말을 물속으로 끌어들이려 했다. 그러다가 오히려 말에게 끌려와서 마구간 앞에서 말구유를 뒤집어쓰고 있었다. 이집 사람들이 말구유가 뒤집혀 있는 것을 이상케 여기고 살짝 들어 들여다보았더니 갓파의 손이 나와 있었다. 마을 사람들이 모여서 죽일 것인지 살려줄 것인지를 의논했다. 결국 앞으로는 마을의 말들에게 장난을 치지 않겠다는 굳은 언약을 받고 풀어주었다. 그 갓파는 지금은 마을을 떠나 아이자와노다키(相沢の滝) 연못에 살고 있다고 한다.[21]

〈사례 3〉은 갓파가 말을 물속으로 끌어들이려다가 실패한 이야기이다. 갓파가 말을 물속으로 끌어들이는 것은 갓파의 두드러진 속성 중의 하나이다. 〈사례 3〉은 그 전형적인 이야기이다. 이 같은 유형의 갓파 이야기는 일본의 갓파 이야기 유형분류에서는 '갓파고마비키(河童駒引き)' 또는 '갓파의 사죄문(河童の詫び証文)'등의 이름으로 알려져 있다. 즉 갓파가 말을 물속으로 끌어들이려다가 실패하여 인간에게 붙잡히게 되자 사죄문을 쓰

21) 참고로 「도노 모노가타리 습유(遠野物語 拾遺)」 178화에도 〈사례 3〉과 거의 유사한 이야기가 수록되어 있다.

고 용서를 받는다는 내용의 이야기이다.

〈사례 3〉의 전개과정을 주요 모티브로 나누어 살펴보면 다음과 같다. 마부가 말을 씻기려고 물가로 간다 → 갓파가 나타나서 말을 물속으로 끌어들인다 → 오히려 갓파가 말에게 끌려간다 → 마굿간에서 말구유를 뒤집어쓰고 숨는다 → 사람들에게 발각된다 → 죽을 위기에 처한다 → 다시는 장난을 치지 않겠다고 언약을 하고 풀려난다.

〈사례 3〉에서 말에게 끌려간 갓파가 마구간의 말구유 밑에 숨어 있었다는 대목은, 〈사례 1〉에 등장한 말구유와도 서로 의미가 통한다는 사실을 알 수 있다. 즉 〈사례 1〉에서 갓파의 아이를 출산하게 되었는데 난산이 되자, 어떤 사람이 일러준 대로 말구유 안에다 물을 채우고 그 안에서 낳았더니 순산하였다고 전해진다.

이상으로 『도노 모노가타리』에 수록된 5편의 갓파 이야기 중에서 제55화와 제56화 그리고 제58화의 구성 및 내용을 살펴보았다. 그 중에서 특히 제55화와 제58화는 도노시에서 지역활성화 운동이 본격화되자, 도노시의 향토색을 강화하고 관광객을 유치하기 위한 관광자원으로 활용하게 된다.

도노시는 일본에서 갓파를 지역활성화 운동에 활용한 대표적 지역이다. 앞서 제시한 〈그림 1〉 도노시의 관광지도를 보면 1-E, 4-C, 8-H등 지도의 여러 곳에 갓파 캐릭터가 재미있게 그려져 있다. 이 점만 보아도 갓파가 도노시의 관광자원으로 큰 비중을 차지하고 있음을 짐작할 수 있다. 실제로 도노시 곳곳에는 갓파 캐릭터를 활용한 조형물이 세워져 있다. 예를 들면 〈사진 2〉를 주목하기로 한다. 〈사진 2〉는 도노역 부근에 세워진 우편함으로 우편함 위에 갓파 캐릭터를 활용한 조각상을 올려놓았다.

사진 2 도노역 부근의 갓파 우편함 촬영: 김용의

▌사진 3 ▌ 가타리베가 관광객을 상대로 이야기를 구연하는 모습

촬영: 김용의

그런데 갓파 이야기를 전면에 내세워 지역활성화 운동에 관광상품으로 활용하는 방식에는 두 가지가 있다. 첫째 관광객을 상대로 갓파 이야기를 구연하는 방식이다. 둘째 갓파 이야기와 관련이 있는 특정한 장소를 관광코스로 개발하는 방식이다.

첫째 경우는 물론 갓파 이야기에만 한정된 것은 아니다. 앞서 소개한, 이 지역에서 '가타리베(語り部)'라 부르는 전문 이야기꾼들은 『도노 모노가타리』에 수록된 이야기를 비롯하여 도노에 전해지는 다양한 이야기를 관광객들에게 구연한다.

물론 전문 이야기꾼들이 이야기를 구연할 때에는 『도노 모노가타리』에 수록된 텍스트를 그대로 암기하여 구연하지는 않는다. 구연에 필요한 일정한 형식을 갖추어 구연한다. 예를 들어 앞서 소개한 『도노 모노가타리』 제58화를 주목하기로 한다. 『도노 모노가타리』 제58화의 갓파 이야기와, 이를 바탕으로 전문 이야기꾼이 현장에서 구연한 갓파 이야기를 비교해보면 여러 가지 차이를 확인할 수 있다.

사례 4 : 제117화

옛날에 있었던 일인데(むかす、あったずもな). 쓰치부치(土淵)에 신야(新屋)라는 집이 있었다. 그 집 뒤에 큰 연못이 있는 개울이 흘렀다. 어느 여름 아주 더운 날에…(중략)…마구간에 넣어둔 말이 더울까봐서 젊은이가 말을 끌고 개울로 갔다. 젊은이는 말의 배에 물을 뿌리고 등을 쓸어주다가 말을 개울가에 묶어두고 잠깐 자리를 비웠다. 그런데 누군가가 그 말을 개울 깊은 곳으로 끌고 들어가려고 했다. 말은 기겁을 하여 육지로 뛰어올라 그대로 마구간까지 뛰어갔다. 사람들이 이상케여기고 마구간을 가보았더니, 말구유가 뒤집혀져 있었다. 그 말구유 사이로 물갈퀴 같은 것이 보였다. 사람들이 말구유를 들어보니 갓파가 있었다. 이를 보고 큰 소동이 벌어져 사람들이 모여 들었다. 모여든 사람들이 그 갓파를 죽이고자 했으나 그 집 주인이 갓파로부터 다시는 못된 짓을 하지 않겠다는 약속을 받고 풀어주었다. 이후로는 사람이고 말이고 갓파의 피해를 입지 않았다. 돈도하레(どんどはれ).[22)]

22) 川森博司, 「観光の場のなかの昔話と語り手-岩手県遠野の事例から-」『日

本昔話の構造と語り手』(2000 : 195~196, 大学出版会) 실제 구연은 이 지역의 방언으로 이루어졌다. 이 글에서는 방언의 느낌을 그대로 번역하기가 불가능하다고 판단하여 내용을 요약 번역하여 소개하였다. 참고로 일본어 원문은 다음과 같다.

むかす、あったずもな。土淵の新屋つう家だつが、むかす、その家の裏に、おーきな淵のある川あったったずもな。ある夏どぎのうーんと温けえ日、…「温けえ日」ってわかる？「温い」って言えばわかるんでしょう。方言はね、文字一つ抜くか足すかせば方言になんだべが、「温い」って言えば皆さんわかるんだども、「温けえ日」なんだもの。温けえ日、マヤ…、「馬屋」って言えばわかるんでしょう。それも「馬屋」なんだもの。馬屋さ入ってる馬が、足が火照るから、若けえ者ァ馬っこ引っ張って、川さ馬冷ゃしに行ったずもの。で、腹っこさ水こかけたり、背中こすったりしてらったずが、その若けえ者ァ、一時間、馬の首たさ端綱かけて、馬ば川さ置いて、わればり陸さ上がったずもな。そーすっと、その馬、何かにズルズルと深けえとこさ、引っ張ってかれたずもな。馬っていうのは、耳さ水はいる位まで絶対行かねえから、馬たまげて、陸さガッタガッタと走り上がったずもな。そして、そのまんま、家の馬屋まで走ごまってしまったずもな。家さ、昼時さ来てた人達ァ、「なしてこの馬、馬ばり来たべ」と思って、馬屋を行って見てば、その馬、何にかたまげたがな、前がけして聞かなくなってらったずもな。「奇態だな、この馬、何したべ」と思って、馬屋のなか見てば、…むかす、馬さ飼い葉、食しぇるとき、ちょうどあの、ざっこ釣りの船みてなもので、馬のフネって、飼い葉、食しぇたんでがすてば、その馬のフネ、ガッパリ引っくり返ってあったずもな。家の人たちゃそれ見て、なしてこの船、引っくり返ってらんべと思って、船のほう見てば、船の下から、童子の手っこみてえなもの、いたったずもな。あや、何したべ、何だべ、手っこみたいなものァ見えるが、と思って、その船引っくり返して見てば、船の下にぺっこなおなご童子こみてえな河童、手っこ合わしていたったずもな。家の人達ァそれ見て、大騒

앞의 〈사례 4〉는 민속학자 가와모리 히로시(川森博司)가 이야기꾼 스즈키 사쓰가 현장에서 구연하는 이야기를 채록한 텍스트의 요약이다. 이 〈사례 4〉를 『도노 모노가타리』 제58화 즉 〈사례 3〉과 비교하면 여러 가지 차이를 확인할 수 있다. 가장 두드러진 차이는 〈사례 3〉에서 『도노 모노가타리』에는 없는 구연 형식으로 구연한다는 점이다. 가와모리 히로시가 채록한 텍스트에는 처음에 '옛날에 있었던 일인데(むかす、あったずもな)'라는 표현으로 시작하여 '돈도하레(どんどはれ)'라는 표현으로 끝을 맺는다. 이 '옛날에 있었던 일인데(むかす、あったずもな)'와 '돈도하레(どんどはれ)'는 이 지역에서 이야기를 구술할 때에 각각 시작과 끝 부분에서 사용하는 구어체 정형구이다. 다

ぎしてれば、隣あたりの人達ァ何ァできたと思って、家さ来たずもな。してば、馬屋のなかに河童、手合わしてらから、それ見て、「この河童、ろくでねえ河童だから、殺してしめえ、殺してしめえ」って言ってば、そこの家の旦那どのァ、「そんだらこの河童、ねえさここさ来たべ」と思って、その河童から聞いてみたずもな。「これこれ、おめえ、何しさ、ここさ来た？」ってば、その河童、「本当のことァ、俺、馬、淵さ引っ張ってってくべ、と思って、引っ張ったども、馬の力のほうが強くて、俺のほうが引っ張られて来てしまった」ったずもな。「今から悪いことしねえから、助けてけろ」って、手っこ合わせたずもな。そしてば、隣あたりの人達ァ、それ見て、「殺してしめえ、殺してしめえ」ったども、旦那どのァ、「ほんだらば、助けてけっから、今から以来いたずらしてなんねえぞ」って、その河童、淵さ放してやったんだと。そしてその河童、しばーらく、そこの淵にいたったずども、「いつまーでも、俺ァここにいれば、村の人達ァ嫌んた思いすべから、それよりゃ俺ァここにいねえほうァいい」って、ずっと奥の淵さ行ってしまって、それからつものァ、人さも馬さも一向いたずらしたことァなかったんだとさ。どんどはれ。

시 말하자면, 도노지역의 전문 이야기꾼들은『도노 모노가타리』라는 기존의 텍스트를 참고하면서도 청중(관광객)을 상대로 실제로 구연하는 현장에서는 현장의 분위기에 맞게 이야기를 구연한다는 사실을 알 수 있다.

다음은 갓파 이야기와 관련이 있는 장소를 관광코스로 개발한 사례를 살펴보기로 한다. 이에 관해서는 '다로부치(太郎淵)'와 '갓파부치(かっぱ渕)'를 들 수 있다. '다로부치'는 앞서 소개한『도노 모노가타리』제55화의 이야기에 등장하는 연못이다. 이곳은 도노시 마쓰자키초(松崎町)에 위치하며 '도노유산제91호(遠野遺産第91号)'로 지정되었다.[23] '갓파부치'는 제58화에 근거한다. 도노시 쓰치부치초(土淵町)에 위치하며 '도노유산 제22호'로 지정되었다.

'다로부치'는 앞서 제시한 도노관광지도(5-J 지점)에도 표시되어 있다. <사진 4>는 '다로부치'의 유래에 관한 설명이 적혀있는 관광용 안내판이다. 안내판에는『도노 모노가타리』제55화의 한 구절을 인용하여 다음과 같이 그 유래가 설명되어 있다. 안내판의 설명문은『도노 모노가타리』제55화 중의 일부를 인용하는 데서 시작되는데, 이 지역에 갓파 이야기가 많이 전해지고 있음

---

23) 도노시에서는 도노시에 소재한 문화유산을 발굴하여 '도노유산'을 지정하고 있다. 도노유산의 종류는 유형유산, 무형유산, 자연유산, 복합유산으로 구별하며, 해마다 지역 주민 및 단체로부터 추천을 받아 지정 종목을 늘려가고 있다. 2009년 현재 80종목이 지정되어 있다. '도노유산'에 관해서는 도노시민센터 문화과에서 발행하는「公式ガイドブック」를 참조.

을 강조하고 있다.

사례 5: 제55화

"하천에는 갓파(川童)가 많이 살았다. 사루가이시천(猿ヶ石川)에는 특히 많이 살았다."라고 도노 모노가타리에 기록된 것처럼, 이 유역에는 갓파 전설이 많이 전해진다. 고코지(光興寺) 연못에 다로(太郎)라는 갓파가 살고 있어서 빨래 등을 하러 오는 부락 여자들을 엿보러 와서는 늘 나쁜 짓을 하여 곤란했다고 한다. 또한 이 연못 아래에도 연못이 있어서 다로 갓파에게 접근하는 여자 갓파가 살고 있었다고 한다. 지금도 다로부치, 온나가부치라고 해서 두 갓파가 살고 있다고 전해진다.

〈사진 5〉는 '다로부치' 이야기가 전해지는 연못의 모습이다. 도노시 광광 코스의 한 곳으로 개발된 이후 이 연못 두 군데에 갓파 조형물을 설치하였는데 〈사진 5〉는 그 중의 한 곳이다. 이 점을 보아도 도노시의 관광객 유치를 통한 지역활성화에서 『도노 모노가타리』 특히 갓파 이야기가 차지하는 비중이 매우 크다는 점을 확인할 수 있다.

『도노 모노가타리』 제58화와 관련이 있는 '갓파부치'는 조켄지(常堅寺) 바로 뒤쪽에 위치한다. 조켄지는 『도노 모노가타리』 제88화에도 등장하며 조동종(曹洞宗) 계열의 사찰이다. 갓파 이야기가 풍부하게 전해지는 지역답게, 조켄지 경내에는 일본의

사진 4 다로부치의 유래가 설명된 안내판 촬영: 김용의

사진 5 다로부치 연못 : 연못 건너편에 갓파 조형물이 설치되어 있다.
촬영: 김용의

신사나 절에서 흔히 볼 수 있는 고마이누(狛犬)가 갓파에 가까운 모습을 하고 있다.

〈사진 6〉은 '갓파부치'의 유래에 관한 설명이 적혀있는 안내판이다. 안내판에는 『도노 모노가타리』 제58화와의 관련성이 설명되어 있다. 그런데 이 설명문에서 흥미로운 것은 갓파를 신으로 모셨다는 구절이다.

사례 6

도노의 갓파는 얼굴이 붉다고 전해지며 그 전설이 매우 많이 남아 있다. "고가라세천(小烏瀨川)의 오바코(姥子) 연못 부근에는 신야(新屋)라는 집이 있었다. 어느 날 연못으로 말을 씻기려고 끌고 갔는데 마부가 다른 곳에서 놀고 있는 사이 갓파(川童)가 나타나서 말을 물속으로 끌어들이려 했다. 그러다가 오히려 말에게 끌려와서 마구간 앞에서……" 도노 모노가타리 제58화. 이 아베야시키(阿部屋敷) 수향(水鄕)에 있는 개울에서 갓파고마비키(河童駒引き) 전설을 전해주는 갓파신을 제사지낸다. 사당 안에는 유방 모양을 한 봉제인형이 봉납되어 있다. 젖과 관련된 신앙으로 전화된 흥미로운 민속이 전해진다.

〈사례 6〉에 기술된 '갓파고마비키(河童駒引き)'란 갓파가 말을 보면 물속으로 끌어들이려는 습성을 가리킨다. 이 점에 관해서는 이미 〈사례 3〉 부분에서 설명하였다. 〈사례 6〉를 보면 이곳에 전해지는 갓파 이야기에 근거하여 갓파신을 제사지낸다고 설명되었다. 갓파 이야기 중에서 젖과 관련된 신앙(乳の信仰)과 연결되는 이야기는 매우 드문 경우이다.[24] 〈사례 6〉에 사당 안에는 유방 모양을 한 봉제인형이 봉납되어 있다고 적혀있는데, 〈사진 7〉이 갓파를 신으로 제사지내는 사당이다. 사당 옆에 갓파 조형물이 설치되어 있는 것을 확인할 수 있다. 그리고 〈사진 8〉과 〈사진 9〉는 사당의 내부 모습이다. 갓파 캐릭터 관련 인형과 유방 모양을 한 봉제인형이 봉납되어 있다.

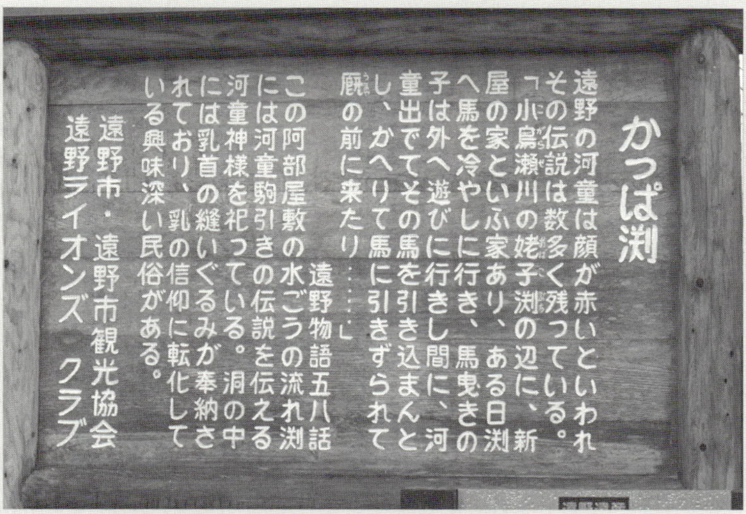

사진 6 갓파부치의 유래가 설명된 안내판 촬영: 김용의

24) 이 점에 관해서 현지 주민 몇 사람에게 확인해보았으나 명쾌한 설명을 듣지 못했다. 이 점에 관해서는 다른 지역에도 이와 유사한 사례가 있는지 확인해 볼 필요가 있겠다.

▌사진 7▐ 갓파부치 바로 옆에 갓파를 신으로 제사지내는 사당이 있다.
촬영: 김용의

▌사진 8▐ 갓파신 사당의 내부 모습 촬영: 김용의

▌사진 9▐ 갓파신 사당의 내부 모습. 유방 모양을 한 봉제인형이 봉납되어 있다.
촬영: 김용의

4. '고향' 이미지의 상품화

일본에서 저출산 및 노령인구의 증가로 인한 과소화 문제가 심각해지자, 특히 지방도시 및 농촌지역의 지역활성화가 당면과제로 부각되었다. 이 과정에서 대두된 것이 이른바 '고향' 이미지의 상품화이다. 사람들 그 중에서도 특히 도시인들이 그리워하는 '고향'의 이미지에는 여러 가지가 있을 수 있다. 산과 들로 대표되는 풍경을 그리워할 수 있고, 이른바 향토음식을 그리워할 수도 있겠다. 그 그리운 '고향' 이미지 중의 한 가지가 '이야기'이다. 이 경우의 이야기는 이야기라는 텍스트뿐만이 아니라

이야기가 구술되는 컨텍스트까지 포함된다. 다시 말하자면 어려서 화롯가에 둘러앉아, 마을에서 이야기 잘하는 사람이나 할머니로부터 이야기를 들었던 광경은 가장 정겨운 고향의 모습일 터이다.

이 글에서는 일본의 도노시에서 '일본민속학의 고향'이라 일컬어지는 『도노 모노가타리』를 지역활성화에 활용하는 양상을 고찰하였다. 특히 그 중에서도 『도노 모노가타리』에 수록된 갓파 이야기가 어떤 과정을 거쳐 관광상품으로 활용되는지를 살펴보았다. 『도노 모노가타리』가 관광상품으로 본격적으로 주목받기 시작한 시기는 일본에서 고도경제성장기 말기에 해당하며, 이 시기는 일본의 연구자 및 평자 사이에서 『도노 모노가타리』가 재평가되기 시작한 시기이기도 하다. 즉 도노시 지역활성화의 정점에는 『도노 모노가타리』가 위치해 있으며, 그 중에서도 갓파 이야기는 큰 비중을 차지한다.

갓파 이야기를 관광상품으로 전면에 내세워 지역활성화에 활용하는 방식에는 두 가지가 있음을 확인하였다. 첫째 도노 출신의 전문 이야기꾼들이 관광객을 상대로 갓파 이야기를 구연하는 방식이다. 이를 위해서 도노시는 곳곳에 전문 이야기꾼과 관광객이 만나서 교류할 수 있는 전용 구연 공간을 마련하였다. 외지에서 도노시를 찾은 관광객들은 이곳에서 이야기를 들으며 노스탤지어를 달래고 '고향' 이미지를 간접적으로 체험하였던 것이다.

둘째 갓파 이야기와 관련이 있는 특정한 장소를 관광코스로 개발하는 방식이다. 특히 『도노 모노가타리』 제55화 및 제58화와 관련이 있는 장소가 관광코스로 개발되었음을 확인하였다.

도노시의 지역활성화 운동의 일환으로 이 지역에 산재하는 유형 및 무형의 문화유산을 발굴하여 '도노유산'이라는 이름으로 지정하여 보호하고 있다. 이는 주목할만한 현상이 아닐 수 없다. 2009년 현재 80종목이 지정된 '도노유산'의 리스트를 검토해보면 그 중 적지 않은 종목이 『도노 모노가타리』와 무관하지 않음을 알 수 있다. 이 점에 관해서는 다른 기회에 논하고자 한다.

참고 문헌

김용의(2005)「물가에 맴도는 요괴 갓파(河童)」『일본의 요괴문화』 한누리미디어

김용의(2007)「『도노 모노가타리(遠野物語)』와 일본인의 이향관(異鄕観)」『일본학연구』 제21집 단국대학교 일본연구소

김용의(2007)『도노 모노가타리(遠野物語)』의 요괴전승」『일본연구』 제31호 한국외국어대학교 일본연구소

김용의 역(2009)『도노 모노가타리』 전남대학교출판부

石川純一郎(1985)『河童の世界』時事通信社

石井正己(2011)『昔話と観光』三弥井書店)

石内徹(1996)『柳田国男遠野物語作品論集成』大空社

河童連邦共和国 監修(1991)『日本のかっぱ』桐原書店

川森博司(2000)「観光の場のなかの昔話と語り手-岩手県遠野の事例から-」『日本昔話の構造と語り手』大学出版会

島亨 補注, 谷川健一 解説(2010)『遠野物語』新装版 大和書店

鈴木サツ(1999)『鈴木サツ全昔話集』福音館書店

正部家ミヤ(2002)『正部家ミヤ昔話集』古今社

高柳俊郎(2003)『柳田国男の遠野紀行』三弥井書店

谷川健一(1972)「解説」『遠野物語』大和書房版

遠野市民センター分化課(2009)「遠野遺産公式ガイドブック」

遠野市(2009)「遠野市勢要覧」

제2부
오키나와 설화의 민속세계

『유로설전(遺老說傳)』에 전하는 오키나와의 비주르 신앙

『유로설전(遺老說傳)』우타키(御嶽) 유래설화의 양상과 유형

오키나와 야에야마(八重山) 지역의 낙원 전설

오쿠다 히데오의 『사우스바운드』에 수용된 오키나와의 '파이파티로마' 전설

『유로설전(遺老説伝)』에 전하는 오키나와의 비주르 신앙

1. 일본과 오키나와의 석신(石神) 신앙
2. 『유로설전(遺老説伝)』에 전하는 오키나와 석신(石神) 신앙의 양상
3. 『유로설전(遺老説伝)』에 전하는 오키나와의 비주르 신앙
4. 오키나와 비주르 신앙의 현재적 의의

1. 일본과 오키나와의 석신(石神) 신앙

일본의 민속종교 중에는 영험한 바위를 대상으로 소원을 빌며 치성을 드리는 이른바 석신(石神) 신앙이 존재한다.[1] 신앙의 대상이 되는 바위는 남성(혹은 여성)의 성기 모양을 한 이른바 성기암(性器岩)인 경우가 많으며, 신앙의 내용은 자식을 낳도록 해달라고 기원하는 기자(祈子) 신앙 및 농사가 풍년이 들도록 기원하는 경우가 대부분이다.

오키나와에도 전통적으로 석신(石神) 신앙이 전해지고 있다. 민속종교의 성지(聖地)로 오키나와 민속종교에서 중요한 위치를 차지하는 우타키(御嶽)에 안치된 바위를 비롯하여,[2] 삼거리 및 사거리로 길이 갈라지는 곳에 설치하여 마(魔)를 물리치는 기능을 하는 이시간토(石敢当) 등이 석신 신앙의 범주에 속한다고 볼 수 있다.[3]

---

1) 지금까지 신격화된 영험한 바위를 가리키는 용어로 '석신(石神)', '영석(靈石)' 등의 용어가 사용되었다. 본고에서는 '석신(石神)'이란 용어로 통일하여 사용하기로 한다. 일본의 석신 신앙에 관한 고전적인 연구로 柳田国男(1978)의 「石神問答」이 있다. 단 여기서 말하는 '石神'이란 이른바 '이시가미(石神)'에 한정되지 않고 더욱 포괄적인 의미에서의 '石神'을 가리킨다.

2) 우타키란 오키나와 전역에 분포한 민속종교의 성역(聖域)을 일컫는다. 그 명칭은 지역에 따라서 조금씩 다르다. 우타키에 관한 논저로는 와쿠가미 모토오(湧上元雄, 1978), 마키노 기요시(牧野清, 1990), 하타케야마 아쓰시(畠山篤 2006) 등을 참조. 국내 논고로는 한국의 남도지역 촌락공동체신앙과의 비교연구를 시도한 표인주(2001), 야에야마제도에 위치한 다케토미지마(竹富島)의 우타키 현황을 고찰한 김용의(2004), 그리고 『유로설전』에 나타난 우타키 유래설화에 관해서 고찰한 김용의(2010) 등이 있다.

그런데 현재 오키나와 사람들 사이에서 차츰 잊혀져가고 있는 오키나와의 석신 신앙 중에, 불교 십육나한 중의 하나인 빈두로(賓頭盧)를 신앙의 대상으로 하는 '비주르(ビジュル)' 신앙이 존재한다. '비주르(ビジュル)'란 빈두로를 일본어로 '빈즈루(びんずる)'로 읽는 데서 비롯되었다고 한다. 즉 '빈즈루'에서 '비주르'로 바뀌었으며, 지역에 따라서는 '빈지리(ビンジリ)' 혹은 '비준(ビジュン)'이라 부르기도 한다. 오키나와에 전해지는 석신(石神)의 일종으로 높이가 15센티미터에서 1미터에 이르는 자연석을 가리킨다.

오키나와에 전해지는 비주르에 관해서는 이제까지 일본의 민속학자들이 적지 않은 관심을 보였다. 야나기타 구니오(柳田国男)는 일본 본토에 전해지는 이른바 하카리이시(はかり石)의 한 유형으로 간주하였다.[4] 하카리이시란 무언가 소원을 비는 사람이 신앙의 대상인 바위를 두 손으로 들어 올려서 바위에서 전해지는 무게에 따라서 소원이 이루어질 것이지 아닌지를 가늠하는 일종의 점복이다. 말하자면 야나기타 구니오는 오키나와의 비주르를 일본 본토에 전해지는 하카리이시의 범주에 포함시켜 이해하였던 셈이다. 반면에 오리쿠치 시노부(折口信夫)는 하카리이시와는 다른 유형의 비주르가 존재한다는 점을 들어, 비주

3) '이시간토(石敢当)'는 다른 말로 '세키간토(石敢当)'라 부르기도 한다. 거리에 설치하여 마를 물리치는 주술적 기능을 하며, 주로 중국 도교의 영향, 지역적으로는 복건성(福建省) 지역의 영향을 받아 성립하였다. 이 점에 관해서는 陳舜臣(2002)을 참조.

4) 柳田国男(1963 : 282).

르를 하카리이시로 한정하지 않고 석신(石神)이라는 더욱 포괄적인 범주에서 비주르를 주목하였다.[5] 오키나와의 비주르에 관한 구체적인 연구는 오키나와 출신인 헤시키 요시하루(平敷令治)에 의해 본격적으로 정리되었다. 헤시키 요시하루는 오키나와 제도에 분포하는 107개소에 이르는 비주르의 명칭 및 형태를 정리하고, 비주르와 관련된 전승 및 의례를 포함하여 분석하였다.[6]

이 글에서는 18세기 중엽에 류큐왕부(琉球王府)에서 편찬한 설화집인 『유로설전(遺老説伝)』[7]에 전하는 비주르를 중심으로, 오키나와의 석신 신앙에서 차지하는 비주르의 위치를 확인하고 비주르 신앙의 구체적인 양상 및 특징에 대해서 고찰하고자 한다. 『유로설전』에는 총 141편에 이르는 오키나와 설화가 수록되어 있다. 오키나와의 석신 신앙의 전모를 파악할 수 있는 관련 설화가 다수 수록되어 있을 뿐만 아니라, 비주르와 직접 관련된 설화가 수록되어 있어서, 오키나와의 비주르 신앙을 고찰하는 데에 중요한 단서를 제공한다.

---

5) 折口信夫(1967 : 86~87).

6) 平敷令治(1978)을 참조.

7) 류큐왕부(琉球王府)에서 편찬한 설화집으로 1743년부터 1745년 사이에 편찬되었다. 이 시기에 『구양(球陽)』의 외권(外巻)으로 편찬되었는데, 『구양』은 편년체로 기술된 오키나와의 정사(正史)이다. 모두 141편에 이르는 설화가 수록되어 있다. 연구자에 따라서는 142편으로 분류하기도 한다. 편자는 『구양』의 편자인 정병철(鄭秉哲)・채굉모(蔡宏謨)・양황(梁煌)・모여포(毛如苞) 등 4인이다. 『유로설전(遺老説伝)』에 관한 국내 논고로는 김용의(2009), 김용의(2010)를 참조. 『유로설전(遺老説伝)』은 2010년에 김용의의 번역으로 한국에 소개되었다.

2. 『유로설전(遺老説伝)』에 전하는 오키나와 석신(石神) 신앙의 양상

『유로설전』에는 다양한 형태의 오키나와 민속종교가 전해지고 있다. 그 중에서 석신 신앙은 『유로설전』에 자주 등장하는 두드러진 민속종교의 한 유형이다. 필자의 조사에 따르면 『유로설전』에 수록된 총 141화에 이르는 설화 중에서 석신 신앙과 직접 관련이 있는 설화가 모두 25화에 이른다.

〈표 3〉은 필자가 『유로설전』에 수록된 총 141화에 이르는 설화 중에서 석신 신앙과 직접 관련된 설화를 설화제목, 전승지역, 석신의 유래 및 특징 등으로 나누어 정리한 결과이다.[8] 〈표 3〉을 보면 우선 바위를 신으로 모시게 된, 즉 신격화의 계기가 뚜렷하게 드러남을 알 수 있다. 석신이 하늘에서 날아오거나(제38화, 제78화, 제139화), 바다 위에서 떠내려오거나(제53화, 제99화), 땅 속에서 치솟거나(제53화, 제99화), 혹은 동굴 안에서 석신을 발견(제65화, 제126화, 제139화)한 것이 계기가 되어 신으로 섬기기에 이른다.

다음으로 주목할 점은 석신의 신격이다. 다시 말하자면 석신

8) 전승 지역 중에서 남부, 중부, 북부, 서해는 오키나와 본도를 기준으로 한 지역 분류이다. 이와 같은 설화의 지역별 분포는 嘉手納宗徳 編訳(1978 : 219~237)에 의거하였다. 嘉手納宗徳 編訳(1978)에는 총 141화를 대상으로 한 지역적 분포가 정리되어 있다. 이에 따르면 오키나와 본도의 那覇市 39편, 오키나와 본도의 남부지구 25편, 오키나와 본도의 중부지구 27편, 오키나와 본도의 북부지구 5편, 久米島를 비롯한 西海諸島 12편, 宮古島를 비롯한 宮古諸島 25편, 石垣島를 비롯한 八重山諸島 8편으로 되어 있다.

이 구체적으로 오키나와 사람들 사이에서 어떤 신격으로 인식되고 있었는가 하는 점이다. 필자의 분석에 의하면 『유로설전』에 전하는 석신 신앙은 신격을 기준으로 하여 대략 네 가지 유형으로 정리하여 이해할 수 있을 것 같다. 첫째 동물을 신격화한 석신이다. 둘째 호국신 계열이다. 셋째 도교 신앙과 관련이 깊은 석신이다. 넷째 불교 신앙과 관련이 깊은 석신이다. 순서대로 고찰하기로 한다. 먼저 동물을 신격화한 사례이다.[9]

사례 1 : 제23화

옛날에 나하 읍(那覇邑)에 준마가 한 마리 있었다. 평지를 달리듯이 물을 건너고 산을 올랐다. 사람들이 이 말을 타고 이하(伊覇)[미사토 군(美里郡)에 있다]에서 슈리(首里)까지 가는데, 마치 비조(飛鳥)처럼 아침밥을 먹을 동안에 능히 다녀왔다. 그리하여 이 말을 이름하여 조반분마(早飯奔馬)라 불렀다. 이 무렵에 이하 아지(伊覇按司)가 살고 있었다. 일찍이 이 말을 가데카루 읍(嘉手苅邑)에서 입수하여, 굴속에다 돌을 쌓고서 마구간[유적이 지금도 남아 있다]을 만들고 그 말을 길렀다. 하루는 아지가 그 말을 타고 슈리성으로 입조(入朝)한 후에 공무를 다 마치고서 집으로 돌아가던 길이었다. 덴노지(天王寺) 강변을 지날 때에 그 말이 갑자기 죽고

9) 본고에서 예로 든 『유로설전』의 사례 인용은 김용의 역(2010)에 따른다.

말았다. 그러자 신이 출현하여 말하기를 "이 말은 그야말로 희대의 준마이다. 다른 곳으로 옮겨서 매장해서는 안 된다." 라고 계시하였다. 아지가 절을 하고서 신의 명에 따라서 강변에다 말의 시체를 묻었다. 그러자 그 시체와 채찍이 불현듯 돌로 변하였다. 이후에 돌을 쌓고 담을 둘러서 우타키(御嶽)를 만들었다. 이 우타키를 가리켜서 아스이모이(早飯森)라 부른다.

〈사례 1〉은 제23화의 전반부에 해당된다. 후반부에는 전반부와 내용을 약간 달리하는 설화가 소개되어 있다. 전반부와 후반부 모두 아스이모이(早飯森)라 부르는 우타키(御嶽)의 유래를 설명하는 형식으로 되어 있다. 〈사례 1〉은 이하(伊霸)에서 슈리(首里)까지 가는데 아침밥을 먹을 동안에 나는 듯이 다녀왔다고 하여 조반분마(早飯奔馬)라 불렀던 말이 죽자, 그 시체를 강변에 묻었는데 돌로 변하자 그 곳에 우타키를 조성하여 신으로 모시게 되었다는 내용이다.

말은 인류문화에서 인간과 다양한 관계를 맺어왔다. 노동력을 제공하는 중요성은 물론이고 전통적으로 신성(神性)을 지닌 특별한 동물로 인식되었다. 특히 동아시아의 민속종교에서 중요한 의미를 지니고 있다. 신이 인간세계와 신의 세계를 왕래할 때에 타고 다니는 교통수단일 뿐만 아니라, 신격 그 자체이기도 하다. 따라서 동아시아 설화에는 말이 지닌 신성을 강조하는 설화가 다양한 형태로 전해진다. 그 중에서 가장 널리 알려진 이야기가

말과 인간의 혼인에 관한 이야기이다.[10)]

『유로설전』에도 말에 관한 설화가 전해진다. 즉 제32화, 제65화, 제93화, 제124화에 말이 등장한다. 그 어느 쪽 설화에서도 말은 특별한 존재로 인식되었다.[11)] 그 중에서도 〈사례 1〉의 경우는 매우 특별하다. 말 관련 설화에서 말이 죽자 시체가 바위로 변하였으며 그 바위를 석신으로 신앙하는 모티브가 그다지 흔치 않기 때문이다. 〈사례 1〉의 경우는 원래부터 전해지던 말의 신성이라는 민속적 상징성이 석신 신앙의 형태로 발전한 결과로 풀이할 수 있다.

호국신 계열은 바위를 호국신의 신체(神体)로 인식한 경우이다. 즉 매우 높은 신격이 부여된 셈이다. 〈표〉의 제39화 및 제92화가 이에 해당한다. 먼저 제39화를 소개하기로 한다.

---

10) 예를 들면 일본 민속학의 출발을 알리는 저작으로 평가되는 柳田国男의 『遠野物語』에 수록된 사례를 들 수 있다. 일본 도호쿠(東北) 지방에 전해지는 가택신 오시라사마(おしらさま)의 유래에 관한 제65화이다. 여기를 보면 농부의 딸이 마구간에서 기르던 말과 부부의 인연을 맺은 데서 오시라사마가 생겨났다고 전해진다. 이와 비슷한 이야기가 중국의 『수신기(搜神記)』에 수록되어 있는 것을 보면 역사적으로 오래된 이야기라는 것을 알 수 있다. 즉 관련 설화가 『수신기』권 14(제350화)에 수록되어 있다. 일본어 텍스트로는 竹田晃訳(1964)을 참조.

11) 예를 들어 제65화의 내용을 소개하기로 한다. 자탄 군(北谷郡) 가데나 읍(嘉手納邑)에 오래된 동굴이 있어서 기이한 바위 하나를 봉안해 두었다. 사람들이 모두 이 바위를 영험한 신으로 모셨다. 그런데 동굴 밖에 말 발자국이 생기면 마을의 말들이 반드시 병에 걸려 쓰러졌다. 이로 인해 매년 6월과 9월 사이에 마을 사람들이 빠짐없이 동굴 앞에 모여 제물을 차려놓고 치성을 드리곤 했다.

사례 2 : 제39화

옛날에 미야코야마(宮古山)의 시오카와 읍(塩川邑)에 사는 하리마 다마차라(張間玉茶良)가 하루는 가미나마(神名真)에 가서 논밭을 갈고 있을 때에, 그의 땅으로 갑자기 큰 바위 두 개가 날아오는 것이 보였다. 다마차라는 이를 매우 기이하게 여겨서, 마을 사람들과 상의하여 바위 주변에 사방으로 대나무를 심고 사람들이 이를 함부로 범하지 못하도록 하였다. 후에 영신(靈神)이 바위 위에 출현하여 호국비민(護國庇民)의 신이 되었다. 이로 인해 후에 마을 사람들이 반드시 해마다 첫 수확한 오곡을 바치고 제사를 지냈다.

〈사례 2〉는 제39화의 전문이다. 여기 등장하는 석신은 먼 곳에서 날아온다. 앞서 지적한 바와 같이 이는 오키나와의 석신이 출현하는 전형적인 경우에 해당한다. 신체는 하나가 아닌 둘이다. 여기 등장하는 석신은 이중의 신격을 지니고 있다고 볼 수 있다. 우선 석신 그 자체가 주변에 사방으로 대나무를 심고 사람들이 이를 함부로 범하지 못하도록 한 영험한 신격을 지니는가 하면, 세월이 지나면서 신격이 강화되어 호국비민(護國庇民)의 신이 강림하는 공간, 일본어로 '요리시로(依代)'라 부르는 신의 거주공간으로 인식되었다.

그런데 제92화에는 호국신으로서의 석신의 성격이 더욱 분명하게 드러나 있다. 해당 설화를 고찰하기로 한다.

●● 사례 3 : 제92화

호쿠잔의 왕은 오랫동안 혼전(混戰)이 이어져 힘이 다해 지친 나머지, 돌아와서 내궁으로 들어가 잠시 앉아 쉰 후에 다시 성을 나가 싸우고자 했다. 그런데 비빈들이 모두 죽고 궁성이 텅 빈 것을 보고 크게 놀라 격노했다. 고코쿠지(護国寺) 앞으로 나가서 신석(神石)[신명을 가나햐부(嘉那比武)라 한다. 지금도 그 돌이 있는데 단단하고 청색이다. 크기는 오척 정도이다. 십자(十字) 모양으로 갈라져 있다]을 향해 꾸짖으며 "그대는 호국신이다. 항상 신으로 섬겼는데 무슨 연유로 우리를 지켜주지 않는가? 지금 나라가 금시라도 망할 지경이다. 그대 혼자서만 살고자 하는가?" 하고 소리쳤다. 그리고 허리에 차고 있던 칼[지요가네마루(千代金丸)라 부른다]을 뽑아 그 신석을 네 덩어리로 잘랐다. 이어서 그 칼을 들어 스스로 자결하고자 하였으나 신검(神劍)이 영험한지라 주인을 해치지 않았다.

〈사례 3〉은 제92화의 부분으로 매우 흥미로운 설화이다. 이 대목은 쇼하시(尚巴志)가 호쿠잔(北山)을 공격했을 때에 호쿠잔의 왕이 어려운 지경에 처하자 고코쿠지(護国寺) 앞에 모신 가나햐부(嘉那比武)라 부르는 석신을 향해 호국신으로서의 역할을 다하지 못한다고 꾸짖는 장면이다. 쇼하시는 처음으로 오키나와를 통일하여 류큐왕국(琉球王國)을 세운 인물로, 〈사례 3〉은 그 쇼하시가 오키나와 북부지역을 정복하여 오키나와를 통일한 역사적 사실이 반영된 설화이다. 여기 등장하는 석신은 크기가 오 척 정도이며 십자 모양으로 갈라진 청색 바위이다. 즉 석신의 신체(神體)에 관해 매우 구체적으로 묘사되어 있다. 곤경에 처한 호쿠잔의 왕이 석신을 꾸짖으며 차고 있던 칼을 뽑아서 네 덩어리로 자르는 대목이 흥미롭다. 석신을 네 덩어리로 자른 검이 신검(神劍)이었다는 점도 주목할 필요가 있겠다.

오키나와 석신 신앙에서 도교(道教)의 영향을 확인할 수 있는 대표적인 경우는 서론에서 소개한 이시간토(石敢当)이다. 이시간토는 도교에서 방상씨(方相氏), 종규(鐘馗) 등과 함께 벽사의 기능을 지닌 대표적인 신이다.[12] 주로 티자(T) 형태의 삼거리나 사거리에 '石敢当'이라고 쓴 작은 바위를 설치하여 거리의 마(魔)를 물리치는 기능을 한다. 정확히 말하자면 석신이라기보다도 일종의 부적과 같은 기능을 하는 셈이다. 그런데 『유로설전』에는 이시간토와 관련된 설화가 수록되어 있지 않다. 대신에 도교의 풍수사상과 관련된 설화로 제138화를 주목하기로 한다.

사례 4 : 제138화

구메촌(久米村) 남쪽에 마을로 들어가는 입구가 있었다. 속칭 우후조(大門)라 불렀다. 그 앞에 빈터가 있었는데 반월형으로 생겼다. 옛사람이 그곳을 용두(龍頭)로 삼았다. 그 좌

12) 学習研究社(1992 : 20)에 정리된 도교신의 계보에 의하면 도교의 벽사신으로 石敢当, 方相氏, 鐘馗, 門神, 中壇元帥 등이 열거되어 있다.

우에 바위를 두고서 용안(龍眼)으로 삼고, 나무 두 그루를 심고서 용각(龍角)으로 삼았다. 마을의 큰길이 꾸불꾸불한 모습을 보고 용신(龍身)으로 삼고, 나카지마(中島) 물가의 바위 덩어리를 용주(龍珠)로 삼았다. 그런데 용은 양물(陽物)이자 영물(靈物)이기 때문에 절대 시체를 이 문으로 운반해서는 안 된다. 만약 이를 어기고 용을 모독하면 반드시 용이 격노하여 태풍을 일으키고 나라에 재앙을 내렸다. 그 금기는 전해 내려온 지가 오래되었다.

〈사례 4〉는 제138화의 전반부이다. 여기 등장하는 구메촌(久米村)이란 중국 명나라 시대에 오키나와로 건너와서 생활하던 중국인 집단거주지이다. 이 사람들을 가리켜서 흔히 구메 삼십육성(久米三十六姓)이라 부른다.[13] 이들이 거주하던 마을 입구의 지형 및 바위 등을 풍수사상에 입각하여 용두, 용안, 용각, 용신, 용주로 삼았다는 내용이다. 〈사례 4〉에는 자세히 언급되어 있지 않으나, 엄격한 금기가 존재한 점을 보면 여기 등장하는 용주(龍珠)에 해당하는 바위가 단순한 바위가 아닌 석신 신앙의 대상에 포함시킬만한 특별한 바위라는 사실을 알 수 있다.

오키나와의 석신 신앙은 불교와도 밀접하게 관련되어 있다. 예를 들면 제115화를 들 수 있다.

---

13) 구메 삼십육성이란 중국 명나라 시대에 오키나와로 건너와 귀화했던 중국인들을 가리킨다. 이들은 오키나와와 중국 사이의 교역 및 오키나와 문화발전에 크게 공헌하였다. 이 점에 관해서는 『조선왕조실록』(성종 10년, 1479)에 관련 기록이 있어서 흥미롭다.

•• 사례 5 : 제115화

옛날에 승려가 살았는데 아구니지마(粟国島)에 표류했다. 섬의 북쪽 동굴 안을 살펴보니 반석이 서 있었는데 그것은 마치 불상과 같았다. 그리하여 이를 아미타불, 약사여래, 관음보살로 믿고 모셨다. 결국에는 동굴을 거처삼아 살게 되었다.

〈사례 5〉는 제115화의 부분이다. 아구니지마(粟国島)에 표류한 승려가 북쪽 동굴 안에 불상과 비슷한 반석을 아미타불, 약사여래, 관음보살로 믿고 모셨다는 사례이다. 〈사례 5〉의 경우는 석신 신앙의 범주에 포함시킬 것인지 석신 신앙과는 별개로 불교 신앙으로만 볼 것인지 분명치 않은 점이 있다. 왜냐하면 등장인물이 승려로 단지 불상을 구하기 어려우니까 동굴 안의 반석을 불상으로 여기고 모셨다고 볼 수가 있기 때문이다. 그렇지만 이제까지 고찰한 바와 같이, 석신을 모신 장소가 동굴이었다는 점을 감안한다면(예를 들면 제65화) 〈사례 5〉를 석신 신앙의 범주에 포함시켜도 큰 무리가 없을 것으로 본다.

표 3 『유로설전(遺老說伝)』에 전하는 석신(石神) 신앙 관련 설화

*〈표〉의 출전번호 및 설화제목은 김용의 역(2010)에 따른다.

출전	설화제목	전승지역	석신의 유래 및 특징	비고
9	나하(那覇)라는 지명의 유래	나하(那覇)	버섯 모양을 한 괴석	
13	야리자 구스쿠(屋良佐城)에 있는 바위의 쇠사슬	나하(那覇)	바위에 쇠사슬을 걸어두고 침입에 대비	
14	우시마치(牛町)라는 지명의 유래	나하(那覇)	소를 매어두고 매매	
18	십관 여울(十貫瀨)이라는 지명의 유래	나하(那覇)	바위 위에 돈을 놓아둠	
20	도마모리(唐守嶽)의 유래	나하(那覇)	도마모리(唐守嶽)의 유래	항해안전
23	아스이모이(早飯森) 우타키의 유래에 관한 두 가지 전설	나하(那覇)	준마의 시체가 돌로 변함	동물의 신격화
39	시오카와 읍(塩川邑)의 호국비민(護國庇民)의 신의 유래	미야코(宮古)제도	바위 두 개가 날아옴	호국비민의 신
44	요나구니지마(与那国島) 미네사키(三根崎)의 신암(神岩)	야에야마(八重山)제도	영험한 바위	
53	야시 읍(屋宜邑)에 사는 농민과 아사토 신사(安里神社)의 유래	중부지역	땅속에서 바위가 세 개가 나타나고 바위 하나가 바다에서 떠밀려옴	아사토 신사(安里神社)의 유래
65	가테나 읍(嘉手納邑)의 동굴과 말 발자국	중부지역	동굴 안에 기이한 바위가 있음	
70	가리마타(狩俣)의 한 남자 아이와 신기한 바위	미야코(宮古)제도	배에 있던 바위를 봉안	

출전	설화제목	전승지역	석신의 유래 및 특징	비고
78	자라테(茶良汀) 땅의 우타키(神嶽) 유래	미야코(宮古)제도	괴석 두 개가 날아옴	
86	후로쿠(普呂久) 노파와 신암(神岩)	서해(西海) 제도	비를 피하다가 바위를 발견	권현신
92	지요가네마루(千代金丸) 신검(神劍)의 유래	북부지역	5척 크기의 단단한 바위	호국신
99	아자토 촌(安里村)의 아자토데라(安里寺)의 유래	중부지역	땅속에서 바위가 세 개가 나타나고 바위 하나가 바다에서 떠밀려옴	제53화와 중복
106	정대부암(鄭大夫岩)의 유래	나하(那覇)	정대부의 이름을 따서 이렇게 부름	
109	요미탄산(読谷山) 바위 구멍 안의 거울 두 개	중부지역	바위 안에 있던 거울을 신으로 모심	
115	아구니지마(粟国島) 북쪽 동굴의 불상	서해(西海) 제도	불상 모양을 한 바위	불교 관련
126	시키나 촌(識名村) 신사(神社)의 유래	나하(那覇)	동굴 안에 빈두로상이 있음	빈두로(賓頭盧)
127	기샤바코(喜舎場子)와 쓰켄지마(津堅島)의 유래	중부지역	바위를 밟고 처음으로 섬으로 들어옴	
136	이토만 촌(糸満村) 북쪽에 있는 백은암(白銀岩)의 유래	남부지역	빚을 진 사람이 바위 밑에 숨음	백은암(白銀岩)의 유래
137	슈리 오야코(首里大屋子)가 모신 석신(霊石) 세 개	남부지역	바위 하나가 날아옴	항해안전
138	구메 촌(久米村)의 풍수(風水)와 금기	나하(那覇)	바위를 용주(龍珠)로 삼음	
139	기마 읍(儀間邑) 서쪽 동굴에 관음상을 봉안하다	나하(那覇)	동굴 안에 빈두로를 모심	빈두로(賓頭盧)
140	하쓰가네(発金)와 그 여동생의 죽음	야에야마(八重山) 제도	유골이 변해서 바위가 됨	

3. 『유로설전(遺老說伝)』에 전하는 오키나와의 비주르 신앙

『유로설전』에 수록된 설화 중에서 오키나와 비주르 신앙의 구체적인 내용을 확인할 수 있는 대표적인 설화가 제126화이다. 제126화에는 비주르의 영험함에 관해서 매우 구체적으로 전하고 있다. 사례를 확인하기로 한다.

사례 6 : 제126화

마와시 군(真和志郡)의 시키나촌(識名村)은 원래 황량한 벌판으로 사람이 살고 있지 않았다. 밤마다 두우(斗牛) 사이로 밝은 빛이 비쳤다. 그 때 오아무시라레(大阿母志良礼)라는 사람[사키마치(崎間知)의 아내이다]이 살았다. 몰래 그곳으로 가서 보았더니 태풍이 불고 컴컴한 밤중으로 어디에도 사람이 없었다. 그저 동굴이 하나 있어서 그 안에 빈두로(賓頭盧)상 하나를 안치해두었다. 오아무(大阿母)는 "밤마다 밝은 빛이 두우 사이를 비추는 것은 빈두로가 영험을 발휘한 것이 틀림없다."고 생각했다. 이런 연유로 빈두로를 존신(尊信)했는데, 치성을 드리면 들어주지 않는 일이 없었다. 그 말을 듣고 존신하는 사람들이 매우 많았다. 이 때 쇼코하쿠(尚康伯)가 무거운 병에 걸렸다. 오아무가 그 소식을 듣고 왕부(王府)로 올라가 빈두로가 매우 영험하다는 사실을 왕자에게 고하였다. 왕자는 매우 기뻐하며 공경하게 치성을 드렸다. 그랬더니 영험이 있어서 병이 낫고 몸이 예전과 같았다. 이런 연유로 재물을 들여 궁(宮)과 절을 짓고 그 옆에 집을 지어 오아무로 하여금 살면서 간수(看守)토록 했다. 오아무는 매월 삭망(朔望) 때면 목욕재계를 하고 치성을 드렸다. 그 후 왕의 명령으로 관사(官寺)로 삼고, 그 옆의 공터에 집을 지어 오아무에게 하사하여 살도록 했다. 오아무에게 여자 후손이 한 명 있었는데 온 몸이 다 하얗고 머리카락과 눈썹이 눈처럼 희었다. 그 사람은 말을 삼가고 신불을 믿었으며 늘 채식을 하며 어육(魚肉)을 삼갔다. 하루는 그 여자 후손이 용수(榕樹) 밑에 갔다가 홀연히 사라져서 종적을 알 수 없게 되었다. 집안 사람들이 이를 신기하게 생각하고 신으로 모시고 섬겼다. 그 신에게 공물(供物)을 바칠 때에는 반드시 채소를 바쳤다. 이후 오아무가 집안 사람들에게 명하기를 "지금부터 저 용수를 절대 베어서는 안 되느니라. 신령이 계시는 곳이다."라고 했다. 사람들이 이 말을 듣고서 신으로 섬기는 사람들이 더욱 많아졌다. 마침내 신사(神社)를 세우게 되었다. 옛날에 시키나촌에는 집이 한 군데도 없었고 오로지 오아무의 집만이 있었다. 중고(中古)시대부터 점점 사람들이 모여들어 마을을 이루었고, 그 마을 이름을 시키나[속칭 데라시키나(寺識名)라 부른다]라 부르게 되었다.

〈사례 6〉은 제126화의 전문이다. 〈사례 6〉의 마지막 대목을 보면 얼핏 시키나촌(識名村)이 생겨나게 된 유래를 설명하는 마을 유래담의 형식으로 되어 있으나, 오키나와 민속종교의 다양한 측면이 반영되어 있어서 매우 흥미롭다. 여기 등장하는 오아무시라레(大阿母志良礼)란 오키나와의 신직(神職)을 가리키던 이름으로 미야코 제도(宮古諸島) 및 야에야마 제도(八重山諸島)에서는 신직 중에서 가장 지위가 높았다. 〈사례 6〉은 설화 구성으로 볼 때에 전반부와 후반부로 나누어 이해할 수 있겠다. 즉 전반부는 비주르를 숭신하게 된 경위, 쇼코하쿠(尙康伯)의 병을 낫도록 한 영험함을 전하는 부분으로 영험담이라는 성격을 띠고 있다. 그리고 후반부는 오아무시라레(大阿母志良礼)의 후손과 관련된 이른바 신수(神樹) 신앙에 관한 전승이다.[14] 먼저 전반부를 주목하기로 한다.

〈사례 6〉에는 본고의 연구 대상인 오키나와 비주르 신앙의 구체적인 양상이 기술되어 있다. 여기 등장하는 비주르(賓頭盧)는 원래 동굴에 안치되어 있었으며, 오아무시라레가 비주르를 발견하게 된 계기는 두우(斗牛) 사이를 비추는 밝은 빛이었다. 두우란 북두성과 견우성을 함께 가리키는 말이다. 여기서는 하늘에서 북두성과 견우성의 사이, 즉 방위를 나타낸다고 볼 수 있다. 혹은 북두성이 도교(道教)에서 신앙하는 신에 속한다는 점을 감안한다면 도교와 관련이 있을지도 모르겠다.

〈사례 6〉에서 가장 주목할 점은 비주르 신앙의 내용이 치병(治病)에 있었음을 확인할 수 있다는 대목이다. 즉 쇼코하쿠(尙康伯)가 무거운 병에 걸렸는데 비주르가 영험하다는 말을 듣고

14) 일본의 신수신앙을 개관할 수 있는 최근의 논고로는 小川直之(2010)을 참조.

치성을 드렸더니 병이 나았다고 구체적으로 전하고 있다. 이 점을 고려할 때에 치병이 비주르 신앙에서 중요한 의미를 지니고 있었음을 확인할 수 있다. 이 점은 일본 본토의 경우와도 일치한다. 일본 본토에서도 아픈 부위를 빈두로 상에 문지르면 병이 낫는다는 민속이 전해지고 있기 때문이다. 예를 들면 나가노 현(長野県) 젠코지(善光寺)에서 1월 6일에 거행되는 빈즈루마와시(びんずる廻し)[15]를 들 수 있다.[사진 참조][16]

▌사진 ▌나가노현 젠코지의 빈즈루(賓頭盧) 목상

---

15) 나가노 시(長野市)에 있는 젠코지(善光寺) 본당에서 1월 6일에 행해지는 신년행사이다. 이 날 많은 사람들이 끌고 다니는 빈즈루 목상에 아픈 곳을 대고 문지르면 아픈 곳이 낫는다고 전해진다.

16) 사진 출처 : http://www8.shinmai.co.jp/saijiki/data/01 열람일 : 2010년 10월 19일.

〈사례 6〉 후반부의 핵심 내용은 신수(神樹) 신앙이다. 오키나와 신수(神樹) 신앙의 구체적 양상이 기술되어 있기 때문이다. 오아무시라레의 후손이 용수(榕樹) 밑으로 갔다가 홀연히 사라지자 이를 신기하게 여겨 신으로 모셨다고 한다. 이후 그 용수는 절대로 베어서는 안 될 절대적인 신격이 부여되며 마침내 신사(神社)가 세워지기에 이른다. 여기 등장하는 용수(榕樹)란 오키나와에서 기지무나(キジムナー)라는 나무의 정령이 산다고 전해지는 나무로, 다른 말로는 가주마루(ガジュマル)라 부르기도 한다. 나무의 정령이 산다고 믿었던 가주마루, 신직(神職)을 맡았던 오아무시라레의 행방불명, 그 가주마루의 신격화, 신사의 건립 등으로 이어지는 설화 구성에서 신수에 관한 오키나와인들의 민속적 사고체계를 잘 엿볼 수 있는 사례이다.

『유로설전』에는 비록 단편적이긴 하지만 비주르 신앙에 관한 설화가 하나 더 수록되어 있다. 제139화이다.

사례 7 : 제139화

오로쿠 군(小禄郡)의 기마 읍(儀間邑) 서쪽에 험준한 산이 하나 있었다. 산이 높게 솟고 나무가 울창했다. 산 밑에 동굴이 하나 있었는데 그 생긴 모양이 키(箕)를 닮았으며, 깊고 넓은데다 으스스해서 신이 거주할 만했다. 하루는 어떤 사람이 관음상을 봉안해 놓고 믿었다. 그 관음상은 매우 영험해서 치성을 드리면 무엇이든 들어주었다. 근세에 이르러 일본의 여러 선장들이 자금을 염출하여 배전(拝殿)을 세웠다. 일찍이 동굴이 또 하나 있었는데 빈두로(賓頭盧)를 모시고 공양하였다. 지금은 믿는 사람이 없다.

〈사례 7〉은 제139화의 전문이다. 험준한 산 밑의 동굴에 관음상을 봉안해 놓고 믿었으며, 또 다른 동굴에서는 비주르(賓頭盧)를 모시고 봉안했다고 한다. 〈사례 7〉에는 비주르 신앙에 관한 구체적인 양상이 소개되어 있지만, 이 시기에 오키나와에서 관음 신앙 못지않게 비주르 신앙이 성행하였다는 사실을 확인할 수 있다. 근세에 들어서 여러 선장들이 자금을 염출하여 배전을 세우고 관음상을 신앙하였다는 대목에서는 신앙의 내용이 항해안전에 있었음을 알 수 있다. 또한 설화 내용의 전개로 볼 때에 비주르 신앙의 내용이 항해안전에 있었다는 사실을 추론해 볼 수 있다. 〈사례 7〉의 마지막 대목에 "지금은 믿는 사람이 없다"라고 언급되어 있는 것을 보면, 이 설화가 전해지던 시기에 이미 오키나와에서 비주르 신앙이 쇠퇴하기 시작하였음을 알 수 있다.

4. 오키나와 비주르 신앙의 현재적 의의

오키나와의 대표적인 민족설화집인 『유로설전』에는 오키나와 민속종교의 구체적인 양상이 다양한 형태로 전해지고 있다. 오

키나와 민속종교에서 중심을 차지하는 우타키(御嶽) 신앙, 애니미즘에 가까운 석신 신앙, 오키나와인들의 세계관의 핵심을 이루는 니라이카나이(ニライカナイ) 관념, 이시간토(石敢当)로 대표되는 도교 신앙, 불교의 관음 신앙 등이 설화적 상상력을 통해 풍부하게 기술되어 있다.

본고에서는 현재 오키나와에서 그 존재가 차츰 잊혀져가고 있는 비주르 신앙을 주목하고자 하였다. 그 대상으로 『유로설전』에 전하는 비주르 관련 설화를 검토하였다. 우선 비주르 신앙의 분석에 앞서, 『유로설전』에 수록된 총 25화에 이르는 석신 관련 설화를 대상으로 하여 그 양상 및 특징을 부각시켰다. 비주르 신앙은 우선 석신 신앙이라는 범주에서 접근할 필요가 있었기 때문이다.

또한 『유로설전』에 전하는 석신 신앙을 그 신격을 기준으로 하여, 동물의 신격화, 호국신 계열, 도교와의 관련성, 불교와의 관련성이라는 네 가지 유형으로 나누어 고찰하였다. 이를 통해서 오키나와 석신 신앙의 범위가 매우 다원적이고 그 신앙의 내용 및 성격도 매우 중층적이라는 사실을 확인할 수 있었다.

제126화 및 제139화의 분석을 통해서는 비주르 신앙의 양상 및 특징을 고찰하였다. 오키나와의 비주르 신앙의 특징은 자연석을 신앙의 대상으로 여긴 애니미즘이라는 원시종교에 후대에 오키나와로 유입된 도교 및 불교가 습합된 형태로 전개되었다고 이해할 수 있다. 도교와 불교문화의 경우에 지금의 복건성(福建省)을 비롯한 중국 남부지역에서 특히 많은 영향을 받았다. 따라서 이 같은 종교 현상이 동아시아 지역에서 어떻게 나타나는지 민속종교의 비교연구라는 관점에서 동아시아 석신 신앙을 비교할 필요가 있겠다.

흔히 21세기는 에코로지 시대라고 한다. 즉 인간과 자연환경의 공생이 중요한 과제로 부각된 시대이다. 관점에 따라서는 산야에 굴러다니는 단순한 자연석에 불과한 바위를 신격화하여, 그 앞에서 소원을 빌고 치성을 드리던 사람들의 심성이란 현대를 살아가는 우리들과는 어떻게 달랐을까? 비주르 신앙의 현재적 의의에 대한 탐색이 필요할 것 같다.

참고 문헌

김용의(2004) 「오키나와 다케토미지마(竹富島)지역의 우타키(御嶽) 신앙」『일본어문학』제20집 한국일본어문학회

김용의(2010) 「『유로설전(遺老説伝)』 우타키(御嶽) 유래설화의 양상과 유형」『일본어문학』 제45집 한국일본어문학회

鄭秉哲 외 편, 김용의 역(2010) 『오키나와 민족설화집 유로설전』 전남대학교출판부

정상박(1991) 「성기암설화(性器岩説話)의 변이전승(変異伝承) 고찰(考察) - 경상남도(慶尚南道)를 중심으로」『석당논총』제17집 동아대학교 석당학술원

표인주(2001) 「沖縄の御嶽と韓国南道地域の村落共同体信仰の比較考察」『韓国と沖縄の社会と文化』第一書房

小川直之(2010)「神樹考」『東アジア比較文化研究』9号 東アジア比較文化国際会議日本支部

折口信夫(1967)「女の香炉」『折口信夫全集』第16巻 中央公論社

学習研究社(1992)『日本の道教』学習研究社

嘉手納宗徳 編訳(1978)『球陽外巻 遺老説伝』角川書店

竹田晃訳(1964)『捜神記』平凡社

陳舜臣(2002)『沖縄の歴史と旅』PHPエル新書

畠山篤(2006)『沖縄の祭祀伝承の研究』瑞木書房

平敷令治(1978)「ビジュル信仰」『沖縄の外来宗教ーその受容と変容ー』(窪徳忠編) 弘文堂

牧野清(1990)『八重山のお嶽』あ～まん企画

柳田国男(1963)「海南小記」『定本柳田国男集』第1巻 筑摩書房

________(1976)『遠野物語 山の人生』岩波文庫

________(1962)「石神問答」『定本柳田国男集』第12巻 筑摩書

湧上元雄(1978)「沖縄の御嶽伝承」『沖縄民俗研究』創刊号　沖縄民俗研究会

『유로설전(遺老説伝)』 우타키(御嶽) 유래설화의 양상과 유형

1. 오키나와의 민속종교와 우타키(御嶽)신앙
2. 『유로설전(遺老説伝)』의 우타키(御嶽) 유래설화의 양상
3. 『유로설전(遺老説伝)』의 우타키(御嶽) 유래설화의 유형
4. 『유로설전(遺老説伝)』의 우타키(御嶽)신앙의 특징

1. 오키나와의 민속종교와 우타키(御嶽)신앙

오키나와는 민속문화가 풍부한 지역으로 잘 알려져 있다. 특히 민속종교의 영역에서 역사적으로 일본의 본토와도 이질적인 민속문화가 전승되고 있다.[1] 오키나와의 민속종교 중에서 매우 중요한 비중을 차지하는 것으로 우타키(御嶽)신앙을 꼽을 수 있을 것이다. 우타키란 오키나와 전역에 분포한 민속종교의 성역(聖域)을 일컬으며, 그 명칭은 지역에 따라서 조금씩 다르게 부른다.[2]

오키나와의 우타키신앙에 관해서는 오키나와의 민속종교에서 차지하는 중요성으로 인해, 이제까지 많은 연구자들의 성과가 축적되었다. 그 중에서 이 글과 관련이 있는 주요 성과를 소개하기로 한다. 와쿠가미 모토오(湧上元雄, 1978)는 오누이 시조

---

1) 여기서 '민속종교'란 용어에 관해서 간단하게 언급하기로 한다. 일본에서는 종래 사용되던 '민간신앙'이란 용어 대신에 '민속종교'라는 용어가 널리 사용되고 있다. '민간신앙'이란 용어 대신에 '민속종교(folk religion)'라는 용어가 일반화되기 시작한 것은 1970년 경 堀一郎가 사용하면서부터이다. '민간신앙'의 '민간'이란 용어가 모호한 표현으로 학술용어로서 적절하지 않다는 점, 그리고 '신앙'이라는 개념이 개인에게 내면화된 종교현상을 가리키는 말로, 제도로서의 종교현상을 가리키는 용어가 아니라는 점 등이 고려되었기 때문이다. 이 점에 관해서는 宮家準(1989 : 3~4)를 참조.

2) 예를 들면, 아마미제도(奄美諸島)의 오가미야마(おがみ山), 오키나와제도(沖縄諸島)의 무이(ムイ), 미야코제도(宮古諸島)의 구스(クス), 야에야마제도(八重山諸島)의 온(オン) 등을 들 수 있다. 우타키의 지역적 명칭에 관해서는 김용의(2004 : 212)를 참조.

(兄妹始祖) 설화를 중심으로 우타키와 우타키 설화와의 관계를 논하였다. 마키노 기요시(牧野清, 1990)는 오키나와의 야에야마 제도(八重山諸島)에 분포하는 우타키를 중심으로 그 역사적인 유래에 대해서 고찰한 바 있다. 하타케야마 아쓰시(畠山篤, 2006)는 오키나와 본도의 구다카지마(久高島)를 중심으로 제사 전승과 우타키의 관계에 대해서 다양한 관점에서 분석하였다. 그리고 한국 연구자로는 한국의 남도지역 촌락공동체신앙과의 비교연구를 시도한 표인주(2001), 야에야마제도에 위치한 다케토미지마(竹富島)의 우타키 현황을 고찰한 김용의(2004) 등이 있다.

그런데 오키나와 우타키신앙의 역사적 기원 및 그 양상을 파악할 수 있는 자료로 『유로설전(遺老説伝)』을 들 수 있다. 이 『유로설전』은 류큐왕부(琉球王府)에서 편찬한 설화집으로 1743년부터 1745년 사이에 편찬되었다. 오키나와의 정사(正史)인 『구양(球陽)』의 외권(外巻)으로 편찬되었는데, 정권(正巻) 3권과 부권(付巻) 1권으로 구성되었다. 편자는 『구양』의 편자인 정병철(鄭秉哲)·채굉모(蔡宏謨)·양황(梁煌)·모여포(毛如苞) 4인이다.

『유로설전』에 수록된 총 141편에 이르는 설화는 오키나와 전역에 걸쳐 지역적으로 골고루 분포되어 있어서,[3] 오키나와 우타

3) 嘉手納宗徳 編訳(1978 : 219~237)에 지역적 분포가 정리되어 있다. 이에 따르면 오키나와 본도의 那覇市 39편, 오키나와 본도의 남부지구 25편, 오키나와 본도의 중부지구 27편, 오키나와 본도의 북부지구 5편, 久米島를 비롯한 西海諸島 12편, 宮古島를 비롯한 宮古諸島 25편, 石垣

키신앙의 전모를 파악하는 데에 도움이 된다. 이 총 141편에 이르는 설화 속에는 곳곳에 우타키에 관해서 언급되어 있다.[4] 필자의 조사에 따르면 총 43편의 설화에 우타키가 등장한다.[5] 그 중에서도 직접적으로 우타키의 유래 및 성립에 관해서 전하는 설화가 다해서 18편 수록되어 있다. 따라서 모두 18편에 이르는 우타키 유래설화들을 면밀하게 검토하면, 오키나와 우타키의 유래 및 성립에 관한 이해를 깊게 할 수 있다.

이 글에서는 『유로설전』에 수록된 우타키의 유래에 관한 18편을 중심으로 하여, 먼저 우타키신앙의 전체적인 양상을 고찰하고, 우타키 유래설화를 제신의 성격에 따라 유형별로 분류하는 방법으로 오키나와 우타키신앙의 특징을 조명하고자 한다.

島를 비롯한 八重山諸島 8편으로 되어 있다.

4) 『유로설전(遺老説伝)』의 한문 원문에는 우타키를 가리켜 대부분 「神嶽」으로 표기하고 있다. 본고에서는 오늘날 학술용어로 널리 통용되는 「우타키」로 통일하여 표기하기로 한다. 그리고 수록된 설화의 편수에 관해서는 연구자에 따라서 총 142편으로 분류하기도 한다. 이 점에 관해서는 김용의(2009 : 508)를 참조.

5) 참고로 『유로설전』 중에서 우타키에 관해서 언급된 설화를 제시하면 다음과 같다. 설화 번호는 김용의(2010)의 번역본에 따른다. 제20화, 제23화, 제25화, 제26화, 제34화, 제36화, 제41화, 제42화, 제47화, 제48화, 제49화, 제54화, 제57화, 제59화, 제60화, 제61화, 제67화, 제68화, 제69화, 제70화, 제71화, 제72화, 제73화, 제75화, 제77화, 제78화, 제81화, 제82화, 제91화, 제94화, 제101화, 제102화, 제103화, 제104화, 제105화, 제106화, 제107화, 제108화, 제127화, 제131화, 제133화, 제137화, 제140화.

2. 『유로설전(遺老説伝)』의 우타키(御嶽) 유래설화의 양상

〈표 1〉은 필자가 『유로설전(遺老説伝)』에 수록된 총 18편에 이르는 우타키 유래설화를 대상으로 하여, 설화 제목, 우타키 이름, 우타키의 소재지, 제신, 제신의 성격으로 나누어 분석한 결과이다.[6]

우타키 중에는 그 이름과 함께 소재지가 분명한 우타키도 있으며, 이름은 물론이고 현재 구체적인 소재지를 확인할 수 없는 우타키도 있다. 우타키의 이름이 분명하게 전해지고 있는 경우로는 제20화 도마모리(唐守嶽) 우타키, 제23화 아스이모이(早飯森) 우타키, 제68화 하리미즈(漲水) 우타키, 제69화 히로세(広瀬) 우타키, 제94화 사키야마모리(崎山森) 우타키, 제103화 오산(穏作根) 등이 있다.[7] 이 중에서 특히 주목되는 것은 제68화 「밤에 딸을 찾아오는 구렁이(大蛇)와 하리미즈 우타키(漲水御嶽)」에 나오는 하리미즈(漲水) 우타키(御嶽)이다. 하리미즈 우타키와 관련된 설화는 이른바 「야래자(夜来者) 설화」의 한 유형으로 분류할 수 있기 때문이다. 제68화는 한국의 『삼국유사(三國遺事)』에 수록된 견훤설화, 일본의 『고사기(古事記)』에 전하는 미와야마(三輪山) 전설과 비슷한 유형의 '야래자 설화'이다.[8]

---

6) 설화 제목 및 출전의 설화 번호는 김용의(2010)의 번역본에 따른다.

7) 『유로설전』 본문에 서술된 설명에 따르면, '오산(穏作根)'이란 류큐국의 고어로 '앉아서 쉬다'라는 뜻이라고 한다. 이 부분에 관해서는 嘉手納宗徳 編訳(1978 : 153)을 참조.

8) 제68화의 경우는 『삼국유사』의 견훤설화, 『고사기(古事記)』의 미와야

우타키의 분포지역을 보면 오키나와 본도의 나하 시(那覇市) 3편, 오키나와 본도의 남부지구 3편, 서해제도(西海諸島) 4편, 미야코제도(宮古諸島) 8편으로 미야코제도에 가장 많이 소재하고 있다.[9)]

우타키의 유래와 직접적으로 관련이 있는 제신을 살펴보면 신암(神岩), 준마, 노로(ノロ), 신녀(神女), 남매, 괴석(塊石) 등 다양한 존재가 등장한다. 이들 제신은 크게 자연물, 동물, 인물로 나누어 고찰할 수 있을 것 같다. 즉 우타키 유래설화를 제신의 성격에 따라서 유형별로 분류한다면, 크게 자연물의 신격화, 동물의 신격화, 인물의 신격화 등으로 분류가 가능하다.

마(三輪山) 전설과 비슷한 유형의 설화로, 동아시아 설화의 비교라는 관점에서 텍스트 사이의 유사점과 상이점에 관해서 비교 검토할 필요가 있을 것 같다. 즉 동아시아 설화의 비교연구라는 관점에서 텍스트 사이에 보이는 유사점과 상이점에 관한 분석을 바탕으로 역사적인 전승과정에 관해서 비교 검토할 필요가 있다. 이 점에 관해서는 다른 기회에 논하고자 한다.

9) 우타키의 지역적 분포는 嘉手納宗徳 編訳(1978)에서 분류한 지역적 분포 방식에 따름.

표 1 『유로설전(遺老説伝)』 우타키(御嶽) 유래설화의 종류

설화 제목	우타키 이름	소재지	제신	제신의 성격	출전
도마모리(唐守嶽)의 유래	도마모리(唐守嶽)	도에(唐栄)	신암(神岩)	자연물	제20화
아스이모이(早飯森) 우타키의 유래에 관한 두 가지 전설	아스이모이(早飯森) 우타키	나하(那覇)	준마	동물	제23화
후나쿠라산(船蔵山) 우타키(御嶽)의 유래	불명	후나쿠라산(船蔵山)	노로(ノロ)	인물	제26화
운구스쿠(運城)와 도마루(泊)의 우타키(御嶽) 유래	불명	운구스쿠(運城) 및 도마루(泊)	운구스쿠 : 호국비민의 신, 도마루 : 바다와 배의 수호신	신	제41화
요쿠쓰나 오야코(善縄大屋子)가 살던 집에 우타키(御嶽)를 세우다.	불명	하에바루(南風原)	요쿠쓰나 오야코	인물	제42화
이시키나와 아지(伊敷索按司)가 죽자 우타키(御嶽)를 세우다.	불명	이시키나와 산(伊敷索山)	이시키나와 아지	인물	제47화
가사스와카차라(笠末若茶良)의 죽음과 우타키(御嶽)의 유래	불명	구메지마(久米島)	가사스와카차라	인물	제49화
마카나스(真嘉那志)의 수태(受胎)와 우타키(御嶽)의 유래	불명	미야코지마(宮古島)	메리마쓰노카와라(目利真角嘉和良)	인물	제61화
밤에 딸을 찾아오는 구렁이(大蛇)와	하리미즈(漲水)	미야코지마(宮古島)	구렁이(大蛇)	동물	제68화

설화 제목	우타키 이름	소재지	제신	제신의 성격	출전
하리미즈 우타키(漲水御嶽)	우타키				
요나하 세도(与那覇勢頭)가 주잔(中山)에 조공(租貢)을 바치다.	히로세(広瀬) 우타키	미야코지마(宮古島)	신녀(神女)	인물	제69화
미야코야마(宮古山) 철기의 유래와 후나다치산(船立山)의 우타키(御嶽)	불명	미야코지마(宮古島)	남매	인물	제71화
미야코야마(宮古山)의 남자와 신녀(神女)의 혼인	불명	미야코지마(宮古島)	신녀(神女)의 딸	인물	제72화
마타네 와카아지(真種若葮)가 구슬을 지키다가 죽음을 당하다.	불명	미야코지마(宮古島)	마타네 와카아지	인물	제74화
자라테(茶良汀) 땅의 우타키(神嶽) 유래	불명	미야코지마(宮古島)	괴석(塊石)	자연물	제78화
사키야마모리(崎山森) 우타키(御嶽)의 유래	사키야마모리(崎山森) 우타키	슈리(首里)	사키야마 사토누시	인물	제94화
요나하 촌(与那覇村) 사람의 용궁 방문과 우타키(御嶽)의 뽕나무	오산(穏作根) 우타키	하에바루(南風原)	요나하 촌 사람	인물	제103화
아헤타 다케(安平田嶽)의 유래	아헤타 다케(安平田嶽)	하에바루(南風原)	아헤타노시	인물	제105화
기사이(喜才)의 죽음과 우타키(神嶽)의 유래	불명	도카시키이 호사키(渡嘉敷伊保崎)	기사이	인물	제131화

3. 『유로설전(遺老説伝)』의 우타키(御嶽) 유래설화의 유형

3.1. 자연물의 신격화

우타키의 유래와 관련된 설화 중에서 자연물을 신격화한 경우는 제20화와 제78화이다. 제20화는 도마모리(唐守嶽)라 부르는 우타키의 신암(神岩)에 관한 유래설화이며, 제78화는 미야코지마(宮古島)에 전하는 괴석(塊石)에 관한 유래설화이다. 〈사례 1〉은 『유로설전』 제20화의 전문으로 도마모리(唐守嶽)라 부르는 우타키의 유래에 관해서 간략하게 전하고 있다.

사례 1

도에(唐栄) 북쪽에 신암(神岩)이 하나 있었다. 이 바위는 영험해서 무언가 치성을 드리면 이루어지지 않는 일이 없었다. 사람들이 그 바위를 운반해 와서 사방으로 돌담을 쌓고 신악(神嶽)으로 삼았다. 이 때문에 류큐(琉球) 사람들이 중국으로 갈 때에는 반드시 이 바위 앞에 와서 복을 빌었다. 이로 인해서 그 신악을 가리켜 도마모리(唐守嶽)라 부르게 되었다. 지금은 나하(那覇)에 있지만 본래는 도에(唐栄)와 연관이 있었다. 그렇지만 아직 어느 시대에 세웠는지를 알지 못한다.[10)]

〈사례 1〉에 나오는 도에(唐栄)란 현재 오키나와 현 나하 시

---

10) 김용의 역(2010 : 60~61).

(那覇市)에 속한 구메무라(久米村)의 별칭이다. 구메무라는 구메 삼십육성(久米三十六姓)이 거주하던 곳으로 유명하다.[11)] 구메 삼십육성이란 중국에서 오키나와로 건너와 귀화했던 중국인들을 가리킨다. 이들은 오키나와와 중국 사이의 교역에 공헌하였는데, 이 같은 역사적 정황이 〈사례 1〉에 잘 반영되어 있다. 즉 류큐(琉球) 사람들이 중국으로 갈 때에 반드시 신암 앞에서 복을 빌었다고 기술되어 있으며, 그 신암이 특히 도에와 관련이 있음을 구체적으로 전하고 있다.

〈사례 1〉은 우타키의 유래설화로서뿐 아니라, 이른바 비주르(ビジュル)신앙이라는 관점에서도 주목을 끄는 설화이다. 비주르(ビジュル)란 오키나와에서 영험한 돌(靈石)을 가리키는 말로,[12)] 이 비주르를 신앙의 대상으로 삼아 형성된 것이 비주르신앙이다. 『유로설전』에는 〈사례 1〉 이외에도 오키나와의 비주르

---

11) 구메 삼십육성이란 중국에서 오키나와로 건너와 귀화했던 중국인들을 가리킨다. 이들은 오키나와와 중국 사이의 교역에 공헌하였다.

12) 비주르란 말은 빈두로(賓頭盧, 빈즈루)에서 유래하였다고 한다. 빈두로란 십육나한(十六羅漢) 중의 하나로, 흰 머리와 긴 눈썹을 지닌 아라한(阿羅漢)이다. 뛰어난 신통력을 함부로 사용하다가 석가모니 부처의 꾸지람을 듣고서, 석가모니 사후에 중생을 교화하도록 명을 받았다고 한다. 중국에서는 빈두로 상을 사원의 식당에 안치하고 모셨다. 일본에서는 빈두로 상을 문지르면 병이 낫는다고 해서 손으로 문지르는 풍습이 있다. 오키나와의 비주르는 대개 높이가 15센티미터에서 1미터 정도에 이르는 자연석이다. 지역에 따라서 빈즈르(ビンズル), 빈지리(ビンジリ), 비준(ビジュン) 등으로 부르기도 한다. 지금까지 알려진 비주르의 소재지로는 오키나와 본돈에 약 100군데, 나카가미 군(中頭郡) 가쓰렌 정(勝連町), 나고 시(名護市), 그리고 이에지마(伊江島)에 각각 1군데가 있다. 渡邊欣雄 외편(2008 : 439~440) 참조.

신앙의 양상을 확인할 수 있는 설화가 몇 편 수록되어 있다.13)

3.2. 동물의 신격화

동물을 신격화하여 우타키를 세운 경우는 제23화와 제68화이다. 제23화는 말(준마)을 신격화하였으며, 제68화는 구렁이(大蛇)를 신격화하였다. 〈사례 2〉는 『유로설전』 제23화의 전반부로,14) 조반분마(早飯奔馬)라 부르는 준마를 신격화하여 아스이모이(早飯森)라는 우타키를 세웠다는 설화이다. 제68화에 등장하는 구렁이(大蛇)의 경우, 구렁이를 신격화하였다고 보기보다는 신이 구렁이의 모습으로 출현하였다고 보는 쪽이 파당하기 때문에, 이 점을 고려한다면 제23화가 동물이 신격화된 유일한 경우라고 할 수 있다.

---

13) 예를 들면, 제126화, 제139화에 빈두로(賓頭盧, 빈즈루)가 등장한다.

14) 제23화의 후반부에 전반부의 유래설화와는 다른 설화가 소개되어 있다. 줄거리를 요약하여 소개하면 다음과 같다. 옛날에 요나구스쿠 군(与那城郡) 아세리 읍(安勢理邑)의 뒤쪽에 한 암굴이 있었는데 마을 사람들이 준마 한 마리를 입수하여 그 굴에서 말을 길렀다. 그런데 때때로 신이 출현하여 말을 타고서 마을 동쪽에 있는 우타키에 가서 그 곳에 있는 소나무 위로 올라갔다. 그 신의 용모는 동자처럼 생겼으며 미려(美麗)했다. 세상 사람들은 아직까지 그 같은 사람을 본적이 없었다. 어느 날 밤에 신이 이 말을 타고서 나라 전역에 있는 우타키를 둘러보았다. 이미 날이 밝아서 암굴로 돌아왔는데 준마가 세 번 울고서 울음을 그쳤다. 나중에 슈리에 이르러서 강을 지나칠 때에 갑자기 죽고 말았다. 그리하여 그 시체를 거두어서 이곳에 장사지냈다. 마침내 돌로 변하였다. 이로 인하여 이곳을 아세리모이(安勢理森)라 부르게 되었다.

사례 2

옛날에 나하 읍(那覇邑)에 준마가 한 마리 있었다. 평지를 달리듯이 물을 건너고 산을 올랐다. 사람들이 이 말을 타고 이하(伊覇)[미사토 군(美里郡)에 있다]에서 슈리(首里)까지 가는데, 마치 비조(飛鳥)처럼 아침밥을 먹을 동안에 능히 다녀왔다. 그리하여 이 말을 이름하여 조반분마(早飯奔馬)라 불렀다. 이 무렵에 이하 아지(伊覇按司)가 살고 있었다. 일찍이 이 말을 가데카루 읍(嘉手苅邑)에서 입수하여, 굴속에다 돌을 쌓고서 마구간[유적이 지금도 남아 있다]을 만들고 그 말을 길렀다. 하루는 아지가 그 말을 타고 슈리성으로 입조(入朝)한 후에 공무를 다 마치고서 집으로 돌아가던 길이었다. 덴노지(天王寺) 강변을 지날 때에 그 말이 갑자기 죽고 말았다. 그러자 신이 출현하여 말하기를 "이 말은 그야말로 희대의 준마이다. 다른 곳으로 옮겨서 매장해서는 안 된다." 라고 계시하였다. 아지가 절을 하고서 신의 명에 따라서 강변에다 말의 시체를 묻었다. 그러자 그 시체와 채찍이 불현듯 돌로 변하였다. 이후에 돌을 쌓고 담을 둘러서 우타키(御嶽)를 만들었다. 이 우타키를 가리켜서 아스이모이(早飯森)라 부른다.[15)]

〈사례 2〉가 흥미로운 점은 말이라고 하는 동물의 신격화이면

15) 김용의 역(2010 : 64~65).

서도, 말 그 자체를 곧장 신으로 모신 것이 아니라 "불현듯 돌로 변한" 말의 시체를 대상으로 우타키를 쌓아 신격화 한 점이다. 즉 〈사례 1〉에 등장하는 신암의 경우에 오키나와의 비주르 신앙과도 중첩된다는 사실을 지적하였는데, 〈사례 2〉의 경우에도 비주르 신앙과 중첩된다는 사실을 알 수 있기 때문이다. 이 점에 있어서는 아스이모이(早飯森)의 유래에 관한 이설(異說)을 전하는 〈사례 2〉의 후반부도 일치하고 있다. 후반부에서도 말의 시체를 거두어 장사지냈더니 돌로 변한 이적(異蹟)으로 인해 아스이모이를 세우게 되었다고 전하고 있다.

3.3. 인물의 신격화

『유로설전』에 전하는 우타키의 유래설화 중에서 가장 큰 비중을 차지하는 것이 인물을 신격화한 경우이다. [표 2]는 필자가 우타키 유래설화를 정리한 [표 1]을 더욱 세분하여 인물이 신격화한 설화를 따로 정리한 결과이다. 이들 우타키의 제신으로 신격화된 인물들은 주로 ①생전의 업적, ②불우한 생애, ③사후의 이적(異蹟) 등이 계기가 되어 우타키가 세워지게 된다.

①에 속하는 설화로는 신을 모시는 제사 방법을 전수하고 제사를 관장(제26화), 섬에 사는 백성들을 교화(제69화), 마을 사람들을 위해 진력하고 쇠를 가지고 와서 농기구를 만들어 나누어 줌(제71화), 현명하고 덕만 있는 인물(제94화) 등을 들 수 있다. ②에 속하는 설화로는 관군들에게 죽임을 당함(제47화), 여

신의 아들로 억울한 죽음을 당함(제74화), 모함으로 억울하게 죽음(제105화), 유배지에서 병들어 죽음(제131화) 등을 들 수 있다. 그리고 ③에 속하는 설화로는 사후에 관 속의 시신이 사라지고 신의 탁선이 들림(제42화), 스스로 목을 베고 죽은 후에 영험함을 보임(제49화), 천상으로 올라간 후에 영험함을 보임(제61화), 사후에 관 속을 열어보니 시신이 사라짐(제72화) 등이 있다. 물론 생전의 업적, 불우한 생애, 사후의 이적(異蹟) 등이 복합적으로 작용하여 우타키가 세워진 경우도 있다. 예를 들면 제105화의 경우는 억울한 죽음과 사후의 이적이 복합적으로 작용하였다. 구체적인 사례를 검토하기로 한다.

표 2 『유로설전(遺老説伝)』의 인물 관련 우타키(御嶽) 유래설화

설화 제목	제신	생전의 업적 및 이적(異蹟)	출전
후나쿠라산(船蔵山) 우타키(御嶽)의 유래	노로(ノロ)	신을 모시는 제사 방법을 전수하고 제사를 관장하다.	제26화
요쿠쓰나 오야코(善縄大屋子)가 살던 집에 우타키(御嶽)를 세우다.	요쿠쓰나 오야코	요쿠쓰나 오야코가 죽은 후에 관 속의 시신이 사라지고 신의 탁선이 들리다. 살던 집에 갑자기 수목이 무성해지다.	제42화
이시키나와 아지(伊敷索按司)가 죽자 우타키(御嶽)를 세우다.	이시키나와 아지	관군들에게 죽임을 당하다.	제47화

설화 제목	제신	생전의 업적 및 이적(異蹟)	출전
가사스와카차라(笠末若茶良)의 죽음과 우타키(御嶽)의 유래	가사스와카차라	스스로 칼로 목을 베고 죽은 후에 그가 기원한 대로 실현되고 영험함을 보여주다.	제49화
마카나스(真嘉那志)의 수태(受胎)와 우타키(御嶽)의 유래	메리마쓰노카와라(目利真角嘉和良)	기이한 용모를 하고 태어나다. 14세에 구름을 타고 천상으로 올라가다. 영험함을 보여주다.	제61화
요나하 세도(与那覇勢頭)가 주잔(中山)에 조공(租貢)을 바치다.	신녀(神女)	섬에 사는 백성들을 교화하다.	제69화
미야코야마(宮古山) 철기의 유래와 후나다치산(船立山)의 우타키(御嶽)	남매	마을사람들을 위해서 진력하다. 쇠를 가지고 와서 농기구를 만들어 나누어주다.	제71화
미야코야마(宮古山)의 남자와 신녀(神女)의 혼인	신녀(神女)의 딸	신녀의 딸로 백발이 되었어도 안색이 변하지 않다. 죽은 후에 관을 열어보니 시신이 없었다.	제72화
마타네 와카아지(真種若葭)가 구슬을 지키다가 죽임을 당하다.	마타네 와카아지	여신의 아들로 억울하게 죽은 후에 섬의 수호신이 되다.	제74화
사키야마모리(崎山森) 우타키(御嶽)의 유래	사키야마 사토누시	천성이 소박한 데다 현명하고 덕망이 있다.	제94화

설화 제목	제신	생전의 업적 및 이적(異蹟)	출전
요나하 촌(与那覇村) 사람의 용궁 방문과 우타키(御嶽)의 뽕나무	요나하 촌 사람	용궁에 3개월 동안 머무르다 인간세계로 돌아온 후에 갑자기 노쇠하여 죽게 되다.	제103화
아헤타 다케(安平田嶽)의 유래	아헤타노시	모함으로 억울하게 죽은 후에 살던 집에 갑자기 수목이 무성해지다.	제105화
기사이(喜才)의 죽음과 우타키(神嶽)의 유래	기사이	일본 승려로 죄를 짓고 유배된 후에 병들어 죽다.	제131화

사례 3

미야코야마에는 원래 쇠가 나지 않았다. 그저 소와 말의 뼈로 농기구를 만들었기 때문에 오곡이 제대로 열리지 못하고 자주 기근이 발생했다. 이들은 쇠를 가지고 돌아가 농기구를 만들어서 농민들에게 나누어주었다. 농민들은 농사일에 진력하였고 오곡이 풍년이 들어 기쁨을 누렸다. 그들이 병들어 죽게 되자, 마을 사람들 모두 남매의 은혜에 감사하는 마음으로 후나다치산(船立山)에 장사를 지내고 우타키를 세워 존신(尊信)하게 되었다.16)

16) 김용의 역(2010 : 171).

〈사례 3〉은 『유로설전(遺老説伝)』 제71화의 마지막 부분이다. 미야코지마(宮古島)에 전해지는 남매에 관한 이야기이다. 여동생이 올케의 모함으로 아버지에게 쫓겨나는 신세가 되자 남매가 함께 집을 나와 시련을 겪은 후에, 아버지와 화해를 한 후 아버지가 쇠를 담금질하는 비서(秘書)를 주어서, 그 덕택에 쇠로 된 농기구를 만들어 농민들에게 나누어주었다는 설화이다. 농민들은 남매의 은혜를 잊지 않고 그들 남매의 사후에 우타키를 세워 신으로 모시고 기억하고자 하였다.

〈사례 3〉은 생전의 업적을 기념하여 인물의 신격화가 이루어진 설화 중에서도 가장 두드러진 경우로 볼 수 있으며, 일종의 '문화영웅'에 관한 설화로 해석할 수 있을 것 같다. 즉 소와 말의 뼈로 농기구를 만들어 농사를 짓던 미야코지마의 농민들에게 있어서 철기로 된 농기구는 오곡이 풍년 들고 기근을 해결할 수 있는 더할 나위 없이 소중한 '문화'였으며, 이 소중한 문화를 전해준 남매는 신격화되기에 충분한 자격을 갖추었던 셈이다.

사례 4

옛날에 기사이(喜才)라는 일본 승려가 살았다. 일찍이 법을 범하고 죄를 지은 적이 있었다. 결국 마치산(馬歯山)으로 유배되었다. 수십 년이 지난 후에 갑자기 병에 걸려 죽고 말았다. 마을 사람들이 그를 도카시키이호사키(渡嘉敷伊保崎)에 매장하였다. 그리고 그 곳을 우타키(神嶽)로 삼고 존신(尊

信)하였다. 매년 6월 도대제(稲大祭) 때가 되면 반드시 신주(神酒)와 향을 바치고 제사를 지냈다.[17]

〈사례 4〉는 『유로설전』 제131화의 전문이다. 불우한 생애를 보낸 인물의 신격화에 해당하는 경우이다. 기사이(喜才)라는 일본 승려가 누구를 가리키는지 확인되지 않지만, 유배지에서 병에 걸려 죽게 되자 마을 사람들이 매장한 후에 우타키를 세워 존신하였다는 설화이다. 그 후로도 매년 6월 도대제(稲大祭)를 지낼 때면 신주(神酒)와 향을 바치고 제사를 지냈다고 한다. 여기 언급된 도대제(稲大祭)란 벼이삭이 잘 여문 것에 대해 감사를 드리는 오키나와의 농경의례이다.[18] 제52화, 제98화, 제119화, 제130화 등에도 도대제에 관한 기록이 언급되어 있다.

〈사례 4〉에는 구체적으로 언급되어 있지 않지만, 마을 사람들이 기사이라는 일본 승려를 잊지 않고 6월 도대제 때가 되면 제사를 지냈다는 대목을 보면 그가 생전에 무언가 마을 사람들을 위해서 공헌을 했을 가능성이 크다고 볼 수 있다. 승려라는 그의 신분으로 미루어 볼 때에 불교의 전도와 관련된 공헌을 했

17) 김용의 역(2010 : 302).

18) 오키나와에서는 보리농사 및 벼농사와 관련이 있는 네 가지 농경의례를 우마치(ウマチー)라 부른다. 음력 2월의 맥수제(麦穂祭), 3월의 맥대제(麦大祭), 5월의 도수제(稲穂祭), 6월의 도대제(稲大祭)가 이에 해당한다. 보리농사의 쇠퇴로 인해 대부분의 농촌에서 맥수제(麦穂祭)와 맥대제(麦大祭)는 폐지되고, 도수제(稲穂祭)를 가리켜 5월 우마치, 도대제(稲大祭)를 가리켜 6월 우마치라 부르고 의례를 행하는 곳이 많다. 도수제(稲穂祭)란 벼이삭이 잘 여물기를 기원하는 농경의례이다.

을 가능성이 있다.

사례 5

옛날에 하에바루(南風原) 마기리(間切) 미야히라촌(宮平村)에 요쿠쓰나 오야코(善縄大屋子)라는 사람이 살았다. 사는 곳을 마을 밖으로 옮기고 큰 집을 짓고 살았다. 평소에 고기 잡는 일을 생업으로 삼았다. 하루는 니시하라 군(西原郡) 가자(我謝) 해변으로 가서 대나무를 엮은 목책(木柵)을 세워 물살을 막고 고기를 잡았다. 그 때 갑자기 커다란 거북이 한 마리가 바다 속에서 뛰쳐나오는 모습이 보였다. 또한 한 여자가 같이 나타났다. 그 여자가 오야코를 향해 "내가 이 거북이를 당신에게 줄테니 빨리 짊어지고 집으로 돌아가시오."라고 말하였다. 오야코는 크게 기뻐하며 거북이를 등에 짊어지고 집으로 돌아갔다. 도중에 거북이가 오야코의 목을 물어뜯어, 결국 거북이에게 물어뜯긴 상처 때문에 혼절하여 죽고 말았다. 사람들이 불쌍케 여겨 매장해 주었다. 사흘 후에 집안사람들이 풍속에 따라 무덤에 가서 보았더니, 관 속에 시체가 없고 그저 빈 관만이 놓여 있었다. 사람들이 이를 보고 놀라는 사이에 공중에서 "오야코는 죽어서 사라진 것이 아니라 기라이카나이(儀来河内)에 머물고 있다."라는 목소리가 들렸다. 사람들이 크게 놀라는 모습이 마치 꿈에서 깨어난 듯했으며 취기가 깨어난 듯했다. 이 때 갑자기 스스키(薄茅) · 마니(真根) · 구바(胡葉)가 오야코가 살던 옛집에 돋아났다. 이를 보고 사람들이 그 곳에 우타키(御嶽)를 세우고 숭신하였다.[신명은 가미쓰카사 가미후치 이베(嘉美司嘉美淵威部)이다][19]

〈사례 5〉는 『유로설전』 제42화의 전문이다. 요쿠쓰나 오야코(善縄大屋子)라는 사람이 거북이에게 목을 물어 뜯겨 죽은 후에 여러 가지 이적(異蹟)이 일어난 설화이다. 관 속에 시체가 사라지고 공중에서 "오야코는 기라이카나이(儀来河内)에 머물고 있다."라는 소리가 들려왔다. 여기서 '기라이카나이(儀来河内)'란 니라이카나이를 의미한다. 니라이카나이란 바다 건너편 혹은 바다 밑에 존재한다는 인간세계와는 다른 별세계로 오키나와문화에서 매우 중층적인 의미를 지니고 있다.[20] 시체가 사라지는 이적은 제72화에서도 확인할 수 있다. 이외에도 갑자기 요쿠쓰나 오야코가 살던 집에 여러 종류의 식물들이 무성하게 돋아나는 이적이 벌어졌다. 이 모습을 보고 사람들이 우타키를 세워 숭신하게 되었다고 한다. 인물의 신격화에서 인물의 사후에 수목이 무성하게 자라는 설화 모티브는 제105화에서도 확인할 수 있다. 특히 제105화는 억울한 죽음 즉 불우한 생애와 사후의 이적이 복합적으로 작용하여 인물의 신격화가 진행된 경우이다. 사례를 보기로 한다.

---

19) 김용의 역(2010 : 103~104).

20) 제101화에 니라니카나이를 방문하고 돌아오는 설화가 수록되어 있다. 제101화의 의미에 관해서는 김용의(2009 : 520~523)에서 엘리아데의 탈혼(ecstasy) 개념을 원용한 분석을 시도하였다.

사례 6

옛날에 하에바루(南風原)의 마기리(間切) 쓰카야마 촌(津嘉山村)에 사는 아헤타노시(安平田子)는 대단한 부자였다. 집에서 부리는 사람들도 많고 부족한 것이 없었다. 저택을 쓰카야마(津嘉山)와 기야무(喜屋武) 중간에 짓고 살았다. 하루는 집에서 큰 잔치를 벌이며 마시고 있었다. 그때 구시가미(具志頭)에 사는 사람이 그 집 문 앞을 지나가다 술을 마시고픈 생각이 들었다. 마침내 목이 마르다는 핑계를 대고 들어가 물을 청했다. 그러자 물을 내다주고 술은 주지 않았다. 그 사람은 앙심을 품고 왕에게, 그 부자가 반란을 일으키고자 한다고 거짓을 고하였다. 왕은 관군에게 명하여 토벌토록 하였다. 그 후 얼마 지나지 않아 고바(古葉)[나무이름]·마네(真根)[풀이름]를 비롯한 수목들이 그 집에 무성하게 자라났다. 그 처자가 이를 보고 놀라 다른 곳으로 옮겨가 살았다. 마침내 그 집터에 우타키(御嶽)를 세우고 이를 아헤타 다케(安平田嶽)라 불렀다.[21]

〈사례 6〉은 『유로설전』 제105화의 전문이다. 쓰카야마촌(津嘉山村)에 사는 아헤타노시(安平田子)는 대단한 부자로 하루는 집에서 큰 잔치를 벌였는데, 집 앞을 지나가던 구시가미(具志頭)에 사는 사람을 소홀하게 대한 결과 억울한 죽음을 당하게

21) 김용의 역(2010 : 256~257).

된다. 그의 사후에 집안에 수목이 무성하게 자라는 이적이 벌어지자 처자들도 다른 곳으로 옮겨가고 그 자리에 우타키를 세웠다는 내용이다.

지금까지 우타키 유래설화에 나타난 인물의 신격화를 ①생전의 업적, ②불우한 생애, ③사후의 이적(異蹟), 그리고 앞에서 든 세 가지 계기가 복합적으로 작용한 경우로 나누어 구체적인 사례를 검토하였다. 마지막으로 인물의 신격화와 관련하여 한 가지 특이한 점을 지적하고자 한다. 다름이 아니라 인물의 신격화와 관련된 총 13편에 이르는 설화 중에서, 원한을 품고 죽은 인물이 사후에 재앙을 내리는 것을 두려워하여 신으로 모시고 진혼(鎮魂)하는 이른바 고료신앙(御霊信仰)과 연결되는 설화를 찾아보기 어렵다는 점이다. 일본의 헤이안(平安) 시대 중기의 문인정치가인 스가와라노 미치자네(菅原道真)로 대표되는 고료신앙은 일본의 신도신앙 및 민속종교에서 매우 중요한 위치에 있다.[22] 그런데 『유로설전』에 수록된 인물의 신격화에서는 고료신앙적인 요소가 거의 발견되지 않는다. 이 점에 관해서는 총 13편에 이르는 인물의 신격화와 관련된 설화뿐만이 아니라, 『유로설전』에 수록된 총 141편에 이르는 전체 설화를 검토해보아도 확인되지 않는다.[23]

---

22) 菅原道真와 관련된 고료신앙에 대해서는 小松和彦, 김용의 외역(2005 : 81~94)를 참조. 이 책에는 菅原道真 이외에도 고료신앙의 사례로 井上内親王, 早良親王, 佐倉惣五郎, 平将門 등이 함께 거론되어 있다.

23) 2010년 2월 10일 오키나와에서 필자와 대화를 나눈 오키나와국제대학의 狩俣恵一 교수와 稲福みき子 교수의 지적에 따르면, 이 점은 오키

예를 들면 이 글에서 인물의 신격화가 이루어진 중요한 요소의 한 가지로 설정한 '불우한 생애'를 보낸 인물에 해당하는, 관군들에게 죽임을 당함(제47화), 여신의 아들로 억울한 죽음을 당함(제74화), 모함으로 억울하게 죽음(제105화), 유배지에서 병들어 죽음(제131화)의 경우에, 설화 속의 인물이 원한을 품고 죽은 후에 어떤 형태로든 그 원한을 풀기 위해 복수를 한다는 장면이 포함되어 있을 법도 한데, 그 같은 장면을 전혀 찾아볼 수가 없는 것이다. 왜 오키나와의 설화에서는 고료신앙(御霊信仰)과 연결되는 요소를 찾아볼 수 없는 것일까? 이 점은 앞으로 관심을 갖고 추구해 볼 과제이며, 우선 오키나와 설화가 일본 본토의 설화와 구별되는 중요한 요소 중의 하나로 지적할 수 있을 것 같다.

4. 『유로설전(遺老説伝)』의 우타키(御嶽)신앙의 특징

오키나와의 민족설화집으로 평가할 수 있는 『유로설전』에는 곳곳에 우타키에 관한 기록이 전해지고 있다. 총 141편에 이르는 설화 중에서 43편에 이르는 설화에 직접적으로 우타키에 관해서 언급하고 있다는 점을 감안하다면, 가히 '우타키설화집'이라 불러도 좋을 정도이다. 이 글에서는 특히 우타키의 유래에

나와의 민속문화 전반에 해당한다고 한다.

관한 18편의 설화를 대상으로 하여, 우타키에 모셔진 제신의 성격을 기준으로 자연물의 신격화, 동물의 신격화, 인물의 신격화로 분류하여 검토한 결과, 다음과 같은 결론을 이끌어낼 수가 있었다.

첫째 자연물의 신격화의 사례로는 제20화에 등장하는 신암(神岩)을 주목하여 검토하였다. 여기 등장하는 신암은 우타키의 유래설화라는 관점에서만이 아니라 이른바 비주르(ビジュル) 신앙이라는 관점에서도 주목할 만한 사례였음을 확인할 수 있었다. 이 점에 관해서는 동물의 신격화 사례로 제시한 제23화에서도 확인할 수 있었다. 즉 제23화가 말이라고 하는 동물을 신격화하였지만, 그 과정에는 '돌로 변한 말'이라는 중간단계가 있었음을 지적하고 제23화 또한 비주르신앙이라는 범주에서 논할 수 있다는 가능성을 제기하였다. 『유로설전』에는 제20화 이외에도 제126화, 제139화에 빈두로(賓頭盧, 비주르)가 등장한다. 앞으로 『유로설전』에 수록된 제20화, 제126화, 139화 등을 단서로 하여 오키나와의 비주르신앙의 성립 및 전개과정에 대해서 일본 본토의 경우도 시야에 넣고 검토할 필요가 있겠다.

둘째 『유로설전』에 수록된 우타키 유래설화에서 인물의 신격화가 절대적으로 큰 비중을 차지한다는 사실을 밝히고, 인물의 신격화를 생전의 업적, 불우한 생애, 사후의 이적(異蹟)이라는 세 가지 경우로 나누어 사례를 검토하였다. 이 과정에서 인물의 신격화는 앞서 제시한 어느 한 경우에 속하기도 하고, 여러 경우가 복합적으로 작용한 유형으로 나누어 고찰할 수 있다는 것을 알 수 있었다.

셋째 『유로설전』에 나타난 인물의 신격화 과정에서 역사적으로 일본의 본토에서 널리 확인되는 '고료신앙'의 흔적을 찾아볼 수 없다는 점을 지적하였다. 이 점은 일본의 민속종교에서 '고료신앙'이 매우 중요한 위치를 차지하고, 한국의 민속종교에서도 해원신앙(解寃信仰)이 중요한 비중을 차지한다는 점을 감안할 때에 매우 중요한 의미를 지니고 있다고 볼 수 있다.

참고 문헌

김용의(2004)「오키나와 다케토미지마(竹富島)지역의 우타키(御嶽) 신앙」『日本語文学』제20집 한국일본어문학회

小松和彦, 김용의 외역(2005)『일본인은 어떻게 신이 되는가』민속원

김용의(2009)「유로설전(遺老説伝)에 나타난 오키나와인의 용궁세계」『日本語文学』제43집 한국일본어문학회

鄭秉哲 외 編, 김용의 역(2010)『오키나와 민족설화집 유로설전』전남대학교출판부

島袋盛敏 訳(1935)『球陽外巻 遺老説伝』学芸社

牧野清(1990)『八重山のお嶽』あ～まん企画

湧上元雄(1978)「沖縄の御嶽伝承」『沖縄民俗研究』創刊号 沖縄民俗研究会

嘉手納宗徳 編訳(1978)『球陽外巻 遺老説伝』角川書店

宮家準(1989)『宗教民俗学』東京大学出版会

永藤靖(2000)「『遺老説伝』の世界」『琉球神話と古代ヤマト文学』三弥井書店

表仁柱(2001)「沖縄の御嶽と韓国南道地域の村落共同体信仰の比較考察」『韓国と沖縄の社会と文化』第一書房

畠山篤(2006)『沖縄の祭祀伝承の研究』瑞木書房

渡邊欣雄 외편(2008)『沖縄民俗辞典』吉川弘文舘

오키나와 야에야마(八重山) 지역의 낙원 전설

- 하테루마지마(波照間島)의 파이파티로마 전설 -

1. 하테루마지마(波照間島)의 파이파티로마 전설
2. 역사적 기록과 전설 사이의 파이파티로마
3. 오키나와의 니라이카나이 관념
4. 오키나와의 니라이카나이 관념과 파이파티로마

1. 하테루마지마(波照間島)의 파이파티로마 전설

인간은 일상생활을 영위하는 현실세계와는 다른 낙원(樂園)을 상상한다. 특히 현실세계의 질곡이 심한 사회, 그 같은 현실세계의 질곡에서 벗어나고자 하는 욕구가 강한 사회일수록 낙원이라는 시공간이 뚜렷한 이미지로 그려진다.

오키나와는 전근대부터 현대에 이르기까지 질곡의 역사가 계속되었다. 1609년 사쓰마번(薩摩藩)의 침공으로 인한 지배, 1872년 메이지정부의 류큐처분(琉球処分)으로 인한 류큐왕국의 멸망, 이른바 오키나와전(沖縄戦)으로 인한 전쟁피해, 전후 1972년까지 이어진 미군의 점령 등 질곡의 역사가 지속되었다. 그 질곡의 역사를 반영이라도 하듯이 오키나와에는 낙원 전설이 전해진다. 이른바 파이파티로마(パイパティローマ)와 하이도난(ハイドゥナン)이다. 이들 낙원은 오키나와 본도의 남쪽에 위치한 야에야마 제도(八重山諸島)에 전해지는 전설이다.

야에야마제도는 이시가키지마(石垣島)를 비롯한 10개의 유인도 및 그 주변에 위치한 무인도로 구성된 도서지역이다. 파이파티로마란 야에야마 제도의 하테루마지마(波照間島)[1)]라는 섬에 전하는 전설상의 낙원이다. 이 지역 말로 파이파티로마의 '파이

1) 일본에서 가장 남쪽에 위치한 섬이다. 해안선이 연장 14.80km, 섬의 면적은 12.46km^{2}이다. 류큐 왕부시대에는 정치범의 유배지로 이용되었다. 한국에서 홍길동과의 관련성으로 많이 알려진 오야케 아카하치의 난(オヤケ・アカハチの乱)의 주모자 오야케 아카하치의 고향이기도 하다.

(パイ)'란 '남쪽'이란 뜻이며 '파티로마(パティローマ)'는 하테루마(波照間)의 별칭이다. 따라서 이 말은 '南波照間'라는 의미로 풀이된다.

하이도난(ハイドゥナン)이란, 하테루마지마와 함께 야에야마 제도에 속하는 요나구니지마(与那国島)[2]라는 섬에 전하는 전설상의 낙원이다. 여기서 '하이(ハイ)'란 '남쪽'이란 뜻이며 '도난'은 요나구니지마(与那国島)의 별칭이다. 파이파티로마의 경우와 마찬가지로 '南与那国島'라는 의미이다.

본고에서는 파이파티로마를 중심으로 고찰하고자 한다. 이제까지 여러 연구자들이 파이파티로마의 실재 여부를 밝히고자 연구하였다. 메이지 시대의 탐험가인 사사모리 기스케(笹森儀助)가 남긴 『남도탐험(南嶋探験)』에는 1892년에 당시 오키나와현의 지사가 해군성에 파이파티로마 탐색을 요청하였으나 거절당했다고 기록되어 있다.[3] 마타요시 세이키요(又吉盛清)는 타이완에 위치한 난서도(蘭嶼島)를 파이파티로마로 추정하기도 하였다.[4] 그리고 마타요시 세이쿄의 주장은 이시가키 시게루(石

2) 일본에서 가장 서쪽에 위치한 섬이다. 해안선이 연장 29.54km, 섬의 면적은 28.52km^2이다. 본고에서 언급한 인두세(人頭税)와 관련하여 많은 비참한 전설이 전해지고 있다.

3) 『南嶋探験』은 사사모리 기스케가 1893년 아마미 제도(奄美諸島), 오키나와, 야에야마 제도(八重山諸島)를 4개월 동안 순회한 기록이다. 사사모리 기스케는 『南嶋探験』의 부록에 당시 오키나와현의 지사가 해군성에 파이파티로마 탐색을 요청하였으나 거절당했다고 적고 있다. 해군성이 거절한 이유는 파이파티로마의 소재가 불분명하다는 이유였다고 한다. 『南嶋探験』의 텍스트로는 東喜望 校注(1983)를 참조.

4) 又吉盛清(1994).

垣繁)에 의해 그 가능성이 검토되기도 하였다.[5)]

본고에서는 하테루마지마에 전하는 파이파티로마 전설을 오키나와의 니라이카나이(ニライカナイ) 관념과 관련지어 주목하고자 한다. 니라이카나이 관념은 오키나와의 민속종교적 맥락, 설화적 맥락에서 중요한 위치를 차지한다. 지금까지 연구자들 사이에서 파이파티로마라는 낙원의 실재 여부가 관심을 끌었는데, 파이파티로마가 실재했는지의 여부 못지않게 중요한 것은 하테루마지마 사람들이 어떤 맥락에서 파이파티로마라는 낙원을 그리게 되었는지, 다시 말하자면 파이파티로마라는 낙원전설의 생성을 가능케 만든 역사적, 민속종교적, 설화적 맥락이 중요하다고 할 수 있다.

니라이카나이란 오키나와에서 인간세계와는 별도로 해상 너머에 위치한다고 여겨진 이상향으로 '신들의 세계'이다. 이 니라이카나이는 오키나와의 세계관, 타계관, 생사관 등을 이해하는데 있어서 중요한 의미를 지닌다. 본고에서는 주로 파이파티로마가 오키나와의 니라이카나이 범주에 속하는 변형된 유형이라는 점에 초점을 맞추고 고찰하고자 한다.

---

5) 石垣繁(1998).

2. 역사적 기록과 전설 사이의 파이파티로마

파이파티로마는 오키나와의 역사적 기록과 전설 등의 형태로 전해졌다. 먼저 역사적 기록을 검토하기로 한다. 예를 들면 류큐 왕부(琉球王府)의 기록인 『야에야마지마 연래기(八重山島年来記)』[6] 순치(順治) 5년 무자(戊子) 조에 다음과 같은 기록이 남아있다.

> 하테루마촌(波照間村)에 위치한 히라타촌(平田村)의 남녀 농민 사오십 명 정도가 오하테루마(大波照間)라고 하는 남쪽 섬으로 도망쳤다. 그 일을 보고하기 위해 하테루마촌의 슈리 오얏코(首里大屋子)인 마쓰시게씨(松茂氏)가 이시가키 오야쿠모이(石垣親雲上)인 모리쓰네씨(守恒氏)의 배로 나하(那覇)로 올라갔으나, 과실이 인정되어 면직 당했다. 야에야마(八重山)로 돌아가는 길에 남쪽 섬에 표착(漂着)하였다. 하테루마 슈리오얏코(波照間首里大屋子)와 이시가키 오야쿠모이를 비롯하여 함께 배에 탔던 사람들은 다음 축년(丑年, 1649)에 요나구니지마(与那国島)에 도착하여 그곳에서 돌아왔다고 한다.[7]

---

6) 『八重山島年来記』는 오키나와 야에야마(八重山) 지역의 전근대사를 이해하기 위해서 불가결한 기본사료이다. 각종 사건이 편년체로 기술되어 있다. 인사이동, 천재지변, 촌락의 이동, 인구변동 등 야에야마를 개관하는 데 있어서 다양한 정보가 담겨 있다. 앞의 내용은 『沖縄大百科事典』(1983, 沖縄タイム社)의 관련 항목에 따름.

『야에야마지마 연래기』에는 히라타촌(平田村)의 남녀 농민 사오십 명이 '오하테루마(大波照間)'라는 곳으로 도망쳤다고 기록되었다. 이 사건을 슈리 오야코(首里大屋子)라는 관직에 있던 마쓰시게씨(松茂氏)가 당시 류큐왕부가 위치했던 나하(那覇)로 보고하러 갔다가 문책성 면직을 당하게 된다. 이 기록에 보이는 '오하테루마'가 바로 파이파티로마로 추정된다.

앞의 『야에야마지마 연래기』 기록에는 히라타촌의 농민 사오십 명이 오하테루마 즉 파이파티로마로 도망친 연유에 대해서는 언급되어 있지 않다. 이 점에 대해서는 다른 전설과 조응해 보면 그 이유가 분명해진다. 예를 들어 민속학자 야나기타 구니오(柳田国男)는 『해남소기(海南小記)』에서 다음과 같이 언급하였다.

> 섬사람들은 이 하테루마(波照間)의 남쪽 먼 바다에 세리(税吏)가 아직 모르는 극락 같은 섬이 한 곳 파도에 감추어져 있다고 믿었다. 옛날에 농민들의 세금이 견디기 어려울 만큼 과중했던 시대에 이 섬의 야쿠(屋久)에 사는 야쿠아카마리(ヤクアカマリ)라고 하는 자가 과중한 세금에서 벗어나고자 바다를 두루 항해하다가 마침내 그 섬을 발견하였다. 본인이

7) 石垣市(1999 : 28). 이하 본고에서 인용한 원문의 한국어 번역은 필자의 졸역이다. 이 부분의 원문은 다음과 같다. 波照間村之内平田村百姓男女、四五拾人程、大波照間与申南之島江欠落仕候、右ニ付而波照間村松茂氏波照間首里大屋子、守恒氏石垣親雲上乗船乗合上国仕候処、越度有之、役儀被召迦罷下り候砌、南之島漂着、被役石垣親雲上始船中人数ハ次丑春与那国江参着、夫帰島為仕由候.

살고 있던 섬 이름을 따서 南波照間라고 이름을 붙였다고 한다. 서복(徐福)이 대제(大帝)의 명을 받았다는 이야기와는 달리, 심야에 남녀노소 십 수 명을 배에 싣고서 몰래 그 섬으로 이주하였다. 그 때 여자 한 명이 집에 두고 온 냄비를 가지러 갔다. 그 사이에 날이 밝자 그대로 배를 출발시켰다. 나베가키(鍋掻)라고 하는 지명은 그 때문에 생겼다고 한다.[8]

야나기타 구니오는 농민들이 살고 있던 섬에서 탈출을 감행한 원인을 과중한 세금 때문으로 보았다. 섬을 탈출하여 항해를 계속하다가, 옛날부터 섬에 전해져오던 파이파티로마라는 낙원을 발견하였다고 설명한다. 여기서 말하는 세금이란 이른바 인두세(人頭税)를 가리킨다. 인두세란 1902년까지 오키나와에 존속했던 조세 부과제도이다. 인두(人頭)라는 말이 말해주듯이, 류큐왕부에서 인구조사에 근거하여 연령에 따라 차등을 두어 세금을 부과하였다.[9] 야나기타 구니오의 설명에 따르면 하테루마지마 주민들은 과중한 인두세에 견디지 못한 나머지 파이파티로마라는 낙원을 찾아서 섬 밖으로 탈출을 감행하였던 것이다.

야나기타 구니오가 언급한 나베가키(鍋掻)라고 하는 지명에 얽힌 전설은 파이파티로마 전설을 고찰하는 데 있어서 결정적

8) 柳田国男(1963 : 292).

9) 인두세에 관해서는 大浜信賢(1971), 沖縄国際大学南島文化研究所(2003)를 참조, 沖縄国際大学南島文化研究所(2003)에는 중세부터 근세에 이르기까지 미야코제도(宮古諸島) 및 야에야마제도(八重山諸島)의 인두세 실상에 관해서 참고가 되는 여러 편의 논고가 수록되어 있다.

인 단서를 제공해 준다. 먼저 관련 전설을 검토하기로 한다.

사례 1

하테루마지마(波照間島) 동쪽에 굿시아지마쿠(クッシ按司マク)라는 총대장이 살았다. 그 대장이 다스리던 시대에는 사람들이 섬 안의 생산물을 스스로 경작하여 먹었다. 하테루마지마는 섬 밖 세계와 상관없이 섬 안의 생산물이 풍족하였고, 섬사람들은 매우 유복한 생활을 하였다. 그 때 야마투후노라(ヤマトゥフノーラ)라는 인물이 있었다. 그는 사쓰마번(薩摩藩) 사람으로 여겨진다. 사쓰마와의 첫 번째 전투는 오도마리(大泊) 해변에서 벌어졌다. 그 싸움은 하테루마의 승리로 끝났다. 그런데 사쓰마번은 두 번째 야간전투에서 뗏목에 불을 붙여 조류 흐름을 고려하여 동쪽 해안에 닿도록 흘려보냈다. 이를 본 하테루마지마의 무사들은 전원 동쪽 해변으로 달려가서 집결했다. 야마투후노라는 서쪽 해안으로 상륙했다. 후노라란 후나우라(船浦)라는 의미로 배를 육지로 끌어올리는 장소이다. 야마투후노라는 섬 서쪽으로 배를 끌어올리고 그쪽으로 상륙했다. 무기를 지니고 상륙했다. 그리고 하테루마지마를 평정했다. 평정한 후에 연공(年貢)을 부과했다. 과다한 연공을 부과했기 때문에 주민들이 무척 고통을 받았다. 그 무렵, 후카(富嘉) 부락 서쪽에는 야쿠(ヤク) 부락이 있었다. 야쿠 부락에는 야쿠아카마라(ヤクアカマラー)라는 대장이 살았다. 야쿠아카마라는 연공이 너무 가혹해서 야쿠 부락 사람들을 모두 이

끌고 파이파티로마로 탈출하고자 하여, 야마투후노라에게 상납해야 할 연공을 배에 실었다. 연공이라고 하면 쌀가마니나 조가마니겠지요. 쌀가마니나 조가마니를 배에 가득 싣고, 밤이 되자 야쿠 부락 사람들이 모두 그 배를 타고 도망쳤다. 그 배는 피구루마(蒸気船)로 야쿠아카마라라는 사람이 선장이었다. 그리하여 야쿠 부락 사람들이 모두 배를 타고 출발하려고 했는데, 낭자 한 명이 "냄비를 놔두고 왔다. 이 냄비는 꼭 가지고 가야한다."라고 선장에게 의논했다. 선장은"그렇다면 배를 남쪽 해변으로 댈 것이니 너는 집으로 돌아가서 냄비를 가지고 남쪽 해변으로 내려오거라. 반드시 배에 태워줄테니까."라고 약속했다. 그 때의 약속이란 서쪽 해변으로 배를 출발시켜서 남쪽 해변을 돌아 거기서 냄비를 가지고 돌아온 낭자를 태운다는 계획이었다. 그러나 배가 남쪽 해변에 도착할 무렵에는 점점 날이 밝고 태양이 떠올랐다. 그러자 선장은 '이거 야단났군. 배를 남쪽 해변에 댔다가는 발각대고 말겠다. 발각되었다가는 모두가 야마투후노라에게 살해되고 말텐데.'라는 생각이 들어, 남쪽 해변에 배를 대지 않고서 먼 바다 쪽으로 나가고 말았다. 돌아온 낭자를 버려둔 채로 배는 먼 바다를 향해서 점점 남쪽으로 남쪽으로 향했다. 내버려진 낭자는 냄비를 긁으면서 엉엉하고 울었다. 그런 연유로 나비하키아마스(鍋掻き田)라 부르게 되었다. 그곳은 지금 밭이 되었다. 10년 전 쯤에 밭으로 만들었다고 한다.[10)]

10) 狩俣恵一・丸山顕徳(2003 : 194～195)에 수록되어 있다. 구술자는 波照間島 출신의 勝連文雄(1917년생)이다.

앞의 〈사례 1〉은 오키나와 말로 〈나비하키아마스(鍋掻き田)의 유래〉라는 제목이 붙여졌다. 즉 나비하키아마스라는 이름의 밭이 생겨나게 된 지명설화의 형식을 취하고 있다. 여기서 '나비하키아마스(鍋掻き田)'란 '냄비를 긁은 논'이라는 의미이다. 이 전설은 나비하키아마스라는 지명이 생겨나기까지의 과정을 크게 세 대목으로 나누어 이해할 수 있다.

첫째 사쓰마번(薩摩藩)에서 오키나와를 침공한 역사적 사실을 배경으로 하고 있다. 자급자족을 하며 평화롭게 살고 있던 하테루마지마의 사람들이 야마투후노라라는 사쓰마번 쪽 사람이 이끄는 병사들의 침공으로 그 지배를 받게 되었다. 둘째 사쓰마번의 지배를 받게 되자, 가혹한 세금으로 인해 하테루마지마 사람들의 생활이 힘들어졌다. 그러자 야쿠(ヤク) 부락에서 야쿠아카마라(ヤクアカマラ)라는 대장의 인도로 섬 밖으로 탈출을 감행하였다. 셋째 섬 밖으로 탈출하는 과정에서 섬에 사는 낭자 한 명이 집으로 냄비를 가지러 갔다가 배에 타지 못했다. 낭자가 냄비를 긁으면서 울었다고 하여 나비하키아마스라는 지명이 붙여졌다.

이 글에서 주목할 것은 사쓰마번의 침공과 지배로 인해 생활이 힘들어진 야쿠 부락 사람들이 섬 밖으로 탈출을 감행하는 대목이다. 『야에야마지마 연래기』의 하테루마지마 농민들의 탈출에 관한 기록과 조응하기 때문이다. 다시 말하자면 하테루마지마 농민들의 탈출에 관한 역사적 기록과 전설을 함께 조응함으로써 하테루마지마에 파이파티로마라는 낙원전설이 생성하게 된 역사적 배경에 대한 윤곽이 뚜렷하게 부각된다. 하테루마지마의 농민들은 과다한 세금이라는 현세의 질곡에서 벗어나기 위하여 파이파티로마라는 낙원을 향하여 탈출을 감행하였다.

3. 오키나와의 니라이카나이 관념

니라이카나이는 오키나와의 기층문화를 이해하는 데 있어서 중요한 의미를 지닌다. 이 니라이카나이에 관한 관념은 오키나와에서도 지역에 따라서 그 관념이 조금씩 차이가 있으며, 오키나와의 설화, 마을공동체 제사, 전통예능 등을 통하여 전승되고 재생산되었다. 먼저 니라이카나이란 구체적으로 어떤 관념이며 오키나와의 기층문화에서 어떤 의미를 지니는지 『오키나와 민속사전(沖縄民俗辞典)』에 기술된 내용을 참고로 하여 확인하기로 한다.

> 아마미(奄美)에서 야에야마(八重山)에 이르는 류큐열도(琉球列島)의 촌락 제사의례에서 나타나는 세계관 중에서 인간이 사는 세계와 대비되는 타계, 별세계이다. 니라이카나이(ニライ・カナイ)는 대어(対語)이며, 니루야카나야(ニルヤ・カナヤ), 기라이카나이(ギライ・カナイ), 미루야카나야(ミルヤ・カナヤ) 등으로 다른 표현도 있다.'니라이의 오누시(大主)'라는 표현처럼, 대어표현이 아니라 지역에 따라서는 단지 니라이(ニライ),

니레(ニレ-), 니란(ニーラン), 닛라(ニッラ), 니로(ニロー) 등으로 표현하는 곳도 있다.…(중략)…벼나 조와 같은 주요 곡식의 수확을 마치고 새로운 농경 사이클이 시작되는 시기 즉 한 해의 변환기에 인간세계의 촌락으로 신이 찾아와서 유(ユー : 행복·풍요)를 초래한다는 신앙이 류큐 각지의 제사, 농경의례에서 부르는 신가(神歌)나 의례에서 확인된다. 그 신앙의 표출은 지역에 따라서 다르다. 야에야마 제도(八重山諸島)의 이시가키지마(石垣島)에 있는 가비라(川平)의 마윤가나시(マユンガナシ)나 이리오모테지마(西表島)에 있는 고미(古見)에서 행해지는 아카마타·구로마타(アカマタ·クロマタ) 제사처럼, 가면이나 초목을 걸친 이상한 행색을 한 신이 출현해서 촌락 안에 있는 각 집마다 찾아다니며 주술적 행위를 하고 주언(呪言)을 남기고 가는 형태가 있다. 또는 다케토미지마(竹富島)의 유큐이(ユークイ)나 오키나와 본도 북부의 일부 지역에서 행하는 운자미(ウンジャミ, 海神) 제사처럼, 구체적인 모습을 띤 신이 출현하지 않고 마을사람이나 신역(神役)이 주관하는 의례적 행위나 신가(神歌) 등에 의해 신의 왕래가 상징적으로 표현되는 경우도 있다.…(중략)…니라이카나이는 신이 거주하는 곳으로 그곳에서 여러 종류의 풍요를 가져온다는 관념, 이상향으로서의 관념뿐만이 아니라 때로는 사악한 존재, 재앙을 초래하는 존재가 사는 곳이라는 전승도 확인된다. 그 양의적(兩義的) 의미는 류큐열도의 내방신(来訪神) 신앙을 해석하는데 있어서 중요한 열쇠가 된다.[11)]

---

11) 渡辺欣夫 외편(2008 : 398~399). 니라이카나이 항목의 집필자는 比嘉政

앞의 기술 내용은 세 부분으로 나누어 이해할 수 있다. 첫째 니라이카나이라는 명칭은 지역에 따라서 조금씩 차이가 있다. 우선 대어(対語) 표현으로는 니루야카나야(ニルヤ・カナヤ), 기라이카나이(ギライ・カナイ), 미루야카나야(ミルヤ・カナヤ) 등이라 부르며, 지역에 따라서는 니라이(ニライ), 니레(ニレー), 니란(ニーラン), 닛라(ニッラ), 니로(ニロー) 등으로 부르기도 한다.

둘째 한 해의 변환기에 니라이카나이에서 신이 인간세계를 방문하여 행복이나 풍요를 가져다준다는 신앙이 존재한다. 그 같은 신앙은 오키나와의 의례 및 신가에서 확인할 수 있다. 그리고 그 형태는 신이 이상한 차림을 하고 직접 찾아오는 형태와 의례적 행위로만 상징적으로 표현하는 형태라는 두 가지로 나눌 수 있다. 전자에 해당하는 사례로는 이시가키지마(石垣島) 가비라(川平)에서 행하는 마윤가나시(マユンガナシ),[12] 이리오모테지마(西表島) 고미(古見)에서 행하는 아카마타・구로마타(アカマタ・クロマタ)[13] 제사를 들 수 있다. 후자에 해당하는

夫이다. 『日本民俗大辞典』(2000, 吉川弘文館)에서 니라이카나이 항목을 찾아보면 역시 比嘉政夫의 집필로 비슷한 내용이 기술되어 있다.

12) 마윤가나시(マユンガナシ)는 내방신의 이름으로 마윤(マユン)은 真世를 의미하고 가나시(ガナシ)는 신이나 왕에 대한 존칭이다. 현재 이시가키지마(石垣島) 가비라(川平)에 그 내방신을 맞아들이는 의례가 행해지고 있다.

13) 오키나와의 야에야마 제도(八重山諸島)에서 벼농사의 풍작을 초래하는 신이다. 가면을 쓰고 변장한 모습으로 인간세계를 찾아온다. 음력 6월에 행해지는 풍년제(豊年祭)의 제2일째 의례에 등장한다. 이리오모테지마(西表島)의 고미(古見)가 발상지라고 전해진다.

사례로는 다케토미지마(竹富島)의 유큐이(ユークイ),[14] 오키나와 본도 북부의 일부 지역에서 행하는 운자미(ウンジャミ, 海神)[15] 제사를 들 수 있다.

셋째 니라이카나이 관념은 양의적(兩義的)이다. 즉 인간세계에 풍요를 초래하는 이상향이라는 관념뿐만이 아니라 때로는 인간세계에 재앙을 초래하는 신격이 거주하는 곳이라는 관념이 공존한다.

앞서 언급한 바와 같이, 오키나와의 니라이카나이 관념은 오키나와의 설화, 마을공동체 제사, 전통예능 등을 통하여 확인할 수 있다. 먼저 오키나와의 문헌설화 속에 나타난 니라이카나이에 대한 관념을 구체적으로 확인하기로 한다. 예를 들면 18세기 중엽 류큐왕부(琉球王府)에서 편찬한 오키나와 설화집인 『유로설전(遺老說伝)』에 니라이카나이에 관한 이야기가 언급되어 있다.

14) 우키나와에서 유(ユー)라 부르는 행운이나 풍요를 초래하기 위해서 거행하는 의례 및 제사를 폭넓게 부르는 말이다. 본문에서 언급한 다케토미지마(竹富島)에서는 윤카이(ユーンカイ)라고 부르기도 한다. 다케토미지마의 윤카이에 대해서는 石垣博孝(1976)를 참고. 그리고 다케토미지마의 개관에 대해서는 김용의(2004 : 213~215)에 소개되어 있다.

15) 오키나와에서 바다 저 멀리에 존재한다고 전해지는 세계, 즉 니라이카나이에서 찾아오는 내방신을 맞이하여 풍작, 사람들의 건강, 마을의 번영 등을 예축하기 위한 민속행사이다. 다른 말로 운가미(ウンガミ)라고 부르기도 한다.

사례 2

옛날에 하에바루(南風原) 마기리(間切) 미야히라촌(宮平村)에 요쿠쓰나 오야코(善縄大屋子)라는 사람이 살았다. 사는 곳을 마을 밖으로 옮기고 큰 집을 짓고 살았다. 평소에 고기 잡는 일을 생업으로 삼았다. 하루는 니시하라 군(西原郡) 가자(我謝) 해변으로 가서 대나무를 엮은 목책(木柵)을 세워 물살을 막고 고기를 잡았다. 그 때 갑자기 커다란 거북이 한 마리가 바다 속에서 뛰쳐나오는 모습이 보였다. 또한 한 여자가 같이 나타났다. 그 여자가 오야코를 향해 "내가 이 거북이를 당신에게 줄테니 빨리 짊어지고 집으로 돌아가시오."라고 말하였다. 오야코는 크게 기뻐하며 거북이를 등에 짊어지고 집으로 돌아갔다. 도중에 거북이가 오야코의 목을 물어뜯어, 결국 거북이에게 물어뜯긴 상처 때문에 혼절하여 죽고 말았다. 사람들이 불쌍케 여겨 매장해 주었다. 사흘 후에 집안사람들이 풍속에 따라 무덤에 가서 보았더니, 관속에 시체가 없고 그저 빈 관만이 놓여 있었다. 사람들이 이를 보고 놀라는 사이에 공중에서 "오야코는 죽어서 사라진 것이 아니라 기라이카나이(儀来河内)에 머물고 있다."라는 목소리가 들렸다. 사람들이 크게 놀라는 모습이 마치 꿈에서 깨어난 듯했으며 취기가 깨어난 듯했다. 이 때 갑자기 스스키(薄茅)·마니(真根)·구바(胡葉)가 오야코가 살던 옛집에 돋아났다. 이를 보고 사람들이 그 곳에 우타키(御嶽)를 세우고 숭신하였다.[신명은 가미쓰카사가미후치이베(嘉美司嘉美淵威部)이다][16]

앞의 〈사례 2〉는 요쿠쓰나 오야코(善縄大屋子)라는 사람의 죽음에 얽힌 이야기이다. 바다에서 고기잡는 일을 생업으로 하던 요쿠쓰나가 거북이에게 물려서 죽게 되자, 그의 죽음을 안타깝게 여긴 사람들이 매장해주었다. 그런데 사흘 후에 집안사람들이 당시 풍속에 따라서 무덤에 가보았더니 시체가 사라지고 없었다. 이를 보고 사람들이 놀라자, 공중에서 "오야코는 죽어서 사라진 것이 아니라 기라이카나이(儀来河内)에 머물고 있다."라는 신의 탁선이 들렸다. 여기 〈사례 2〉에 나오는 기라이카나이(儀来河内)란 바로 니라이카나이를 의미한다. 즉 지역에 따라서 니라이카나이를 기라이카나이로 부르기도 한다.

〈사례 2〉는 무척 흥미롭다. 특히 이야기의 도입부가 흥미롭다. 도입부만을 읽어보면 마치 〈우라시마타로(浦島太郎)〉 이야기를 연상케 하기 때문이다. 예를 들면 오토기조시(お伽草子)에 전해지는 〈우라시마타로〉의 경우에,[17] 우라시마타로가 거북이를 구해준 인연으로 바다 속에 있는 용궁세계로 초대를 받는다. 〈사례 2〉에서는 정체를 알 수 없는 여자와 거북이가 바다 속에서 동시에 등장한다. 여자가 요쿠쓰나에게 거북이를 건네주며, 요쿠쓰나는 그 거북이에게 물려서 죽게 된다. 〈사례 2〉의 후반부에 언급된 "오야코는 죽어서 사라진 것이 아니라 기라이카나

16) 『遺老説伝』의 본문 인용은 김용의 역(2010)에 의한다.

17) 〈浦島太郎〉의 텍스트로는 市古貞次校注(1986 : 160~170)를 참조. 오토기조시(お伽草子)뿐만이 아니라, 민담 형식의 〈浦島太郎〉에서도 대부분의 경우에 우라시마타로가 거북이를 구해준 인연으로 인해 용궁세계로 초대를 받는다. 예를 들면 関敬吾編(1957 : 63~66)을 참조.

이(儀来河内)에 머물고 있다."라는 대목을 고려한다면, 우라시마타로가 용궁으로 초대를 받아 머문 것이나, 요쿠쓰나가 기라이카나이에 머문 것이나 같은 맥락으로 해석할 수 있다. 이야기의 주인공이 이향을 방문하고 돌아오는 이른바 '이향방문담(異鄕訪問譚)'의 형식이다. 결론적으로 〈사례 2〉는 〈우라시마타로〉의 일종의 변형담으로 해석할 수 있다. 혹은 반대로 〈사례 2〉를 〈우라시마타로〉의 원형 내지는 고형으로 간주할 수도 있겠다.[18] 여기서는 요쿠쓰나가 사후에 기라이카나이 즉 니라이카나이로 가서 머물렀다는 점을 확인해 두기로 한다.

사례 3

옛날 니시하라(西原)의 마기리(間切) 다나하라촌(棚原村)에 한 노로(祝女)가 살았다. 이름은 이나후쿠바(稲福婆)라고 불렀다. 일찍이 여러 노로와 함께 쇠북을 울리고 신가(神歌)를 부르며 마을의 우에노다키(上嶽)에서 놀았다. 그런데 갑자기 이나후쿠바가 혼자 보이지 않았다. 그 자손이 이 말을 듣고 크게 놀라서 동분서주했지만 끝내 종적을 알 수가 없었다. 3년 후에 아자촌(我謝村)에 사는 한 대장장이가 바다로 나가 고기를 잡고 있었다. 그러다가 갑자기 시체가 바다에서 떠내려 오는 것을 목격하고 건져내어 이를 자세히 살펴보았다. 머

18) 이 점에 관해서는 여러 유형의 〈우라시마타로〉 이야기와의 비교를 통해서 다른 기회에 논하고자 한다.

리에는 머리카락이 없고 조개나 소라가 몸에 붙어 있었으나 아직 숨이 끊어지지 않았다. 즉시 미음을 끓여 목숨을 구했으나 아직 말을 할 수 없었다. 사람들이 모여들어 이 모습을 지켜보았고 그 자손들도 역시 찾아왔으나 그 누구도 알아보지 못했다. 얼마 지나 스스로 말하기를 "내가 바로 이나후쿠바이다. 작년에 바다 밑을 구석구석 여행하다가 용궁[속칭 기라이카나이(儀来河内)라고 부른다]에 가서 음식을 하사받았는데 소금에 절인 소라였다." 그가 말을 끝내고 토했는데 그 색이 누랬다. 이 때문에 사람들은 그를 가리켜 기라이바(儀来婆)라고 불렀다. 그 자손이 용궁에 관해서 물었으나 꺼려하며 좀처럼 말하려고 하지 않았다. 그 때 왕이 이 소문을 듣고 이야기를 듣고자 했다. 기라이바가 봉신문(奉神門) 밖에 이르자 사람들이 앞을 다투어 몰려들어 보고자 하였다. 단지 기라이바가 손을 양쪽 겨드랑이에 집어넣는 것을 보았을 뿐인데, 홀연히 그 모습이 보이지 않았다. 자손들이 사방으로 찾아다니다가 마침내 우에노다키에서 발견하였다. 그 여자는 80여 세가 되어 죽었는데 어떤 사람이 말하기를 "그가 가정(嘉靖) 연간에 죽었다."고 전하기도 한다. 혹은 말하기를 "만력(万暦) 연간에 죽었다."고 전하기도 한다.[19]

〈사례 3〉은 이나후쿠바(稲福婆)라는 노로(祝女)의 실종에 관한 이야기이다. 노로란 오키나와의 여성 사제를 의미한다. 이나

19) 『遺老説伝』의 본문 인용은 김용의 역(2010)에 따른다.

후쿠바가 실종된 지 3년 후에 한 대장장이가 이나후쿠바를 바다에서 건져 올렸다. 그가 말하기를 속칭 기라이카나이(儀来河内)라 부르는 용궁에 가서 음식을 하사받았다고 하였다. 그는 다시 홀연히 사라져 우에노다키라는 우타키(御嶽)에서 발견되었다. 여기 나오는 우타키란 오키나와에서 신을 모시고 제사지내는 성지이다.

〈사례 3〉을 〈사례 2〉와 비교하면, 〈사례 3〉이 니라이카나이에 관한 이미지가 더욱 구체적임을 알 수 있다. 즉 〈사례 3〉에 언급된 니라이카나이의 세계는 바다 밑에 존재하며, 이는 〈사례 3〉에 직접 언급된 바와 같이 '용궁'의 이미지와 중첩되는 세계이다.

다음으로 마을공동체 제사에 나타난 니라이카나이 관념에 대해서 다케토미지마(竹富島)의 유큐이(ユークイ), 현지 사람들이 윤카이(ユーンカイ)라 부르는 의례를 예로 들어 고찰하기로 한다. 다케토미지마에서는 매년 음력 8월 8일에 쓰카사(ツカサ)라 부르는 여성 사제들이 해안에 집결하여 바다 건너편에서 찾아오는 신이 탄 배를 맞아들이기 위한 의례적 행위를 반복한다. 의례의 목적은 섬에 곡물 종자를 전해준 니란(ニーラン)신을 맞이하기 위해서이다. 의례는 섬의 서쪽에 위치한 니란 바위(ニーラン石) 앞에서 행해진다.[20] 다케토미지마의 윤카이 의례는 다음과 같은 설화에 바탕을 두고 있다.

20) 의례의 구체적인 과정 및 내용에 대해서는 石垣博孝(1976 : 90~99)를 참고.

사례 4

먼 옛날, 야마토(大和)의 네노쿠니(根の国)에서 니란(ニーラン)이라는 신이 배를 타고 다카토미지마의 서해안에 도착하셨다. 그 배에는 여러 종류의 종자가 실려 있었다. 다케토미지마에 상륙하자, 다카토미지마의 신 한 명이 니란 신과 만나서, "이 섬에 가지고 오신 종자는 일단 다케토미지마에 놔두고서, 하야마와리 하이쿠바리 신에게 명하여 야에야마(八重山) 아홉 촌락에 분배하도록 해주십시오."라고 말했다. 다케토미지마의 신은 욕심을 내어 되도록 다케토미지마에 많은 종자를 나누어주고자 했다. 니란 신이 가지고 온 종자 자루에서 니이란 신이 보지 않는 틈에 종자 한 가지를 풀밭 속에 감추었다. 니란 신은 종자가 든 자루를 하야마와리 하이쿠바리 신에게 건네주어 야에야마 전체 섬의 신들에게 종자를 분배하였다. 그리고 그 종자가 싹이 돋아 풍작이 되거든 첫 수확물을 바치도록 부탁을 했다. 풀밭 속에 감추어두었던 종자를 뿌렸더니 깨가 돋아났다. 나쁜 마음을 품고 감추어두었던 종자에서 거둔 작물이라는 이유로 첫 수확한 깨를 바치지 않았다. 그 때문에 이후 다케토미지마에서는 첫 수확한 깨를 신에게 바치지 않는 관습이 생겼다. 풀밭 속에 감추어 두었던 종자의 신명(神名)은 '유우스이(根ウスイ)'라고 부른다. 유우스이란 '종자를 풀뿌리로 덮는다.'라는 의미이다. 다케토미지마에는 음력 8월 8일에 윤카이(世迎い)라는 행사가 있다. 니란 신으로부터 종자를 받아서 다케토미지마의 풍작을 기원하는

행사이다. 또한 불씨도 니란 신에게서 받았다. 니란 신을 모시는 본가(殿居元家)인 마에도마리(前泊)가에는 불신을 의미하는 영석(靈石)이 모셔져 있다.[21]

〈사례 4〉는 다케토미지마를 비롯한 야에야마 지역 여러 섬에 곡물이 전래된 이른바 곡물의 기원에 관한 설화이다. 〈사례 4〉에 따르면 야마토(大和)의 네노쿠니(根の国)에서 니란 신이 곡물의 종자를 초래하였다. 특히 다케토미지마에서는 그 섬의 향토신이 욕심을 내어 다케토미지마에만 깨 종자를 나누어 주었다. 이 때문에 다케토미지마에서는 처음 수확한 깨를 신에게 바치지 않는 관습이 생겨났다.

〈사례 4〉의 서두에 나오는 '야마토(大和)의 네노쿠니(根の国)'는 니라이카나이로 해석된다.[22] 다시 말하자면 '야마토(大和)의 네노쿠니(根の国)', 즉 니라이카나이는 다케토미지마에 곡물의 종자를 전래해준 풍요의 세계이다. 그 같은 기원설화를 바탕으로 음력 8월 8일에 윤카이라는 의례를 행한다. 〈사례 4〉를 통해서 니라이카나이가 현지 사람들에게 풍요의 세계로 인식되고 있었음을 알 수 있다.

---

21) 上勢頭亨(1976 : 3~5).

22) 石垣博孝(1976 : 82)는 〈사례 3〉의 서두에 언급된 '야마토(大和)의 네노쿠니(根の国)'를 야마토(大和) 즉 일본 본토와 연관지어 해석하는 데에 의문을 나타내고, 이를 니라이카나이의 다른 표현으로 해석하였다.

4. 오키나와의 니라이카나이 관념과 파이파티로마

지금까지 하테루마지마에 전해지는 파이파티로마라는 낙원전설과 관련된 역사적 기록 및 설화를 검토하고, 그 과정에서 파이파티로마가 실재하였는지를 밝히는 연구보다는 그 같은 전설이 생겨나게 된 역사적, 민속종교적, 설화적 맥락이 중요하다는 점을 지적하였다.

본고에서는 파이파티로마의 역사적, 민속종교적, 설화적 맥락을 밝히기 위하여 오키나와의 기층문화에서 중요한 위치에 있는 니라이카나이 관념과의 관련성에 착목하였다.

파아파티로마와 니라이카나이의 관련성을 밝히기 위해서 우선 니라이카나이라는 관념이 오키나와의 설화, 마을공동체 제사에 어떤 방식으로 표출되는지를 구체적인 사례를 통해서 검토하였다. 즉 『유로설전(遺老説伝)』에 수록된 2편의 니라이카나이 설화의 검토, 다케토미지마(竹富島)의 윤카이(ユーンカイ) 의례 및 기원설화의 검토를 통해서 니라이카나이 관념의 윤곽이 구체적으로 드러났다.

니라이카나이는 인간세계와는 별도로 바다 건너편에 존재하는 이상향이자 신들의 세계이다. 이 신들의 세계는 풍요의 세계이다. 오키나와 사람들은 인간세계의 풍요와 부의 원천을 니라이카나이에서 추구하였다. 즉 니라이카나이의 신들이 주기적으로 인간세계를 찾아와서 풍요와 부를 주고간다고 믿었던 것이다. 이 점이야말로 니라이카나이 관념의 핵심이라고 볼 수 있다.

이 같은 맥락에서 파이파티로마는 니라이카나이 이미지와 많은 부분이 중첩된다. 즉 파이파티로마는 니라이카나이 관념의 변형된 유형으로 볼 수 있다. 니라이카나이는 신들의 세계로 인간들이 쉽게 접근할 수 없는 세계이다. 따라서 인간세계 사람들은 신들이 풍요를 가져다주기를 기다려야 했다. 반면에 파이파티로마는 현세의 질곡에서 벗어나기 위해서 적극적으로 찾아나서야 하는 세계이다. 이 점이 파이파티로마와 니라이카나이의 차이점이다. 그리고 그 현세의 질곡이란 대부분의 경우에 인두세로 대표되는 가혹한 세금이었다. 본고에서 소개한 〈나비하키아마스(鍋掻き田)의 유래〉 이야기는 이 점을 잘 보여준다.

파이파티로마는 일본에서 이를 소재로 하여 나카에 유지(中江裕司) 감독이 영화를 제작하였으며, 오쿠다 히데오(奥田英朗)는 『사우스바운드(サウスバウンド)』라는 소설에서 빈번하게 파이파티로마를 다루었다. 특히 오쿠다 히데오의 소설은 파이파티로마의 존재가 널리 알려지게 된 결정적인 계기가 되었다. 파이파티로마의 현재적 수용 양상에 관해서도 관심을 가질 필요가 있겠다.

파이파티로마와 같은 낙원 전설은 오키나와에만 전해지고 있지 않다. 제주도에도 이어도라는 낙원 전설이 전해진다. 세계적으로 여러 지역의 사례를 검토하여 그 같은 낙원 전설이 생성된 문화적 배경, 그 구체적인 이미지 등을 비교하는 연구가 필요하겠다.

참고 문헌

김용의(2004)「오키나와 다케토미지마(竹富島)지역의 우타키(御嶽)신앙」『日本語文学』제20집 한국일본어문학회

김용의 역(2010)『오키나와민족설화집 유로설전』전남대학교출판부

이청준(1998)『이어도』열린원

오쿠다 히데오 저, 양윤옥 역(2006)『남쪽으로 튀어』1,2 은행나무

東喜望 校注(1983)『南嶋探験』東洋文庫版 平凡社

石垣繁(1998)「民話の系譜 パイパティローマ説話の世界観」『八重山文化論集 —牧野清先生米寿記念—』第3号(八重山文化研究会編) ひるぎ社

石垣博孝(1976)「竹富島のユーンカイ(世迎い)」『八重山文化論集』八重山文化研究会

石垣市(1999)『八重山島年来記』(沖縄石垣市史資料叢書) 石垣市

市古貞次 校注(1986)『御伽草子(上)』 岩波文庫

大浜信賢(1971)「南波照間逃避行」『八重山の人頭税』三一書房

沖縄国際大学南島文化研究所(2003)『近世琉球の租税制度と人頭税』日本経済評論社

沖縄タイム社(1983)『沖縄大百科事典(下)』沖縄タイム社

上勢頭亨(1976)『竹富島誌 民話・民俗篇』法政大学出版局

狩俣恵一・丸山顕徳(2003)『西表島・黒島・波照間島の伝説・昔話』三弥井書店 pp.194~195

関敬吾編(1957)『一寸法師 さるかに合戦 浦島太郎』岩波文庫

高良倉吉(1991)「パイパティローマ伝説の風景」『Coralway 特集波照間島』1991年11/12月号 南西航空

福田アジオ 他編(2000)『日本民俗大辞典(下)』吉川弘文館

又吉盛清(1994)「パイパティローマを追って」『GARVE 第３号 特集パイパティローマ』パナリ本舗

柳田国男(1963)『定本柳田国男集』第一巻 筑摩書店

渡辺欣夫 他編(2008)『沖縄民俗辞典』吉川弘文館

오쿠다 히데오의 『사우스바운드』에 수용된 오키나와의 '파이파티로마' 전설

1. 오키나와는 '일본의 파라다이스'인가
2. 오키나와의 낙원 전설과 신화적 감성
3. 『사우스바운드』의 오키나와 표상장치
4. 『사우스바운드』의 이원론적 대립구도
5. 『사우스바운드』에 나타난 '파이파티로마'의 수용 양상
6. 현대 일본사회의 낙원을 찾아서

1. 오키나와는 '일본의 파라다이스' 인가

흔히들 오키나와를 가리켜 '일본의 파라다이스'라 부른다. 이는 다분히 미국의 하와이를 염두에 둔 비유로, 연중으로 따뜻한 기후, 산호초로 대표되는 아름다운 바다, 오키나와 사람들의 후덕한 인심, 그리고 장수촌 등의 이미지가 겹쳐서 형성되었을 것이다. 누가 어떤 목적에서 어떤 사람들을 향하여 '일본의 파라다이스'라는 이미지를 발신하기 시작했는지 흥미로운 문제가 아닐 수 없다. 즉 오키나와는 '일본의 파라다이스'라는 담론이 형성된 역사적, 사회적, 그리고 문화적 배경에 주의를 기울일 필요가 있다.

그런데 정작 그 '파라다이스'에서 사는 오키나와 사람들이 역사적으로 가혹한 현실을 벗어나기 위한 '파라다이스'를 갈망해 왔다는 사실은 잘 알려져 있지 않은 것 같다. 그 대표적인 경우가 파이파티로마(パイパティローマ)와 하이도난(ハイドゥナン)이다. 파이파티로마란 오키나와 야에야마 제도(八重山諸島)에 속하는 하테루마지마(波照間島)에 전하는 전설상의 낙원(楽園)이다. 파이파티로마의 파이(パイ)란 이 지역 말로 남쪽이란 뜻이며 파티로마(パティローマ)는 하테루마(波照間)의 별칭이다. 그대로 해석하면 '南波照間'라는 의미이다. 그리고 하이도난(ハイドゥナン)이란 하테루마지마와 함께 야에야마 제도에 속하는 요나구니지마(与那国島)에 전하는 전설상의 낙원이다. 여기서 하이(ハイ)란 남쪽이란 뜻이며 도난은 요나구니지마(与

那国島)의 별칭이다. 파이파티로마의 경우와 마찬가지로 '南与那国島'란 의미이다.

본고에서는 오쿠다 히데오(奥田英朗)의 『사우스바운드(サウスバウンド)』에 수용된 파이파티로마를 주목하여, 파이파티로마라는 낙원이 문학작품 속에서 어떤 기능을 하고 그 수용양상은 어떠한지 조명하고자 한다.

오쿠다 히데오의 『사우스바운드』는 2004년에 제131회 나오키상(直木賞)을 수상한 소설이다.[1] 국내에서는 『남쪽으로 튀어』(2006, 양윤옥 옮김) 라는 이름으로 번역 소개되었다.[2] 오키나와 출신으로 좌충우돌하는 성격의 소유자인 아버지 우에하라(上原)와 그 가족들의 이야기이다. 이 소설은 하테루마지마에 전하는 파이파티로마 전설이 작품의 중심에 위치해 있다.

2. 오키나와의 낙원 전설과 신화적 감성

파이파티로마나 하이도난이라 부르는 낙원의 섬이 역사적으로 실재했는지에 대해서는 밝혀지지 않았다. 파이파티로마의 경우에는 타이완(台湾) 남동쪽에 위치한 난서도(蘭嶼島) 등이 이

1) 2006년에 발표되어 그 해 서점대상(本屋大賞) 2위에 오를 정도로 많이 알려진 작품이다. 영화로도 제작되어 호평을 받았다.

2) 본고에서는 작품의 본문 인용을 『남쪽으로 튀어』(2006, 양윤옥 옮김)에 따랐다. 인용 문장의 괄호 안 숫자는 이 한국어 번역본의 쪽수를 나타낸다.

에 해당한다고 추정되기도 한다.[3] 낙원의 섬이 지리적으로 어디에 실재했는지를 밝히는 것도 의미가 있겠지만, 그보다 더욱 중요한 것은 이 지역 사람들이 어떤 연유에서 낙원을 갈망하게 되었는지, 즉 낙원 전설을 탄생하게 만든 역사적, 사회적, 문화적 맥락에 대한 고찰이다. 여기서 말하는 문화적 맥락이란 오키나와의 민속종교 저변에 흐르는 신화적 감성을 의미한다. 현세와 낙원 사이에 이루어지는 교감이란 결국 신화적 감성에 의존할 수밖에 없기 때문이다. 그 대표적인 경우로 이른바 니라이카나이(ニライカナイ) 관념을 들 수 있다. 나라이카나이란 오키나와에서 해상 너머에 위치한다고 전해지는 신들의 세계로 오키나와 민속종교에서 핵심을 이룬다.[4] 파이파티로마나 하이도난과 같은 낙원도 결국 니라이카나이의 범주에 속하는 변형된 유형으로 간주할 수 있을 것이다.

파이파티로마에 대해서는 류큐왕부(琉球王府)의 기록인 『야에야마지마 연래기(八重山島年来記)』에 다음과 같은 기록이 남아있다.

> 하테루마촌(波照間村)에 위치한 히라타촌(平田村)의 남녀 농민 사오십 명 정도가 오하테루마(大波照間)라고 하는 남쪽 섬으로 도망쳤다. 그 일을 보고하기 위해 하테루마촌의 슈리

---

3) 沖縄タイムス社(1983 : 194).

4) 오키나와 설화에 등장하는 니라이카나이에 관해서는 오키나와 설화집인 『유로설전(遺老説伝)』(2010, 김용의 역)의 제42화, 제101화를 참조.

오얏코(首里大屋子)인 마쓰시게씨(松茂氏)가 이시가키 오야쿠모이(石垣親雲上)인 모리쓰네씨(守恒氏)의 배로 나하(那覇)로 올라갔으나, 과실이 인정되어 면직 당했다. 야에야마(八重山)로 돌아가는 길에 남쪽 섬에 표착(漂着)하였다. 하테루마 슈리오얏코(波照間首里大屋子)와 이시가키 오야쿠모이를 비롯하여 함께 배에 탔던 사람들은 다음 축년(丑年, 1649)에 요나구니지마(与那国島)에 도착하여 그곳에서 돌아왔다고 한다.[5)]

이 기록에 나오는 오하테루마(大波照間)가 바로 파이파티로마이다. 슈리 오얏코(首里大屋子) 및 이시가키 오야쿠모이(石垣親雲上)는 관직 이름이다. 두 관리는 남녀 농민 사오십 명이 오하테루마(大波照間)로 도망친 사건을 당시 류큐왕부가 위치했던 나하(那覇)로 보고하러 왔다가 문책성 면직을 당하게 된다. 집권자의 입장에서 볼 때에 농민들의 탈출은 중앙집권을 위협하는 큰 사건이었던 셈이다.

앞의 기록에는 농민 사오십 명이 오하테루마 즉 파이파티로마로 도망친 원인에 대해서 언급되어 있지 않다. 그렇지만 다른 전설과 조응해보면 그 이유가 분명해진다. 예를 들어 민속학자 야나기타 구니오(柳田国男)가 『해남소기(海南小記)』에서 소개한 다음 사례를 주목하기로 한다.

5) 石垣市(1999 : 28).

섬사람들은 이 하테루마(波照間)의 남쪽 먼 바다에 세리(税吏)가 아직 모르는 극락 같은 섬이 한 곳 파도에 감추어져 있다고 믿었다. 옛날에 농민들의 세금이 견디기 어려울 만큼 과중했던 시대에 이 섬의 야쿠(屋久)에 사는 야쿠아카마리(ヤクアカマリ)라고 하는 자가 과중한 세금에서 벗어나고자 바다를 두루 항해하다가 마침내 그 섬을 발견하였다. 본인이 살고 있던 섬 이름을 따서 南波照間라고 이름을 붙였다고 한다. 서복(徐福)이 대제(大帝)의 명을 받았다는 이야기와는 달리, 심야에 남녀노소 십 수 명을 배에 싣고서 몰래 그 섬으로 이주하였다. 그 때 여자 한 명이 집에 두고 온 냄비를 가지러 갔다. 그 사이에 날이 밝자 그대로 배를 출발시켰다. 나베가키(鍋掻)라고 하는 지명은 그 때문에 생겼다고 한다.[6]

이 사례는 얼핏 보아 나베가키(鍋掻)라는 지명이 생겨나게 된 유래담의 형식으로 되어 있다.[7] 야나기타 구니오가 소개한 전설을 보면 앞서 인용한 『야에야마지마 연래기』의 기록과는 달리 농민들이 파이파티로마를 향해 탈출을 감행한 원인이 분명하게 드러나 있다.[8] 탈출을 감행한 이유는 과중한 세금 때문이었다.

6) 柳田国男(1963 : 292).

7) 나베가키(鍋掻) 전설에 관해서는 狩俣恵一・丸山顕徳(2003 : 194~195)에 「鍋掻き田の由来」라는 제목으로 이 지역에 전하는 이야기가 채록되어 있다.

8) 이 점이 통치자의 입장에서 기록된 문헌자료와 민중들의 입장에서 전승된 구전자료의 차이일 것이다. 류큐왕부(琉球王府)의 기록인 『야에야마지마 연래기』에는 농민들이 탈출했다는 사실만이 서술되어 있을

여기서 말하는 과중한 세금이란 이른바 인두세(人頭稅)를 가리킨다. 인두세란 1902년까지 오키나와에 존속했던 조세 부과제도를 말한다. '인두(人頭)'라는 말이 말해주듯이, 류큐왕부에서 인구조사에 근거하여 연령에 따라 차등을 두어 세금을 부과하였다.[9] 하테루마지마 주민들은 과중한 인두세에 견디지 못한 나머지 파이파티로마라는 낙원을 찾아서 탈출을 감행하였던 것이다.

오키나와에서도 주로 야에야마 지역에 전하는 전설 속의 낙원은 근대 이후 일본의 문학, 영화, 만화 등 여러 장르를 통하여 그 이미지가 새롭게 각색되고 재생산되었다.[10]

뿐, 그 원인에 관해서는 언급되어 있지 않으나, 이 지역의 민중들 사이에서 구전된 전설에는 과중한 세금이 원인이었다고 분명하게 드러나 있다. 이 점은 구술문화와 문자문화의 차이가 어떠한 지를 말해주는 중요한 문제이기도 한다. 구술문화와 문자문화의 차이에 관해서는 월터 J 옹, 이진우 · 임명진역(1995 : 60~92)를 참조.

9) 인두세에 관해서는 大浜信賢(1971), 沖縄国際大学南島文化研究所(2003)를 참조, 沖縄国際大学南島文化研究所(2003)에는 중세부터 근세에 이르기까지 미야코제도(宮古諸島) 및 야에야마제도(八重山諸島)의 인두세 실상에 관한 여러 편의 논고가 수록되어 있다. 특히 제4장 「인두세에 관한 전승과 가요(人頭税に関する伝承と歌謡)」에는 인두세에 관한 구전자료가 소개되어 있다.

10) 예를 들면 나카에 유지(中江裕司)가 1994년에 파이파티로마를 소재로 하여 영화 『파이파티로마』를 제작하였다.

3. 『사우스바운드』의 오키나와 표상장치

『사우스바운드』의 작품 구성은 크게 전반부와 후반부로 나누어 이해할 수 있다. 전반부는 우에하라 가족들의 도쿄생활이고 후반부는 도쿄에서 오키나와로 이사한 다음부터의 생활이다. 오쿠다 히데오는 『사우스바운드』의 전반부 여기저기에 오키나와를 표상하는 전통적인 소도구들을 적절하게 배치하고 있다. 이 소도구들은 도쿄라는 일본사회의 중심지에서 생활하는 우에하라 가족들을 오키나와라는 문화 아이덴티티로 귀속시키기 위한 기능을 하고 있다. 그뿐만 아니라 우에하라 가족들이 언젠가 오키나와로 귀향할 것임을 암시하는 의미를 갖고 있기도 하다. 다시 말하면 일본사회와 오키나와사회, 궁극적으로는 파이파티로마 사이에 놓인 징검돌 역할을 하고 있다고 볼 수 있다. 우선 작품에 등장하는 중요한 몇 가지 소도구들을 살펴보기로 한다.

먼저 오키나와어로 사타안다기(サ-タ-アンダ-ギ-)라 부르는 간식이다. 사타안다기는 '설탕을 기름에 튀긴 것'이란 의미로 오키나와의 대표적인 전통과자이다. 소맥분에 설탕과 계란을 섞어 반죽한 것을 둥근 모양으로 만들어 기름에 튀긴다.[11)]

11) 沖縄タイムス社(1983 : 167)에 의하면 이 과자는 원래 중국에서 전해졌다고 한다. 중국에서는 카이코우치우(開口球) 그리고 타이완에서는 카이코우샤오(開口笑)라 부른다. 경사스러운 일이 있을 때에 시로안다기(白アンダーギー)라는 튀김과자와 세트로 차려놓는다. 사타안다기는 嘉手川学(2001 : 69)에 사진과 함께 소개되어 있다.

집에 돌아오자 부엌에 낯선 아저씨가 서있었다. "오, 어서 오너리. 네가 지로구나." 돌아보며 하얀 이를 내보인다. 테이블에서는 모모코가 과자 빵 같은 것을 볼이 불룩하도록 먹고 있었다. "지로도 해줄 테니까, 거기 앉아." 아저씨는 냄비에서 뭔가를 튀기고 있었다. 뭐라고 대답해야 좋을지 알 수 없었다. 아버지는 밖에 나갔을까. 집 안에 인기척이 없었다. 모모코를 보니 낯선 사람을 경계하는 기색도 없이 의자에 앉아 다리를 덜렁거리고 있었다. "사타안다기라는 거야." 아저씨는 튀긴 과자를 접시에 담아주었다. "오키나와의 간식이야. 도넛하고 비슷하다고 할까."(1권 202~203쪽)

앞의 인용문은 같은 오키나와 출신으로 아버지 후배인 아키라 아저씨가 부엌에서 사타안다기라는 오키나와 간식을 만들어 주는 장면이다. 처음 먹어보는 오키나와 과자를 지로의 여동생 모모코가 맛있게 먹고 있다. 여기 등장하는 사타안다기는 단순한 간식이 아니라 오키나와라는 문화 아이덴티티의 표상물이다. 그리고 이 아키라 아저씨가 만들어준 사타안다기를 계기로 비로소 우에하라 가족의 집안 내력이 구체화된다. 다음 장면을 주목하기로 한다.

지로도 사타안다기라는 간식을 먹어보았다. 너무 맛있어서 깜짝 놀랐다.(중략) 그때 현관문 열리는 소리가 났다. 쿵쾅거리는 발소리만 들어봐도 뻔히 아버지였다. "우와 맛있겠는데?" 부엌에 얼굴을 내밀고, 아키라 아저씨가 만들어놓은 간식을 손으로 덥석 쥐었다. "아 그립네. 옛날에 어머니가 만들어주시던거야." 그 말에 지로는 아버지를 보았다. 오키나와의 간식이 그립다고? 아버지는 도쿄에서 태어난 게 아니었나? 게다가 아버지 입에서 '어머니'라는 말이 나온 건 처음이었다. 나한테는 할머니인 셈인데……. "아버지가 왜 오키나와 과자를 좋아해?" 안색을 찬찬히 살피며 물어보았다. "우리 조상은 오키나와의 이시가키 섬(石垣島)에 사셨어. 우에하라라는 성씨는 오키나와에 많아." 무뚝뚝하게 대답한다.(1권 204쪽)

이 장면은 여동생 모모코가 사타안다기를 맛있게 먹고 있는 모습을 보고 지로도 함께 먹고 있는데, 밖에서 귀가한 아버지가 가세하여 사타안다기를 집어먹는 모습이다. 여기서 중요한 것은 사타안다기를 매개로 한 아버지와 아들 지로의 대화를 통해, 비로소 아버지가 이시가키 섬 출신이라는 우에하라 집안의 내력이 드러난다는 점이다.

『사우스바운드』에서 오키나와라는 문화 아이덴티티를 표상하는 중요한 소도구 중의 하나가 류큐 가라테(琉球空手)이다. 가라테(空手)는 글자 그대로 무기를 전혀 사용하지 않고 도수공권(徒手空拳)만으로 호신(護身)하는 무술이란 뜻이다. 오키나와 고유무술인 데(手)와 중국에서 전해진 권법(拳法)이 융합하여 발전하였다고 한다.[12)]

---

12) 沖縄タイムス社(1983 : 770~774)를 참조. 다이쇼(大正)시대부터 쇼와(昭和) 초기에 걸쳐 일본 본토에 소개되었으며 이 과정에서 한자 표기도 '唐手'에서 '空手'로 바뀌었다고 한다.

"옛날에는 그랬지. 내가 입당했을 무렵에는 벌써 떠나신 뒤였지만 대학에서는 전설의 투사로 그 이름이 쟁쟁했어. 우익 학생들까지 길을 비켜주었다고 할 만큼 신화적인 인물이었지. 우선 류큐 가라테(琉球空手) 선수였으니까." 처음 듣는 얘기였다. 조깅 한 번 하는 꼴을 못 본 아버지가 가라테 선수라고?(1권 272쪽)

이 부분은 아키라 아저씨가 지로에게 옛날에 지로 아버지가 학생운동권의 전설적인 투사이자 가라테 선수였음을 알려주는 대목이다. 지로가 "조깅 한 번 하는 꼴을 못 본 아버지"가 가라테 선수였다는 이야기를 듣고 매우 놀라한다. 말하자면 아버지의 전혀 다른 진면목에 관해서 처음 들은 것이다. 아키라 아저씨가 만들어준 사타안다기를 통해서 처음으로 우에하라 집안의 내력이 드러난 것과 마찬가지로, 이 작품에 처음 보이는 아버지의 내력에 관한 정보이다. 그런데 여기서 류큐 가라테는 앞의 사타안다기에 비해 더욱 적극적인 의미를 지닌다. 즉 사타안다기가 오키나와라는 문화 아이덴티티를 표상하는 소도구였다면, 류큐 가라테는 여기서 한 걸음 더 나아가 폭력적인 일본사회에 저항하는 수단이라는 더욱 적극적인 의미가 부여되었다고 볼 수 있다. 다음 대화에서 이 점에 관해서 확인할 수 있다.

가쓰의 무릎차기가 명치에 그대로 들어맞았다. 지로는 땅바닥에 무너져 내렸다.(중략) 지로의 얼굴은 여기저기 반창고였다. 무카이네 집에서 치료를 받은 것이다. "아버지." 우뚝 선 채로 지로가 말했다. "왜?" 아버지는 드러누운 채였다. "류큐 가라테 좀 가르쳐줘." 몇 초의 침묵 후 지로를 흘끔 쳐다본다. "그런 얘기 누구한테 들었냐?" "아키라 아저씨한테." "……끄응." 돌아눕는다.(1권 286쪽)

이 부분은 아키라 아저씨로부터 아버지가 류큐 가라테 선수였다는 이야기를 들은 지로가 아버지에게 가라테를 가르쳐달라고 조르는 대목이다. 가라테를 가르쳐달라고 조르게 된 직접적인 계기는 가쓰라는 불량 중학생에세 당한 폭력이었다. 가쓰는 인근 중학교에 다니는 불량학생으로 초등학생인 지로와 그 친구들을 괴롭히는 존재이다. 말할 것도 없이 여기 등장하는 가쓰는 힘없는 약자를 괴롭히는, 즉 일본사회에 존재하는 힘없는 소수자들을 괴롭히는 다수의 강자를 상징하는 인물이다. 여기서 류큐 가라테란 일차적으로는 지로가 가쓰에게 대항하는, 그리고 이차적으로는 사회적 소수자가 다수의 강자에게 대항하기 위한 자위적인 수단이라는 의미로 동원되었다. 이 점에 있어서는 류큐 가라테의 역사적 발생과정과도 맥락을 같이 한다.

주지하다시피, 오키나와는 산호초로 유명한 섬이다. 오키나와를 '일본의 파라다이스'로 부를 때에도 반드시 빠지지 않고 거론되곤 한다. 사면이 바다로 둘러싸인 오키나와에서는 산호초가 어로활동에 일어서도 매우 중요한 역할을 할 정도로 의미 있는 오키나와 표상물의 하나이다.[13) 『사우스바운드』에는 사타안다기,

류큐 가라테와 더불어 산호초가 오키나와의 문화 아이덴티티를 표상하는 상징물로 등장한다. 작품 속에서 확인하기로 한다.

> 그리고는 "모모코한테는 이거 줘야지." 하고 화제를 돌렸다. 아키라 아저씨가 가방에서 꺼낸 것은 산호 목걸이였다. "와, 예쁘다." 모모코의 눈이 당장 반짝반짝 빛났다. 금속 체인 끝에 작은 나뭇가지 모양의 빨간 산호가 매달려 있었다. 남자인 지로의 눈에도 예쁘게 보였다. "아저씨가 어렸을 때는 바다에 잠수해서 이런 걸 잔뜩 따오곤 했어. 가끔 본섬에서 봇짐장수 아저씨가 찾아와서 사갔거든. 용돈이 쏠쏠히 벌렸지. 벌써 20년도 더 된 옛날 일이다만." 모모코가 목에 걸어보았다.(1권 301~302쪽)

이 장면은 우에하라 가정에 기거하던 아키라 아저씨가 집을 떠나기 위해 짐을 챙기면서 지로에게 시계를 선물하고 모모코에게는 산호 목걸이를 선물하는 대목이다. 지로와 모모코가 난생 처음 먹어보는 사타안다기라는 오키나와 과자에 거부감을 느끼지 않고 맛있게 먹은 것처럼, 오키나와 산물인 산호 목걸이는 "남자인 지로의 눈에도 예쁘게" 보일 정도로 매력적인 물건이다. 사타안다기, 류큐가라테, 산호 목걸이로 이어지는 오키나와 표상물에 대한 친근감은 언젠가 이 아이들이 오키나와에 귀속될 것임을 암시하고 있다.

---

13) 오키나와의 산호초와 어로활동에 관해서는 渡久地健(2010)을 참조.

4. 『사우스바운드』의 이원론적 대립구도

사타안다기, 류큐가라테, 산호초 등은 소설 속에서 오키나와의 문화적 아이덴티티를 의미하는 문화적 표상물로 동원되고 우에하라 가족들이 언젠가는 오키나와로 돌아갈 것임을 암시하는 소도구 역할을 하였다. 이 소설의 구도에서, 앞서 예시한 소도구의 역할 이상으로 오키나와의 문화적 아이덴티티를 표상하고, 이 아이덴티티에 귀속된 구성원들의 결속을 보여주는 것이 오키나와 대 일본 본토라는 이원론적 대립구도이다.

이 소설은 작가 오쿠다 히데오에 의해 철저하게 오키나와 대 일본본토라는 이원론적 대립구도로 설정되어 있다. 그 전형적인 경우가 이리오모테(西表島) 소학교로 상징되는 "커뮤니티" 평등사회 오키나와와 가쿠슈인(学習院)으로 상징되는 계급사회 일본이다. 그리고 우에하라 일가가 오키나와로 이사하여 정착한 이리오모테지마 개발을 둘러싼 지역사회 오키나와와 중앙집권적 자본주의사회 일본의 대립구도이다. 먼저 가쿠슈인 관련 대목을 고찰하기로 한다.

> 요쓰야 3가의 네거리로 나섰다. 일요일이기도 해서 길거리에 사람들은 그리 많지 않았다. 역을 향해 신주쿠 거리의 인도를 천천히 지나갔다. 나카노와는 분위기가 전혀 딴판인 거리였다. 깨끗하고 넓고, 불량해 보이는 사람들도 없었다. 구로키가 만약 이 동네에서 태어났다면 어디서 놀아야 할지, 퍽

곤란했을 거이다. 그리고 가쿠슈인에 다니는 애들 때문에 진짜 신경질 났을 것이다.(1권 181쪽)

이 장면은 지로가 어머니의 젊은 시절을 확인하기 위해 외가를 찾아 나선 대목이다. 소설 속에서 가쿠슈인이 처음 언급된다. 지로가 어머니의 '과거'에 관심을 갖게 된 직접적인 계기는 자신을 괴롭히던 불량 중학생 가쓰로부터 들은, 어머니에 관한 좋지 못한 소문이었다. 즉 가쓰로부터 어머니가 젊은 시절에 사람을 칼로 찌르고 형무소에 들어간 적이 있다는 말을 들은 지로가, 외가가 요쓰야에서 유명한 전통의상 전문점을 하고 있다는 말만 믿고 외가를 찾아 나선 것이다. 지로의 외가가 전통의상 전문점을 경영하고 있다는 점도 매우 상징적이다. 여기서도 오키나와 전통문화 대 일본 전통문화의 대립이라는 설정을 확인할 수 있기 때문이다.

지로가 걷고 있는 요쓰야 거리는 자신이 살고 있는 나카노 거리와는 비교가 되지 않을 만큼 깨끗하고, '불량해 보이는 사람'은 살 수 없는 문화적으로 매우 이질적인 공간이다. 그 문화적 이질성의 중심에는 가쿠슈인이 자리하고 있다. 주지하다시피, 가쿠슈인은 일본왕실의 왕족을 비롯한 귀족들이 다니는 학교로 유명한 곳이다. 1877년에 화족학교학칙(華族学校学則)이 제정되어 출발하였으며 1884년에 궁내성(宮内省)에서 관할하는 관립학교로 지정되었다.[14] 즉 일본 상류계급사회의 상징적인 기

14) 가쿠슈인의 성립 및 역사에 관해서는 国史大辞典編集委員会編(1983 :

관이다.

흥미로운 것은 소설 속에서 지로와 모모코에게 일본 상류계급사회의 상징인 가큐슈인에 편입할 기회가 부여된다는 점이다.

> "학교는 어쩌지? 가쿠슈인에 편입시킬까? 이사장에게 부탁하면 두 명 정도야……." "아휴, 당신은 좀 조용히 하시라니까." 가큐슈인이라는 이름이 나오는 바람에 지로는 내심 놀랐다. 일류 사립학교 같은 데는 자신과는 애초부터 인연이 없는 세계라고만 생각했었다. 하지만 세상이 약간만 달랐어도 나 역시 그쪽 학생이 될 수 있었던 것인가.(1권 246)

앞의 인용문 대화는 지로의 외할아버지와 외할머니가 주고받는 대화이다. 외가를 찾아간 지로와 모모코를 반갑게 맞이한 외할아버지가 외손주들을 가쿠슈인에 전학시키고자 한다. 이 말을 들은 지로가 '자신과는 애초부터 인연이 없는 세계'로 생각했던 가쿠슈인을 "세상이 약간만 달랐어도 나 역시 그쪽 학생이 될 수 있었던 것인가." 하고 마음이 흔들리고 있는 대목이다. 우에하라 가족의 오키나와 이사가 결정된 이후, 아이들의 가쿠슈인 편입은 더욱 구체화된다. 우에하라 가족이 오키나와로 이사한다는 소식을 전해들은 외가에서 아이들만이라도 외가에서 함께 살기를 희망하며 가쿠슈인 편입을 설득한다.

186~187)을 참조.

"모모코, 어떠니? 아무래도 가쿠슈인으로 전학하는게 좋겠지? 외할아버지가 전에 이사로 재직하셨으니까 언제든지 편입할 수 있어." 외할머니가 말했다. 지로가 오기 전부터 모모코를 달래고 있었던 모양이다.(중략) "가쿠슈인이라도 걱정할 거 하나도 없다. 지로도 모모코도 호리우치 가문의 혈통이야. 그저 남들 하는 대로 공부하면 얼마든지 따라갈 수 있어." (1권 365~366)

외할아버지는 가쿠슈인의 이사로 재직한 적이 있다. 따라서 지로와 모모코가 외가에 남기로 결심만 한다면 가쿠슈인으로 편입할 수 있다. 즉 일본 상류사회로 편입될 절호의 기회가 부여된 셈이다. 그러나 지로와 모모코는 외할머니의 설득에 잠시 마음이 흔들리기는 했지만 끝내 이를 거부하고 일본사회의 중심에서 멀리 벗어나 변방에 위치한 '커뮤니티' 오키나와사회를 선택한다. 그들이 가쿠슈인을 거부하고 선택한 이리오모테지마의 소학교는 전교생이 5명에 불과한, 가쿠슈인과는 너무나 대조적인 곳이다.

『사우스바운드』에 설정된 또 하나의 중요한 이원론적 대립구도는 우에하라 일가가 처음 정착한 오키나와 이리오모테지마의 리조트 개발문제와 관련한 지역사회 오키나와와 중앙집권적 자본주의사회 일본의 대립이다.

아버지의 후배인 아키라 아저씨 사건을 계기로 오키나와의 하테루마지마로 이사한 우에하라 가족은 아버지와 인연이 깊은 하테루마 주민들의 호의로 이리오모테지마에 있는 빈 집에서 새로운 생활을 시작하게 된다. 이곳은 도쿄생활과는 비교할 수 없을 만큼 생활하기에 불편한 곳이지만 정신적으로는 해방감을 느끼며 차츰 안정을 되찾고 적응해간다. 그런데 여기서도 우에하라 가족에게 시련이 찾아온다. 즉 우에하라 가족이 기거하는 곳이 리조트 개발 예정지라 철거를 강요받게 되는 것이다. 이 때문에 지역주민 및 이들을 지원하는 시민단체, 그리고 리조트 개발회사 및 회사 편에 서서 개발을 추진하는 지역정치가 사이에 극심한 대립이 전개된다. 지역주민들이 개발에 반대하는 이유 중에 우타키(御嶽)가 등장하는 것도 눈여겨볼만한 대목이다. 우타키란 오키나와 전역에 분포한 민속종교의 성역(聖域)으로 오키나와의 민속종교 중에서 매우 중요한 비중을 차지한다.[15] 지역주민들의 개발 반대 논리에는 우타키로 상징되는 신앙공동체의 파괴에 대한 우려가 포함되어 있었던 것이다.

우에하라 가족 특히 아버지의 극심한 저항에도 불구하고 결국 우에하라 가족은 새로 정착한 집에서도 물러나게 된다. 그 직접적인 계기는 캐나다 출신의 떠돌이 여행가 베니가 일으킨 화재사건이었다. 베니는 리조트 개발회사라는 거대자본에 맞서 온몸으로 저항하는 아버지를 돕기 위해 다이나마이트까지 터뜨리는데, 그 결과 마침내 아버지와 어머니는 아이들을 남겨둔 채 둘이서 파이파티로마라는 낙원을 찾아서 탈출하게 된다.

---

15) 우타키에 관한 국내 논고로는 表仁柱(2001) 및 김용의(2004)를 참조. 表仁柱(2001)는 한국의 남도지역 촌락공동체신앙과의 비교연구이며, 김용의(2004)는 야에야마제도에 위치한 다케토미지마(竹富島)의 우타키 현황 및 양상에 관한 고찰이다.

5. 『사우스바운드』에 나타난 '파이파티로마'의 수용 양상

『사우스바운드』에는 작품 속에 오키나와사회 대 일본사회라는 이원론적 대립구도가 명확하게 설정되었다. 이 같은 대립구도는 물론 작가 오쿠다 히데오의 의도적인 설정이며, 작품의 끝부분에서 우에하라 부부가 파이파티로마를 지향하는 직접적인 동력으로 작용한다. 즉 아버지는 일본사회에 대한 저항, 패배의식, 환멸 등이 복합적으로 작용하여 일본사회와는 전혀 다른 '커뮤니티'를 꿈꾸며 전설 속의 파이파티로마를 지향하는 것이다. 작품 속에서 구체적으로 확인하기로 한다.

> "음. 책이 출판되면 여기저기서 집필 의뢰가 들어올 테니까, 그렇게 되면 남쪽 섬으로 이사할거야." "남쪽 섬?" "그런 데가 있어. 오키나와(沖縄)의 하테루마 섬(波照間島)보다 더 먼 곳에 지도에도 실리지 않은 비밀의 섬이."(1권 75쪽)

이 부분은 『사우스바운드』에서 처음으로 등장한 파이파티로마이다. 아버지와 아들 지로의 대화 속에 파이파티로마가 등장한다. 우연한 기회에 책을 출판하게 된 아버지가 책이 많이 팔리고 유명하게 되면 '지도에도 실리지 않은 비밀의 섬'으로 이사를 가자고 말한다. 아직 파이파티로마라는 이름은 거론되지 않았으나 여기서 말하는 '비밀의 섬'이 바로 파이파티로마이다. 이 대화 부분을 통해 비록 지금은 도쿄라는 일본사회의 중심부에서 생활하고 있지만, 아버지는 늘 마음속으로 파이파티로마라는 이상세계를 동경하고 있었음을 알 수 있다. 그런데 그 계기는 의외로 다른 데서 찾아온다. 즉 아버지의 후배인 아키라 아저씨가 저지른 살인사건을 계기로 우에하라 가족이 오키나와로 이사를 가게 된다. 오키나와 하테루마지마의 전설로 전하는 파이파티로마는 소설 속에서 어떤 방식으로 수용되고 묘사되었을까?

조타실의 아버지만 빼고, 넷이서 나란히 뱃머리에 앉았다. 각자 진한 탄성을 내뱉었다. 이 순간, 모두들 진심으로 행복하다는게 손에 잡힐 듯이 느껴졌다. "너희 '파이파티로마'라는 거 알아?" 어머니가 말했다. "몰라." 셋이서 나란히 대꾸했다. 하테루마 섬 앞쪽에 사실은 또 하나의 작은 섬이 있는데, 지도에는 실려있지 않아. 그게 바로 파이파티로마야. "아, 그거! 아버지가 가끔 얘기하던 '야에야마의 비밀의 낙원'이라는 섬? 본토 사람에게 알려지는 걸 피하려고 야에야마 사람들이 모두 비밀로 한다는 곳이지?" 누나가 갑판에 기다란 다리를 내던진 채 대답했다. "나도 들어봤어. 그걸 파이파티로마라고 하는구나." 도쿄에서 아버지가 언젠가는 꼭 이주할 거라고 했던 섬이었다. 물론 또 괜한 소리구나 하고 상대도 해주지 않았었다. "그 섬은 어느 누구의 통치도 받지 않아. 자급자족으로 살아가고, 전쟁도, 없고, 모두가 자유야." "너무 좋겠다. 거기도 우리나라야?" 모모코가 물었다. "아니, 국가 같은 게 아니라니까. 그냥 커뮤니티야. 사람들의 모임. 어느 나라의 영토에도 속하지 않으려고 지도에 실리는 것도 거부한 거야."

“헤에, 그런 게 가능해?” “바보 , 전설이야, 가능할 리가 있냐?”
지로가 모모코에게 쏘아붙였다.(2권 225~226쪽)

이 부분은 우에하라 가족이 모두 아키라 아저씨에게 물려받은 배에 타고서 고기잡이에 나선 대목이다. 여기서는 가족 사이의 대화를 통해서 파이파티로마가 어떤 세계인지 구체적으로 묘사되어 있다. 파이파티로마는 ‘야에야마의 비밀의 낙원’이자 어느 누구의 통치도 받지 않고 자급자족으로 살아가는 세계, 그리고 전쟁도 없고 모두가 자유인 ‘커뮤니티’로 묘사되었다.

여기서 다시 야나기타 구니오가 『해남소기(海南小記)』에서 소개한 하테루마지마의 파이파티로마 전설을 주목하기로 한다. 전설에서 섬사람들이 파이파티로마로 탈출을 감행하게 된 직접적인 원인은 인두세라는 과중한 세금에서 벗어나기 위해서였다. 과중한 세금 때문에 파이파티로마로 탈출을 감행하였을 뿐으로, 파이파티로마가 어떤 세계인지 구체적으로 서술되어 있지는 않다. 그런데 『사우스바운드』에서는 파이파티로마의 이미지가 더욱 적극적으로 수용되었다. 즉 비밀의 낙원, 누구의 통치도 받지 않는 자급자족의 세계, 전쟁도 없고 누구나 자유로운 커뮤니티로 수용된 것이다. 그리고 여기 수용된 파이파티로마의 세계란 작금의 일본사회, 다시 말하자면 거대자본이 만연하고, 사람들 사이의 소통이 단절되고, 사람들의 자유가 국가권력에 의해 억압받는, 파이파티로마와는 전혀 다른 세계이다.

그런데 우에하라 가족, 정확히 말하자면 아버지와 어머니는

파이파티로마로 떠날 수가 있었던 것일까? 마지막으로 이 점에 관해서 언급하기로 한다. 소설 속에서는 아버지와 어머니가 파이파티로마가 아닌 하테루마지마에 머무는 것으로 되어 있다. 그 이유를 "파이파티로마는 너무 좋은 곳이라 나중에 가려고 아껴둔 거야."(2권 298쪽)라는 지로의 말로 설명한다. 그리고 마지막에 지로가 학교에서 낭독하는 파이파티로마 및 오야케 아카하치(オヤケ アカハチ) 전설을 통해서 파이파티로마가 어떤 세계인가를 다시 한 번 강조하고 소설의 끝을 맺는다.[16)] 지로는 전설을 낭독하며 비로소 아버지가 그토록 갈망하던 파이파티로마가 어떤 세계인가를 분명하게 이해하게 된다.

16) 필자의 분석에 의하면 이 소설에는 오키나와에 전하는 여러 전설이 복합적으로 수용되었다. 대표적인 경우가 파이파티로마 전설과 오야케 아카하치 전설이다. 오야케 아카하치는 한국에서 홍길동과 관련이 있는 인물이라 해서 비교적 잘 알려져 있다. 그가 언제 태어나고 죽었는지는 자세히 알려지지 않았다. 15세기말에 야에야마(八重山)에서 세력을 떨치고 미야코지마((宮古島)의 세력과 대립하였으며, 슈리(首里)왕부에 반기를 들고 역도로 몰려 왕부 토벌군에게 주살되었다고 전해진다. 오야케 아카하치에 관해서는 오키나와 설화집인 『유로설전(遺老説伝)』(제68화)에 부분적으로 언급되어 있다. 『사우스바운드』와 오키나와에 전하는 여러 전설과의 관련성에 관해서는 다른 기회에 논하고자 한다.

6. 현대 일본사회의 낙원을 찾아서

인간은 누구나 낙원을 꿈꾼다. 그 낙원은 개인적 성격의 낙원일 수도 있고 집단적 성격의 낙원일 수도 있다. 혹은 종교적 성격의 낙원일 수도 있다. 그리고 사후에나 가능한 낙원일 수도 있고 현세에 공간을 달리하여 존재하는 낙원일 수도 있다. 특히 역사적으로 가혹한 환경에 처한(처해 있다고 믿은) 사회일수록 현세의 질곡에서 벗어나기 위한 낙원을 갈망해 왔다.

동아시아 여러 지역에는 낙원 관련 전설이 다양한 형태로 전해진다. 불교 관음신앙의 보타락가(補陀落迦), 중국 진시황의 명을 받은 서복(徐福)이 찾아 나섰다는 이상향, 이청준의 『이어도』라는 소설로도 널리 알려진 제주도의 이어도, 오키나와의 파이파티로마나 하이도난 등은 모두 같은 범주에 든다고 볼 수 있다.

본고에서는 오쿠다 히데오의 『사우스바운드』에 등장하는 파이파티로마 전설을 사례로 하여, 파이파티로마 전설이 소설 속에 어떤 방식으로 수용되었는지 그 구체적인 양상을 분석하였다.

먼저 파이파티로마에 관한 문헌기록 및 구전기록을 비교하며 그 내용을 소개하고 고찰하였다. 이 과정에서 구술문화와 문자문화의 차이가 어떠한 지를 지적하였다. 같은 사건에 관해서 기술하고 있음에도 문헌자료와 구전자료 사이에는 그 기술 방식 및 내용에 있어서 적지 않은 차이가 인정되었다. 이 점에 관해서는 다른 기회에 논지를 발전시켜가고자 한다.

『사우스바운드』의 소설 구성은 우에하라 가족들의 도쿄생활을 다룬 전반부, 그리고 도쿄에서 오키나와로 이사한 다음부터의 생활을 다룬 후반부로 크게 나누어 이해할 수 있다. 특히 전반부에는 도쿄가 소설의 무대임에도, 소설 여기저기에 오키나와를 표상하는 전통적인 소도구들이 의도적으로 적절하게 배치되어 있다. 이 점에 관해서 사타안다기, 류큐 가라테, 산호초 등을 예로 들어 구체적으로 분석하였다. 이 소도구들은 오키나와라는 문화 아이덴티티의 표상이자, 일본사회에서 오키나와사회 궁극적으로는 파이파티로마로 건너뛰기 위한 징검돌 역할을 하고 있다고 볼 수 있다. 특히 류큐 가라테의 경우는 폭력적인 일본사회에 저항하는 수단이라는 더욱 적극적인 의미가 부여되었음을 확인할 수 있었다.

그런데 이 소설은 작가 오쿠다 히데오에 의해 의도적으로 오키나와 대 일본본토라는 이원론적 대립구도가 설정되어 있다. 그 중 한 축은 이리오모테(西表島) 소학교로 상징되는 “커뮤니티” 평등사회 오키나와와 가쿠슈인(学習院)으로 상징되는 계급사회 일본이다. 소설에 등장하는 지로와 모모코는 그 둘 중에서 오키나와르 선택한다. 나머지 한 축은 우에하라 일가가 오키나와로 이사하여 정착한 이리오모테지마의 리조트 개발을 둘러싼 지역사회 오키나와와 중앙집권적 자본주의사회 일본의 대립구도이다. 전자의 대립이 원인이 되어 우에하라 가족은 도쿄에서 오키나와의 이리오모테지마로, 후자의 대립이 원인이 되어 우에하라 부부가 파이파티로마를 지향하게 되는 셈이다.

『사우스바운드』에 등장하는 파이파티로마는 소설에서 비밀의 낙원, 누구의 통치도 받지 않는 자급자족의 세계, 전쟁도 없고 누구나 자유로운 커뮤니티 세계로 수용되었다. 이는 달리 말하자면 거대자본이 만연하고, 사람들 사이의 소통이 단절되고, 사람들의 자유가 국가권력에 의해 억압받는 작금의 일본사회와는 대칭점에 위치하는 사회를 의미한다. 궁극적으로 작자는 소설 속에서 파이파티로마 세계를 통해 작금의 일본사회를 우회적으로 통렬하게 비판하였다고 말할 수 있다.

참고 문헌

월터 J 옹, 이진우 · 임명진역(1995) 『구술문화와 문자문화』 문예출판사

이청준(1998) 『이어도』 열린원

김용의(2004) 「오키나와 다케토미지마(竹富島)지역의 우타키(御嶽)신앙」 『日本語文學』 제20집 한국일본어문학회

김용의 역(2010) 『오키나와민족설화집 유로설전』 전남대학교출판부

오쿠다 히데오, 양윤옥 옮김(2006) 『남쪽으로 튀어』 1,2 은행나무

조명기(2010) 「이청준 소설에 나타난 낙원의식과 로컬리티」 『한국언어문학』 제73집 한국언어문학회

柳田国男(1963) 『定本柳田国男集』 筑摩書店

大浜信賢(1971) 「南波照間逃避行」 『八重山の人頭税』 三一書房

国史大辞典編集委員会編(1983) 『国史大辞典3』 吉川弘文館

沖縄タイムス社(1983) 『沖縄大百科事典』 沖縄タイムス社

石垣市(1999) 『八重山島年来記』 (沖縄石垣市史資料叢書) 石垣市

嘉手川学(2001) 『沖縄チャンプルー事典』 山と渓谷社

表仁柱(2001) 「沖縄の御嶽と韓国南道地域の村落共同体信仰の比較考察」 『韓国と沖縄の社会と文化』 第一書房

川村湊(2003) 『補陀落』 作品社

沖縄国際大学南島文化研究所(2003) 『近世琉球の租税制度と人頭税』 日本経済評論社

狩俣恵一 · 丸山顕徳(2003) 『西表島 · 黒島 · 波照間島の伝説 · 昔話』 三弥井書店

奥田英朗(2005) 『サウスバウンド』 角川書店

渡久地健(2010)「渡久地健 奄美沖縄のサンゴ礁の知識と漁労活動」『해양의 세계에서 바라본 동아시아』 제5회오키나와국제학술회의 요지집

제3부
한국과 일본의 설화 비교

한일 요괴설화 비교연구의 과제

한일 동물설화의 비교연구(1)

한일 요괴설화 비교연구의 과제

1. 서론

2. 일본의 요괴연구

2.1 채집과 분류

2.2 요괴와 유령

2.3 요괴와 신에 대한 관념

3. 한국의 '요괴' 연구

3.1 귀신과 도깨비의 개념

3.2 일제 식민지 시대의 귀신연구

3.3 일본의 오니(鬼)와 한국의 도깨비

4. 결론

1. 서론

일본의 설화 속에는 문헌설화와 구전설화를 막론하고 수많은 요괴가 다양한 모습으로 등장한다. 고대의 『고지키(古事記)』, 『니혼쇼키(日本書紀)』, 『곤자쿠 모노가타리슈(今昔物語集)』를 비롯하여, 중세의 『우지슈이 모노가타리(宇治拾遺物語)』, 『고콘초몬슈(古今著聞集)』 등의 설화문학 작품뿐만 아니라, 일본의 전국각지에서 채록 보고되고 있는 구전설화 속에는 다양한 요괴가 전승되고 있다. 예를 들면 일본의 대표적 요괴라 할 수 있는 오니(鬼)만 해도, 『니혼쇼키』·『후도키(風土記)』 등에 등장한 이래,[1] 문학사·회화사·예능사 등과 깊은 관련을 갖고 전개되기에 이른다.

한국의 경우도 귀신과 도깨비로 대표되는 '요괴'가 『삼국유사』의 〈도화녀비형랑(桃花女鼻荊朗)〉 설화를 비롯하여, 수많은 문헌과 구전을 통하여 전승되고 있다.

이 같은 요괴설화에 관한 연구는 일찍부터 한국과 일본에서 주목되어 왔으며, 양국의 연구자들에 의해 비교연구가 시도되기도 하였다. 이 분야 연구의 선구자격인 최인학은 「한국의 도깨비와 일본의 바케모노(化け物)」에서 주로 민담에 등장하는 도

---

1) 예를 들면 『出雲国風土記』 「大原群」 편에 「昔或人, 此処に山田を佃りて守りき。その時、目一つの鬼来りて、佃る人の男を食ひき。」, 『日本書紀』 「斉明紀」(八月)에 「夕に、朝倉山の上に、鬼有りて、大笠を着て、喪の儀を臨み視る。」 등의 기사가 보인다.

깨비와 바케모노(요괴)에 관하여 비교연구를 시도하였으며,[2] 일본의 요다 지호코(依田千百子)도 「妖怪도깨비와 한국의 民俗宇宙」를 통하여, 동아시아 지역에 전승되는 외다리 神(片足神)과 관련하여 양쪽을 비교한 바가 있다.[3] 장주근은 제주도 지역의 도깨비(도채비)와 오키나와(沖縄)지역의 기지무나(キジムナー)의 유사성에 관하여 언급한 바가 있다.[4] 그 밖에도 최길성・마쓰바라 다카도시(松原孝俊) 등에 의해 한일 비교 연구의 필요성이 강조되었다.[5] 최근 들어서는 구보타 기미도시(久保田公俊)에 의해 일본의 오니(鬼)와 한국의 귀신에 관한 비교연구가 행해졌으며, 김양기는 오니(鬼)와 도깨비를 대비하기도 하였다.[6]

그러나 이들 선행연구는 비교연구의 시점에 있어서, 양쪽 요괴의 부분적으로 유사한 속성이나 동일한 모티브만을 주목한 경우가 대부분으로, 본격적인 비교연구의 성과는 앞으로 기대할 수밖에 없을 듯하다. 그렇다면 한일 양국에서 여러 연구자들에 의해 비교연구의 중요성이 강조되고 실제로 비교연구가 시도되었음에도 불구하고, 왜 이처럼 본격적인 비교연구를 찾아보기가

---

2) 최인학(1979).

3) 依田千百子(1991 : 261~273). 이 논문은 원래 『韓国民俗学』(19호)에 실렸던 것이며, 依田千百子(1985 : 468~471)에서도 간단한 연구메모 형식으로 이같은 문화사적 고찰이 행해진 바 있다.

4) 장주근(1975 : 113~114).

5) 최길성(1988 : 232). 松原孝俊(1985 : 59).

6) 久保田公俊(1993), 김양기(1994 : 87~116).

힘든 것일까? 필자는 그 가장 큰 이유로 비교연구를 위한 선행 작업이라 할 수 있는, 요괴에 관한 개념상의 정리가 행해지지 않았기 때문으로 본다. 예를 들면 한국의 귀신과 도깨비의 경우, 귀신이 도깨비로 취급되고 도깨비가 귀신으로 취급되는 경우가 자주 발생함을 볼 수 있다. 이 같은 혼동은 연구자와 민간에서 구전설화를 구술(口述)하는 구술자 모두에 해당된다. 선행연구의 비교 대상에 나타난 것처럼 도깨비 : 바케모노(최인학), 도깨비 : 외다리 신(요다 지호코), 도깨비 : 기지무나(장주근), 도깨비 : 오니(김양기) 하는 식으로, 한국의 도깨비의 비교대상으로 각각 다른 성격의 요괴가 대비되어 있다. 이는 그만큼 도깨비의 개념이 광범위하고 그 성격이 다양함을 보여주는 것이기도 하지만, 연구자들이 상위 개념에서 요괴를 정의해 보지 않고 바로 하위개념으로의 개별적인 요괴의 비교를 시도했기 때문이다. 앞의 선행연구 중에서는 최인학이 가장 개념상의 대비를 염두에 두고 비교연구를 꾀한 것으로 보여진다.

이 논문에서는 본격적인 한·일 요괴설화의 비교연구를 위한 전제로서 개념상의 분류를 염두에 두고, 지금까지 양국에서 이루어진 요괴연구의 성과를 검토하여, 연구사적 문제점을 지적하고자 한다. 특히 한국의 귀신과 도깨비의 구별이 모호하게 된 연구사적 배경을 명확히 밝히고, 일본에서의 연구성과를 참고로 하여 구별의 기분을 제시하고자 한다. 여기서 말하는 '요괴'란, 일본의 경우 오니(鬼), 갓파(河童), 덴구(天狗), 유령 등을 총괄한 상위개념이며, 한국의 경우도 도깨비, 귀신(좁은 의미로서의 귀신), 유령 등을 포함한 상위 개념으로서의 요괴를 의미한다. 요괴란 용어가 우리 한국인들에게는 다소 생소한 느낌을 주는 것이 사실이지만, 더욱 적절한 용어가 정착할 때까지 이를 사용하기로 한다.

2. 일본의 요괴연구

2.1. 채집과 분류

일본에서의 본격적인 요괴연구는 야나기타 구니오(柳田国男)를 출발점으로 하여, 그 후 오랫동안 야나기타가 강조한 연구방법론과 범위 안에서 논의가 이루어졌다고 할 수 있다. 물론 야나기타 이전에도 히라타 아쓰타네(平田篤胤)나 이노우에 엔료(井上円了) 등에 의한 주목할 만한 연구가 있었으나,[7] 오늘날의 관점에서 보면 그 방법론이나 연구의 성격에 있어서 많은 차이를 보임으로 여기에서는 야나기타와 그 이후의 연구를 중심으로 살펴보기로 한다.

야나기타는 요괴연구에 있어서 주로 세 가지 점을 강조하였다. (1)전국 각지의 요괴 종류를 채집하여 그 분포를 파악, (2)요

7) 平田篤胤의 『稲生物怪録』, 『古今妖魅考』(양쪽 모두 전집 9권에 수록) 등이 있으며, 井上円了의 『妖怪学講義』를 들 수 있다. 井上円了의 경우는 과학적 지식으로 요괴 존재를 부정하려던 데에 그 특색이 있다.

괴와 유령의 구별 (3)요괴의 발생을 神에 대한 신앙의 쇠퇴 결과로 보고 요괴를 설명하고자 한 것이 그것으로,[8] (1)의 중요성에 관하여 그는 다음과 같이 강조하고 있다.

> 이른바 오바케(お化け)의 이름을 수집하기 시작하여 이미 상당한 해가 지났다. 아직 분류 방법이 확립되지 않은 원인도 주로 어휘의 부족에 기인한다고 생각하므로…(중략)… 나는 분류를 위한 두 가지 계획을 가지고 있다. 그 하나는 출현장소에 의한 것으로 이는 대체로 행로(行路)・가옥・산중・수상(水上)이라는 네가지로 나누어진다.…(중략)… 두 번째는 신앙도의 농담(濃淡)에 의한 것으로, 대체로 지금은 확신하는 사람이 드물고, 차츰차츰 민담화하는 경향을 보이고 있다.[9]

> 여러 모습을 나타내 보이는 중에서도 가장 신자가 적은 요괴 전승은 실재의 언어로 채집해 두는 외에는 그 형체를 파악할 길이 없으므로, 여러분의 힘을 빌어 가능한한 많은 이름과 설명을 수집하려고 하는 것이다.[10]

구전설화의 연구방법이 채집 → 분류 → 분석・해석임을 생각할 때 야나기타가 연구를 위한 기초 작업이라고 할 수 있는

---

8) 小松和彦(1994 : 15~18) 일본에서의 연구사와 연구 의의에 관해서는 이 책을 참조바람.

9) 柳田国男(1963 : 424).

10) 柳田国男(1963 : 438).

채집과 분류를 강조한 것은 당연하다고 할 수 있다. 이후 일본에서는 전국각지에 전승되는 요괴의 종류와 그 전승의 채집과 분류에 힘을 쏟게 된다. 그 중 오늘날에도 자료적 가치가 평가되는 두드러진 업적들을 중심으로 살펴보기로 한다.

야나기타 본인이 감수한 것으로 되어 있는 『종합일본민속어휘(綜合日本民俗語彙)』에는 요괴의 출현장소를 기준으로 하여 ①산 요괴(山の怪), ②길 요괴, ③나무 요괴, ④강 요괴, ⑤바다 요괴, ⑥눈 요괴, ⑦집 요괴, ⑧불 요괴, ⑨소리 요괴 ⑩동물 요괴로 분류하고 있다.[11] 여기에 수록된 여괴 어휘는 400개를 넘어서고 있으며, 이 같은 분류방법은 오랫동안 이 분야 연구에 있어서 주류를 형성하게 된다.

곤노 엔스케(今野円輔)는 앞의 분류방법에 따라 우선 출현장소에 의해 분류한 후, ①동물 요괴 : 동물 이외의 요괴, ②일정한 지역에 정착 : 왕복, 순회를 기준으로 요괴 분류를 추가하였다.[12] 지바 미키오(千葉幹夫)는 야나기타와 곤노 등의 분류방법을 참조하여 『전국요괴어사전(全国妖怪語辞典)』을 펴냈는데, 여기에서도 기본적으로는 앞의 분류방법에 따르고 있다.[13] 다만, 기물(器物) 요괴를 새로 설정하고, 일본의 각 현(県)별로 분류하여 그 종류 · 출현장소 · 특징 등을 간략히 해설하였다는 데

11) 民俗学研究所編(1956 : 404～406).

12) 今野円輔(1959 : 299～301).

13) 千葉幹夫(1988). 나중에 『全国妖怪事典』(小学館, 1995)이라는 제목으로 단행본으로 출판되었다.

에 그 특징이 엿보인다.

이처럼 일본에서는 출현장소를 기준으로 하여 요괴를 분류하고 있다는 점에 특색이 있는데, 한국의 경우는 최인학이 지적한 것처럼,[14] 이 같은 분류방법이 적용되기 힘들다는 것을 알 수 있다. 즉 도깨비를 예로 들 때, 도깨비는 산・바다・강・길・집안 등 모든 장소에 걸쳐서 출현하고 있으며, 귀신의 경우도 어느 특정 장소에 한정해서 출현하기보다는 여러 장소에 걸쳐서 나타나는 성향이 강하다.

2.2. 요괴와 유령

야나기타는 요괴와 유령이 엄연히 다른 존재임에도 불구하고 혼동되는 경우가 많음을 지적하여, 요괴와 유령을 구별해서 논할 필요성을 강조하였다. 그는 양자의 차이에 관하여 다음과 같이 설명하고 있다.

> 누구라도 알아차릴 수 있는 매우 명료한 차이가 오바케(お化け)와 유령사이에는 있었던 것이다. 첫째 전자는 출현 장소가 대개 정해져 있었다. …(중략)… 이에 반해 유령쪽은 발이 없다는 說에도 불구하고 저 너머에서 터벅터벅 걸어왔다. 유령의 표적이 되면 백리나 떨어진 곳으로 도망쳐도 따라오고 만다. …(중략)… 둘째로 오바케는 상대를 고르지 않고 오히

14) 최인학(1989 : 91).

려 평범한 다수를 향하여 교섭을 시도했던 것으로 보임에 반해, 유령은 오직 「이 자다」 하고 정한 사람에게만 나타나서 깨우치려고 한다. ……(중략)……마지막으로 중요한 구별은 시각이다. 유령은 오전 두시부터 두시반(丑みつ)을 알리는 종소리가 울릴 무렵에, 서서히 문을 두드리거나 병품을 밀어젖힘에 반해, 오바케는 그 밖에도 다양한 때가 있다.[15)]

야나기타가 요괴와 유령의 차이를 설명하기 위한 위의 세 가지 기준은 그 후 한편으로는 계승되고 한편으로 비판되는 양상을 띠며 연구가 전개되기에 이른다.

이케다 야사부로(池田弥三郎)는 사람을 목표로 하여 출현하는 유령과 어느 한정된 특정장소에 출현하는 요괴 이외에 가문(家筋)에 재앙을 초래하는 원령(怨霊)이라는 세 가지로 구분하였다.[16)]

스와 하루오(諏訪春雄)는 요괴와 유령을 구별하는 중요한 시점으로 죽음과의 관련성을 강조하였다. 즉 유령은 반드시 죽은 자에 한하며 죽음이 유령에 있어서는 절대 필요한 조건이지만, 요괴는 대개 살아있는 존재임을 지적하여 〈표 1〉과 같이 정리하고 있다.[17)] 또한 그는 이계(異界)와 타계(他界)의 개념을 바탕으로 하여 요괴는 이계의 존재이며 유령은 타계의 존재임을

15) 柳田国男(1963 : 292～293).

16) 池田弥三郎(1974 : 50, 138).

17) 諏訪春雄(1988 : 23～25).

역설하였다. 여기서 의미하는 이계와 타계란, 그의 설명에 의하면 공간적인 개념으로 사람들이 일상생활을 영위하는 공간과 겹치거나 혹은 그 주변에 펼쳐진 비일상적 공간이 이계이며, 타계란 공간적·시간적 개념으로 사람들이 일상생활을 영위하는 공간과 겹치거나 혹은 그 주변에 펼쳐진 비일상적 공간임과 동시에 사람들이 탄생 이전 혹은 사후에 지내게 되는 세계를 의미한다.

표 1 요괴와 유령

현 상	전신(前身)	
비인간	비인간·인간	요괴
인 간	인간	유령

야나기타의 요괴 분류에 정면으로 반론을 제기한 대표적인 연구자로 고마쓰 가즈히코(小松和彦)를 들 수 있다. 고마쓰는 야나기타의 분류 기준은 요괴와 유령의 차이를 고찰할 때 대강의 기준은 되지만, 구체적인 사례를 검토할 경우 들어맞지 않는 경우가 많음을 지적하고 있다.[18] 『이노오모노노케로쿠(稲生物怪録)』 등의 예를 들어 유령에도 출현하는 장소가 정해진 것이 있으며, 또한 특정한 상대로 한정하지 않는 경우가 많이 있음을 들어 의문을 표시하고 있다.

일찍이 최인학도 「도깨비와 유령」이라는 논문 속에서 도깨비

18) 小松和彦(16~17).

와 유령의 차이에 관하여 설명한 적이 있는데,[19] 이는 야나기타의 구별 기준을 참고로 한 것으로 보여진다. 그러나 한국의 도깨비와 유령을 구별할 필요가 있었는지에 관해서는 의문이 남는다. 왜냐하면 일부러 구별을 하지 않더라도, 일본의 요괴와 유령의 경우처럼 도깨비가 유령으로 인식된다거나 유령이 도깨비 속성을 지니고 출현하는 사례가 거의 보이지 않기 때문이다. 한국의 도깨비와 유령은 구태여 구별하지 않더라도 처음부터 그 성격이 뚜렷하게 구분되어 있었다고 볼 수 있다.

이처럼 일본에서 요괴와 유령의 구별을 둘러싸고 전개된 여러 논의들을 살펴보았다. 뒤에서 다시 언급하겠지만, 스와 하루오가 죽음과의 관련성과 이계·타계의 개념을 기준으로 양자를 구분하고 있는 점은, 한국의 도깨비와 귀신을 구별하기 위한 하나의 기준으로 참고가 될 것으로 보인다.

2.3. 요괴와 신에 대한 관념

야나기타의 요괴연구에서 가장 핵심부분이라고 할 수 있는 것이, 요괴의 발생을 神에 대한 신앙의 쇠퇴로 파악하여 설명하려고 한 점이다. 이에 관한 야나기타의 설명을 인용하면 다음과 같다.

> 요괴학의 초보원리는 아무래도 이쪽에서 발견될 것으로 여

---

19) 최인학(1988 : 242~245).

겨진다. 그 한 조목으로 바케모노(化け物)사상의 진화과정, 즉 인간의 요괴에 대한 태도에는 삼단계의 전개가 있었음이, 각 지방에서 갓파(川童)의 거동이라 부르는 것에서 엿볼 수 있다. 제 일단계는 이른바 경원(敬遠)으로서 마주치게 되면 으악 하고 비명을 지르고, 씨름을 하자고 하면 도망쳐온다. …(중략)… 요즘 세상에 그런 바보같은 일이 있을까하고 스스로 나서서 요괴의 능력을 시험해 보려고, 그럼에도 내심으로는 아직은 어쩐지 무서운 느낌이 드는 태도, 이것이 제 이단계이다. …(중략)… 다음으로 나타나는 것은 신의 위덕(威德), 부처의 자비, 내지는 지략이 풍부한 사람의 계략에 의해, 요괴가 항복하여 정체를 드러내고, 두 번 다시 이러한 못된 장난을 하지 않겠다고 맹세한다. 또한 퇴치되어서 완전히 없어지고 말았다는 이야기가 발생한다. …(중략)… 현재 민담 속에 조금 남아 있는 요괴는, 이 세 종류가 뒤섞여서 순서가 분명하지 않기 때문에 때때로 잘못된 해석이 있다.[20)]

위에서 알 수 있는 것처럼, 그는 갓파(川童)가 즐겨하는 씨름(相撲)의 경우를 예로 들어 요괴의 발생에 관하여 일원론적으로 설명하고 있다. 즉 사람들이 신(요괴)의 위력을 전적으로 신앙하고 있던 단계에서는 갓파가 나타나서 씨름을 청하면 두려워서 도망하지만, 그 다음 단계에서는 신의 위력을 반신반의하면서 스스로 나서서 씨름을 도전하기도 한다. 이때에도 내심 두려

20) 柳田国男(1963 : 350～351).

워하는 마음이 남아있다. 다음은 신에 대한 신앙이 완전히 없어져서 인간의 지모에 의해 갓파를 굴복시키는 단계이다.

그 뿐만 아니라, 야나기타는 갓파가 인간에게 씨름을 겨루고자 하는 이유에 관해서, 위의 제2단계 내지 제3단계에 나타나는 현상으로 풀이하였다. 즉 "그들(장사)의 강력한 힘이 의지하는 곳이 근세풍으로 자신의 체질 혹은 단련의 덕분으로 일컬어지거나 혹은 전혀 다른 신불(神仏)의 가호에 근거하는 것으로 믿어지는 한에는, 갓파나 山人은 꼭 그들과 힘을 겨루어 자신의 위력을 인정하게 하지 않으면 안되었다."[21]는 것으로 사람들이 갓파의 위력을 반신반의하거나 거의 믿지 않으므로 자신의 힘을 과시하기 위한 수단으로 씨름을 걸어온다는 것이다.

야나기타의 이같은 해석은 '요괴와 인간의 씨름'(한국에서의 도깨비와 씨름을 포함하여)을 고찰하고자 할 때 참고가 되는 중요한 해석임에는 분명하다. 하지만 이것만으로는 충분하다고 할 수 없을 것이다. '요괴와 인간의 씨름'의 본질에 접근하기 위해서는 우선 민속사회=농촌에서 씨름과 장사가 차지하던 의미와 본질에 관하여 고찰할 필요가 있다. 여기에 관해서는 필자가 씨름(相撲)의 이원론적 우주론의 차원에서 필자도 논한 바가 있다.[22]

야나기타가 요괴의 발생을 신의 영락 → 요괴로 일원론적으로 풀이한 것은 갓파라는 개별적인 요괴의 발생에 관하여 고찰

---

21) 柳田国男(1963 : 351).

22) 김용의(1994).

할 때에는 시사하는 바가 크지만 요괴 전체에 확대 적용하고자 할 때는 들어맞지 않는 경우가 많다. 이 점에 관해서는 이후의 연구에서 지적되었다. 이 점에 관하여 후쿠다 아키라(福田晃)·미야타 노보루(宮田登)·고마쓰 가즈히코 등이 언급하고 있는데,[23] 여기서는 고마쓰 가즈히코의 학설을 중심으로 살펴본다. 그는 야나기타설의 문제점을 다음과 같이 지적하였다.

> 모든 요괴가 똑같이 신의 영락한 존재로 파악된 나머지, 그 밖의 가능성 예를 들면 인간 → 요괴, 동물·식물 → 요괴, 요괴 → 신 등의 가능성은 완전히 배제되어 부정되어 버리고 마는 것이다. 통시적 차원에서 요괴를 볼 경우, 요괴의 속성은 시대의 추이에 응해서 변화한다고 생각하는 것이 좋을 것이다. 그리고 그 변화가 야나기타설과 일치하는 것 같은 것도 그 중에는 있을지 모른다. 그렇지만 비록 그 같은 요괴가 있다고 할지라도, 거기에 보이는 것과 같은 변천과정이 다른 모든 요괴에 관해서도 들어맞는다고는 한정할 수 없는 것이다.[24]

고마쓰 가즈히코의 학설이 근본적으로 야나기타설과 다른 점은 요괴존재를 '신의 영락한 모습'으로 파악하는 것이 아니라,

---

23) 1982년 일본의 南山대학에서 개최된 「민담과 요괴」라는 제목의 심포지엄에서 福田晃는 柳田国男説의 문제점을 지적하는 취지의 발언을 하고 있다. 이에 관해서는 昔話研究懇話会編(1983 : 102~103)을 참조.

24) 小松和彦(1979 : 332). 이같은 논지는 小松(1983 : 341~358)에서 더욱 구체적으로 전개되기에 이른다.

신 → 요괴, 요괴 → 신이라는 유동적 개념으로 파악한 점이다. 그는 연구상의 편의를 위한 잠정적인 설정이라는 전제하에, "사람들에 의해 제사로 모셔지는(祀られる) 초자연적 존재가 신임에 비해서, 사람들에게 제사로 모셔지지 않은 (祀られていない) 초자연적 존재를 요괴"[25]로 이분하고 있다. 미야타 노보루도 "제사로 모셔진 신에 대하여 제사로 모셔지지 않은 신이 대비되어지며, 거기서 제사로 모셔지지 않는 신의 출현이 요괴라든가 마(魔)라는 형태를 띠게 된다."[26]라고 하여 비슷한 견해를 피력한 바 있다.

이 같이 요괴를 신 ⇆ 요괴라는 유동적 개념으로 파악된 견해는 한국의 민간신앙에 나타나는 신 및 요괴의 관념을 고찰할 때에도 참고가 된다고 보아진다. 도깨비를 예로 들어 생각하면, 특히 제주도 지역에 현저하게 보이는 것처럼 때로는 부를 가져다주는 부신(富神)으로 인식되는가 하면, 때로는 무서운 재앙을 초래하는 요괴로 인식되어지기도 한다. 즉 도깨비와 인간과의 교섭의 프로세스와 결과에 따라 부신으로도 요괴로도 인식되는 양의적(兩義的) 측면을 지니고 있는 것이다.

---

25) 小松和彦(1979 : 334).

26) 宮田登(1990 : 7). 그 훨씬 이전에 宮田(1975)에서 이같은 논지를 피력한 바 있다.

3. 한국의 '요괴' 연구

3.1. 귀신과 도깨비의 개념

일본의 요괴 개념에 해당하는 것으로 한국에서는 귀신과 도깨비를 들 수 있겠다. 근래에 이르러 귀신과 도깨비에 관한 주목할 만한 연구 성과를 보이고 있으나, 우선 양적으로 결코 만족할 만한 수준은 아닌 듯하다. 특히 귀신과 도깨비를 명확한 개념상의 구별 없이 사용하는 경우가 많아 이는 귀신과 도깨비에 관한 개별적인 연구는 물론이고, 서론에서 지적된 것처럼 한·일 비교연구를 시도함에 있어서도 시급히 해결해야 할 최대의 과제중의 하나라고 할 수 있다.

개념상의 혼동은 연구자들 사이에서도 보이며, 민간에서 구전설화를 구술하는 현장에서도 구술자가 귀신=도깨비로 생각하는 경우가 많음을 알 수 있다. 그 구체적인 예를 몇 가지 들어보기로 한다. 『한국민속대관』(3권)에 기술되어 있는 '귀신'과 '도깨비' 항목을 들춰보면, 많은 부분이 중복 기술되어 있음을 확인할 수 있다.[27] 즉 '귀신'과 '도깨비' 항목이 각각 독립하여 설정되어 있음에도 불구하고, '귀신' 항목에서 도깨비에 관하여 설명하고 있으며, 도깨비 연구자들 사이에서 도깨비의 기원설화로 다루어지는 〈桃花女鼻荊朗〉 설화가 귀신설화로 소개되어 있다. 또한 이익이 『성호사설(星湖僿說)』에서 풀이한 '귀신' 개념이 양쪽 모두

27) 하효길(1982), 이부영(1982).

에 인용되어 있다. '도깨비' 항목을 집필한 이부영은 양자의 개념 구별에 고심하고 있음을 알 수 있으며, 이 점은 다른 도깨비 연구에서도 공통적으로 부딪치는 어려움이다. 예를 들면 근래에 도깨비 연구에 있어서 최대의 성과를 거두고 있는 김종대의 경우도, 귀신과 도깨비의 차이라는 소단원을 설정하고 있으나 자신이 설정한 과제를 해결하지 못한 채, 도깨비를 인간에게 밀접된 귀(鬼)의 유형이라는 애매한 결론으로 끝내고 있다.[28)]

그렇다면, 오늘날 여러 연구자들의 노력에도 불구하고, 왜 귀신과 도깨비의 개념이 혼동되며 그 구별이 어렵게 되었을까? 필자는 그 원인을 다음과 같은 다섯 가지 개념이 혼합되어 있다는 데서 찾고자 한다. 이는 또한 한국에서의 '요괴' 연구의 연구사이기도 하다.

① 조선시대 지식인(유학자)들이 유가적 언설(言說)의 흐름에서 사용한 귀신
② 무라야마 지준(村山智順)을 비롯한 일제 식민지시대의 일본인 연구자에 의해 파악된 귀신과 도깨비
③ 일제 식민지시대의 교육정책에 의해 만들어진 소학교 교과서에 등장하는 도깨비의 조형화
④ 한국의 연구자(주로 국문학 · 민속학)들이 사용한 귀신과 도깨비
⑤ 민간에서 구전설화를 구술하는 현장에서 사용된 귀신과 도깨비

---

28) 김종대(1994 : 56~59).

이 중에서 ②와 ③에 관해서는 각각 다른 절에서 구체적으로 검토하기로 하고, 여기서는 ①과 ④와 ⑤에 관해서 간략히 논하기로 한다.

조선시대 지식인(유학자)들의 귀신관의 두드러진 특징 중의 하나는 음양설에 의거하여 귀신을 설명하고자 한 점이다. 서거정은 "귀신은 음이다. 음은 양에 복종하는 것이 이(理)의 필연이다. 일찍이 남무(男巫)가 적고 여무(女巫)가 많은 것은 이 때문이다."[29]라고 귀신이 음의 속성임을 지적하였다. 또한 김시습은 "귀는 음의 영이며 신은 양의 영이다. 아마도 조화의 자취로 해서 이기(二気)의 양능이 된다. 살아 있으면 즉 인물이라 하고, 죽으면 즉 귀신이라 한다."[30]라고 풀이하였다. 이익은 "귀라는 것은 음의 영이며 신이란 양의 영이다."[31]라고 설명하였다. 이들 조선시대 지식인들의 음양설에 의거한 귀신관은 중국의 장횡거(張横渠)와 주자의 음양이론의 영향이라고 할 수 있으며,[32] 이들의 귀신관은 그 후의 연구에서 자주 인용되곤 하였다.

그런데 여기서 의문시되는 것은 이들이 파악한 귀신관이 귀신설화를 연구할 때의 귀신개념과 얼마만큼 일치하느냐이다. 특히 민간에서 전승된 구전설화의 경우에 전승자들이 조선시대

---

29) 「鬼神陰也 陰伏於陽 理之必然 且男巫少女巫多 是其験也」 徐居正 『筆苑雑記』(巻二).

30) 「鬼者陰之靈　神者陽之靈 蓋造化之迹 而二気之良能也 生則曰人物 死則曰鬼神」 金時習 『金鰲新話』.

31) 「鬼也者 陰之靈 神也者 陽之靈」 李瀷 『星湖僿説』.

32) 안병국(1995 : 49～53).

지식인들이 파악한 귀신개념을 염두에 두고 귀신을 이야기했다고는 보기 어렵기 때문이다. 오늘날의 용어로 구별하자면 조선시대 지식인들이 파악한 귀신은 어디까지나 분석 개념으로서의 귀신이며, 민간에서 구전된 귀신은 민속 개념으로서의 구체적인 귀신이다.

〈표 2〉는 『한국구비문학대계』(한국정신문화연구원편, 이하 『구비대계』로 표기)에 수록되어 있는 총 93화의 귀신설화(이중 총 71화는 '귀신'으로 나머지 22화는 '원귀' 혹은 '원혼' 등으로 분류되어 있음)를 그 구체적인 정체를 중심으로 정리한 것이다.

〈표 2〉에서 알 수 있는 것처럼, 총 93화중에서 56화가 죽은 사람의 영혼(死靈)에 관한 이야기이며, 특히 그 중에서도 결혼 전에 죽은 처녀귀신(孫閣氏)의 경우가 모두 22화를 차지하여 높은 비율을 보이고 있다. 또한 죽은 조상의 혼령이 귀신으로 나타난 것이 모두 7화로 이는 유교적인 제사를 모티브로 한 조상숭배와 깊이 관련된 이야기이다. 그 밖에도 나무의 정령(木神)이 4화를 차지하고 있으며 물귀신·당귀신·달걀귀신 등의 명칭도 보인다. 본문 중에 직접 묘사되지 않은 경우는 〈표 2〉에서 제외시켰지만, 간접적으로 유추할 경우 귀신의 대상으로 사령(死靈)을 가리키는 비율은 훨씬 높아질 것이다. 이처럼 민간에서 민속 개념으로 사용한 귀신의 구체적인 내용은 사령으로 보아도 좋을 것이다.

표 2 『한국구비문학대계』의 귀신설화

귀신의 정체	빈도 수 (총 93화)
사령(젊은 처녀, 조상, 마을사람 등)	56화
나무의 정령(木神)	4화
물귀신	2화
목침	2화
당귀신	1화
달걀귀신	1화

그럼 도깨비의 경우는 어떠할까? 『구비대계』에 수록되어 있는 도깨비설화 195화를 분석해 보면, 그중 31화에서 화자가 도깨비=귀신으로 구별하지 않고 구술하고 있다. 〈표 3〉은 총 195화에 이르는 도깨비 이야기의 내용을 검토하여 도깨비의 구체적인 형상에 관하여 언급한 것을 정리한 것이다. 여기서 알 수 있는 것처럼 도깨비에 관한 고정된 형상(image)으로 어느 정도 유형화된 것으로는 도깨비불, (정체불명의)사람, 구척장신을 제외하고는, 사람의 경우는 아이에서 노인에 이르기까지 다양한 모습을 보이고 있다. 또한 비록 빈도수가 낮기는 하지만 동물, 배, 뿔 달린 모습 등이 있으며, 냄새(5화), 괴음(3화)으로도 표현되어 있다. 특히 도깨비의 뿔 달린 형상에 관해서는 뒤에서 구체적으로 다루겠지만, 일제강점기 오니(鬼)의 영향과 관련하여 주목된다.

총 195화 중에서 모두 31화가 화자들이 도깨비=귀신으로 인식하고 있음에서 알 수 있는 것처럼, 민간에서는 도깨비와 귀신의 존재를 구별하지 않고 사용한 측면이 있었다. 그렇지만 이는 민간에서 양자를 완전히 동일시했다는 의미는 아니다. 도깨비는 '도깨비다운' 유형화된 특징을 갖추고 있다. 도깨비의 정체를 알고 보니, 헌빗자루나 도리깨자루(22화)였다든가, 메밀묵(6화), 개고기(6화) 등을 즐겨하며, (백)말피 및 말대가리(21화)를 무서워한다는 등의 사례가 이에 속할 것이다. 또한 신통력을 발휘하는 도깨비 방망이(25화)를 지니고 있다는 특징도 빠뜨릴 수 없다.

결론적으로 민간에서는 어느 부분에서는 도깨비와 귀신을 구별하지 않는 측면이 있었으나, '도깨비는 방망이로 떼고 귀신은 경(經)으로 뗀다'라는 속담에서 엿볼 수 있는 것처럼, 전체적으로는 분명하게 구별하고 있었다고 할 수 있다. 도깨비와 귀신의 '인간에게 해악을 끼치는 무서운 존재'로서의 공통성과, 특히 '눈에 보이지 않는' 속성으로 말미암아 양자가 서로 접근된 결과, 민간에서 점점 구별 없이 인식하게 되었다고 보아야 할 것이다.

표 3 『한구구비문학대계』의 도깨비 설화

도깨비의 형상	빈도 수(총195화)
도깨비불	20화
아는사람 · 웬사람	12화
구척장신	12화
색씨 · 처녀	7화
털보	3화
총각	3화
애기 · 노인	3화 · 1화
뿔 달린모습	3화
도깨비배	2화
기타(외다리 · 시커먼이빨 · 범 · 까마귀 등)	20화
도깨비의 정체(헌빗자루 · 도리깨자루)	22화

연구자들이 양자를 구별하고자 할 때의 혼란과 어려움에 관해서는 이미 언급하였으나, 이는 특히 문헌설화에 단지 '鬼'로 표기된 존재를 어떻게 볼 것인가(즉 도깨비인가 귀신인가)를 정할 때에 자주 부딪치는 어려움이다. 강은해는 이 문제를 구전설화에 전승된 도깨비의 행동양식과 유사한 면이 있는 것은 도깨비의 범위에 포함시켜 논함으로써 해결하고 있다.[33]

여기서 필자는 앞장에서 소개한 스와 하루오가 일본의 요괴와 유령의 구별 기준으로 제시한 것을 참고로 하여 한국의 도깨비와 귀신을 구별해보면 어떨까 생각한다. 즉 인간이 죽어서 인

33) 강은해(1985 : 9).

간의 속성을 띠고 나타나는 것은 귀신, 인간 이외의 존재가 인간 혹은 인간 이외의 모습으로 나타난 것은 도깨비로 나누어 보고자 한다.

〈표 2〉에서 확인한 것처럼 귀신의 경우는 대부분이 죽음을 매개로 하여, 타계에서 이 세상으로 나타나고 있으며, 또한 도깨비는 〈표 3〉에서 확인한 것처럼 죽음과 관련된 속성은 거의 보이지 않는다. 물론 이는 어디까지나 연구를 위한 개념상의 구별에 불과하다. 또한 스와 하루오가 제시한 구별의 기준을 한국의 도깨비와 귀신을 구별하는 데에 그대로 적용시키기에는 다소 무리가 있음도 부인할 수 없을 것이다. 예를 들어 스와 하루오의 학설에 의하면 일본의 요괴는 비인간의 모습으로 나타나지만, 도깨비에는 〈표 3〉에 드러난 것처럼 인간의 모습으로 전승되는 경우가 많이 있다. 그러나 이는 도깨비와 귀신이 큰 구별 없이 인식된 결과이며, 스와 하루오가 죽음과의 관련성, 타계와 이계의 개념으로 요괴와 유령을 구별하여 이해하고자 했던 방법은, 한국의 도깨비와 귀신을 구별하여 이해하기 위한 대강의 기준으로 참고할 만하다고 할 수 있다.

3.2. 일제 식민지 시대의 귀신 연구

무라야마 지준(村山智順)이 저술한 『조선의 귀신(朝鮮の鬼神)』, 『조선의 풍수(朝鮮の風水)』, 『조선의 무격(朝鮮の巫覡)』은 삼부작으로 이루어진 당시 한국의 민간신앙에 관한 일련의

조사보고서이다. 이는 잘 알려진대로 일제의 식민지 통치를 목적으로 조사되었다. 무라야마 지준은 『조선의 귀신』 서언에서 "조선문화를 이해하기 위해서는 조선인의 사상을 이해하지 않으면 안 된다. 조선인의 사상을 이해하기 위해서는 민간신앙에서 출발하는 것이 타당하고 자연스럽다."[34]라고 적고 있는데, 이 책의 성격으로 볼 때에, 맨 앞에 "조선 통치를 위해서는 조선문화를 이해하지 않으면 안된다."라는 구절을 삽입하여 저술의 취지를 읽어낼 수 있겠다. 이 같은 저술 동기의 불순함에도 불구하고 오늘날의 시점에서 볼 때, 이 책이 지닌 자료적 가치는 결코 과소평가 할 수 없다. 왜냐하면 이후 한국에서의 귀신 연구는 그가 정리한 논의의 틀 안에서 크게 벗어나지 못하고 있음을 알 수 있기 때문이다.

무라야마 지준은 우선 ①조선시대 지식인(유학자)들의 귀신관념, ②민간의 귀신관념으로 나누어서 전체적인 귀신관념을 파악하려 하였다. ①에 관해서는 앞서 소개한 이익(李瀷)이나 김시습 등의 귀신관을 정리한 후 자신의 견해를 덧붙였으며, ②에 관해서는 당시 민간에서 행해지던 귀신신앙의 실태를 폭넓게 기술하고 있다. '귀신의 선악', '鬼神과 陰陽', '鬼神의 거처', '귀신과 신명(神明)' 등의 중심어로 민간에서의 귀신관을 파악하였다. 특히 삼한시대, 통일신라시대, 고려시대, 조선시대라는 시대별 분류를 통하여 통시적으로 고찰하였다. 조선시대 귀신의 분류를 보면, ①자연신 ②인신(人神) ③무격(巫覡)의 귀신으로 크

34) 村山智順(1929).

게 나누어 범신론적인 관점에서 일반적인 모든 신을 '귀신'이라는 개념 속에 포함시키고 있다.

무라야마 지준의 이 같은 분류는 그 후 임동권, 김태곤, 하효길 등의 분류방법에도 영향을 미친 것으로 보인다. 무라야마 지준의 분류를 좀 더 자세히 살펴보면 다음과 같다.

① 자연신 : 사직신(社稷神), 산령악해천신(山嶽獄海川神), 천체신(天体神)
② 인신(人神) : 전왕신(前王神), 훈공신(勲功神), 교화신(教化神), 무사귀신(無祀鬼神), 조상신(祖先神) 등
③ 무격신(巫覡神) : 산신(三神). 시왕(十三), 삼불(三仏), 만명(万明) 등
④ 민간의 귀신 : 오곡지신(五穀之神), 역신(疫神), 두창신(痘瘡神) 등[35]

그는 결론적으로 "주자의 귀신관에 민간의 두창신이나 도깨비, 손각씨(孫閣氏) 같은 것을 더한 것이 조선에 있어서 귀신관념의 전체"[36]로 규정지었다. 즉 도깨비를 상위 개념의 귀신 속에서 하위 개념의 일부분으로 파악하고 있음을 알 수 있다. 임동권도 도깨비를 귀신의 일부로 분류하였으며, 김태곤도 귀신 중에서도 객귀 및 잡귀 등과 함께 역신의 한 종류로 도깨비를

35) 村山智順(1929 : 129~165).
36) 村山智順(1929 : 184).

분류하였다. 또한 하효길도 귀신의 한 종류로 도깨비를 파악하였다.[37)]

그러나 도깨비를 그저 귀신의 한 종류로만 파악하기에는 도깨비가 한국인들 사이에서 차지하는 정신사적 비중이 너무나 크다. 만약 '요괴'에도 시대적 변천에 따른 '흥망성쇠'가 있다고 한다면, 도깨비는 귀신 못지않게 한국인들과 친숙한 관계를 유지하며 끊임없이 기층문화의 한 부분을 담당해왔다. 따라서 도깨비를 귀신의 하위 개념의 한 종류로 보지 않고, 귀신 : 도깨비 하는 식으로 같은 위상에서 다루고자 한다. 이때 주의할 것은 여기서 의미하는 귀신은 무라야마 지준 방식의 일반적인 신 전체를 가리키는 범칭이 아니라, 앞의 귀신과 도깨비의 구별에서 행한 것처럼 사령을 가리킨다.

3.3. 일본의 오니(鬼)와 한국의 도깨비

오늘날 우리들이 머리에 떠올리는 도깨비 상(像)은 일본 오니(鬼)의 영향에 의한 것이라는 지적이 연구자들 사이에서 있어왔다. 즉 "머리에 뿔이 달린 모습이 인쇄되기도 하였지만, 그것은 오니(鬼)의 영향에서 생긴 것이고 한국 도깨비의 원모습이 아니라는 것"[38)]으로, 특히 일제 식민지시대의 교육정책으로 보급된 소학교 교과서에 삽입된 오니(鬼)의 모습이 도깨비에 반영되었

37) 임동권(1975), 김태곤(1976), 하효길(1982) 등을 들 수 있다.

38) 최길성(1988 : 237).

다고 한다.[39] 여기서 가능한 범위 내에서 구체적으로 검증하기로 한다.

우선 문제가 되는 것이, 그럼 소학교 교과서에 등장한 도깨비(오니의 영향에 의한) 이전의 '한국 도깨비의 원모습'은 어떠하였느냐 하는 점이다. 앞의 문제제기가 좀 더 설득력을 지니기 위해서는, 식민지 시대 이전에는 이런 모습이었는데, 식민지 시대를 거치는 동안에 이렇게 변했다는 식으로 제기되었더라면 훨씬 이해가 빨랐을 것이다. 결국은 설화 속에 묘사된 도깨비 모습에서 그 '한국 도깨비의 원모습'을 재구성해 볼 수밖에 없겠다. 다시 앞의 〈표 3〉을 참조하기로 한다. 이미 언급한 것처럼 도깨비에는 고정된 이미지가 없이 다양한 모습으로 나타나고 있다. 왜 이와 같이 다양한 모습으로 인식되고 있는 것일까? 이는 곧 역사적으로 도깨비에 관한 구체적이고 고정된 이미지가 정착되는 과정을 거치지 않았음을 의미한다. 즉 시각화의 과정을 거치지 않은 채 오늘날에 이르고 있다. 도깨비(귀신을 포함)란 원래 '눈에 보이지 않는' 좀 더 정확히 표현한다면 '봐서는 안 될' 무서운 존재이다.

'눈에 보이지 않는' 정체를 알 길 없는 불가사의한 존재를 시각화한다는 것은 쉬운 일이 아니다. 이 점 한국 도깨비의 큰 특징 중의 하나라고 할 수 있다. 예를 들어 일본의 경우는 에도(江戶)시대 도시적인 의식의 발달과 출판문화의 융성으로 인해 '요괴의 시각화'가 진행되어, 주로 이 때 형성된 괴기스럽고 변형된

39) 김종대(1994 : 144~147).

요괴의 이미지가 큰 변화 없이 오늘날까지 영화 및 만화의 세계에까지 이어지고 있다. 아카혼(赤本)의 경우만 보아도 기상천외한 모습의 다양한 요괴가 회화화되어 있다.

다시 본론으로 돌아가서 도깨비 이미지가 오니(鬼)의 영향에 의해 조형화된 과정에 관하여 검증하기로 한다. 〈그림 1〉은 다양한 오니(鬼)의 모습 중에서도 특히 노(能)에 자주 등장하는 오니(般若)의 얼굴이다. 〈그림 2〉는 『오니(鬼)의 사계절놀이』 중의 한 장면이다. 그림에 보이는 것처럼 머리에 뿔이 돋아 있으며 호랑이 가죽으로 된 속옷(훈도시)만을 걸치고 있다. 〈그림 3〉은 일제식민지 시대에 간행된 『朝鮮語読本』 〈혹뗀 이야기〉에 삽입된 도깨비의 모습이다. 그리고 〈그림 4〉는 오늘날 한국의 동화책에 등장하는 도깨비의 그림이다.[40] 〈그림 3〉을 보면 머리에 두개의 뿔이 돋아 있고, 거의 알몸 상태에 팬티 비슷한 것만을 걸치고 있다. 〈그림 4〉에서도 역시 알몸에 가까운 상태에 호랑이 아니면 표범의 가죽만을 걸치고 있는 모습으로 그려져 있다. 또한 크게 찢어진 입과 부리부리한 큰 눈이 인상적으로 표현되어 있다.

오늘날 일본에 정착된 전형적인 오니(鬼)의 모습은 머리에 두개의 뿔이 돋아 있고, 크게 찢어진 입과 부리부리한 큰 눈이 특징이다. 또한 알몸에 가까운 모습에 호랑이 가죽으로 된 속옷

40) 〈그림 1〉은 小松和彦(1983)에서 전재한 것이며, 〈그림 2〉는 小池正胤・叢の会編(1987)에 수록된 것이다. 또한 〈그림 3〉은 朝鮮総督府 발행((1923)의 『普通学校朝鮮語読本』(巻二)에 삽입되어 있으며, 〈그림 4〉는 『한국전래동화』(웅진출판사편)에서 전재하였다.

(훈도시) 한 장만을 걸치고 있다. 이는 '우시토라(艮)' 즉 동북 방향을 가리켜 귀신이 드나든다는 '鬼門'으로 여기던 일본인들의 생활습관과 깊이 관련된 것이라고 한다. 즉 머리에 돋은 뿔은 소(우시) 뿔에서 연상된 것이며, 호랑이 가죽으로 된 훈도시는 호랑이(토라)의 연상 작용에 의한 것이라는 것이다.[41]

〈그림 1〉에서 〈그림 4〉를 통하여 명백히 드러난 것처럼, 오늘날 우리들이 머릿속에 그리는, 특히 어린이들의 그림동화책에 등장하는 도깨비像은 일본 오니(鬼)의 영향에 의한 것이 분명하다. 그러면 그 다음으로 해결해야 할 과제는 왜 이처럼 일본 오니(鬼)의 모습이 도깨비의 모습으로 표현되었는가에 대한 역사적・사회적 배경에 관한 관찰이 될 것이다. 이에 관해서는 일본의 유명한 민담중의 하나인 〈혹부리영감(瘤取爺)〉이 한국으로 유입되어 한국 전래의 민담인 것처럼 여겨져 온 현상과 관련하여, 일제의 치밀하게 계산된 문화 정책의 소산으로 보는 견해가 있으나,[42] 필자는 좀 더 신중하게 검토되어져야 한다고 본다. 왜냐하면 지금까지 고찰해 온 바와 같이, 일제시대에 소학교 교과서가 만들어지던 시점(지금도 상황은 거의 변함이 없다고 할 수 있지만)까지 도깨비는 구체적인 이미지가 없었다. 따라서 당시 소학교 교과서를 제작하면서 〈혹뗀 이야기〉의 삽화를 담당한 자가 도깨비의 구체적인 이미지를 표현하는 데에는 곤란을 느낀 나머지, 도깨비와 유사한 속성을 지녔다고 인식되던 일본

41) 『日本伝奇伝説大事典』(1986)의 「鬼」 항목을 참조.

42) 김종대(1994 : 144~151).

의 오니(鬼) 모습을 가지고 도깨비를 표현했다고 보는 것이 자연스럽다고 할 수 있다.

그러나 이것만 가지고는 이 문제 전체가 해결되었다고 할 수 없을 것이다. 왜냐하면 한국의 귀면와(鬼面瓦) 등에 표현된 '요괴'의 모습까지도 시야에 넣고 검토할 필요가 있기 때문이다. 실제로 귀면와까지를 포함하여 도깨비를 논한 연구(물론 이에 관해서는 반론도 거세지만)도 있으며,[43] 도상학적 연구방법론까지 포함하여 광범위하게 논해져야 할 것이다.[44]

▌그림 1 ▌ 일본의 오니(般若)

▌그림 2 ▌ 일본의 오니 : 江戶시대

43) 대표적인 예로 진홍섭(1981)을 들 수 있겠다.

44) 鬼面瓦에 새겨진 「鬼」의 존재를 도깨비로 간주할 것인가 아닌가는 도깨비 연구에 있어서 여러 가지로 중요한 의미를 지닌다고 할 수 있다. 예를 들어 이 논문에서 검증한 일본 오니(鬼)의 영향에 의한 '도깨비 이미지의 구상화'의 경우만 해도, 귀면와에 나타난 '鬼'를 도깨비로 간주할 경우, 그 도상학적 기원은 귀면와일 가능성을 배제할 수 없다.

듯드니, 괴슈 독
갑이 가 그 老
人 에게 그런
조흔 소리 가
어듸서 나오느냐,
고 물엇소,
老人 은 텬연스

▮ **그림 3** ▮ 한국의 도깨비
(일제시대 교과서)

▮ **그림 4** ▮ 한국의 도깨비
(현대의 동화책)

4. 결론

지금까지 한국과 일본에서 행하여진 요괴연구에 관하여 그 연구사적 문제점을 중심으로 검토하였다. 이는 본격적인 요괴설화의 한·일 비교연구를 위해서는 빠뜨릴 수 없는 작업일 것이다. 일본 쪽의 연구는 야나기타가 강조한 채집과 분류, 요괴와 유령의 구별, 요과와 신에 대한 관념이라는 세 가지 논점에 관한 연구사적 전개를 고찰하여, 특히 스와가 제시한 요괴와 유령의 구별 기준이 한국 쪽의 도깨비와 귀신 연구에도 참고가 될 가능성이 있음을 논하였다. 즉 스와 하루오가 제시한 죽음과의 관련성, 이계 및 타계 관념을 참고로 하여 도깨비와 귀신을 구별하여 보았다. 이는 어디까지나 연구를 위한 개념상의 구별이었으며, 세부적인 구별방법에 관해서는 앞으로 계속 보완되리라고 본다.

한국의 귀신과 도깨비 연구에 있어서 최대의 과제 중의 하나인 개념 구분상의 모호성에 관하여, 그 연구사적 배경을 다섯 가지 갈래로 정리하여 지적하였다. 특히 무라야마가 일제 식민지 시대에 행한 귀신 연구의 특색과 그 이후의 한국에서의 귀신 연구의 관련성에 관하여 논하였으며, 일본 오니(鬼)의 모습이 도깨비에 반영된 역사적 과정을 구체적으로 검증하였다. 그리하여 당시까지 시각화・조형화된 구체적인 도깨비의 이미지가 없었다는 점을 그 주된 원인으로 파악하였다. 또한 이 문제의 해결을 위해서는 한국의 귀면와에 형상화된 '鬼'에 관한 고찰까지를 시야에 넣어 논할 필요가 있음을 강조하였다. 이는 도깨비의 도상학적 기원을 추구하는 데 있어서 중요한 의미를 지닌다.

이 같은 요괴(설화) 연구의 궁극적인 목적은 요괴에 투영된 인간의 모습에 관한 이해를 깊게 하는 것이라 할 수 있다. 오늘날에도 설화의 세계에서나 영상매체(영화・만화 등)를 통하여, 요괴의 이미지는 끊임없이 반복 재생산되고 있다. 이는 그만큼 요괴가 역사적으로 기층문화와 깊이 관련되어 있음을 의미한다고 볼 수 있다. 특히 일본의 경우는 '요괴'의 천국이라고 불러도 좋을 만큼 문학사・회화사・예능사 등에 깊이 뿌리내려있다. 앞으로 이 논문에서 정리된 요괴 개념에 의거하여 구체적인 분석대상을 대비한 본격적인 한일 비교연구가 이루어질 것이다.

참고 문헌

강은해(1985)「한국도깨비담의 形成·変化와 構造에 관한 연구」서강대학교 국문학과 박사학위논문.

김용의(1994)『相撲と河童伝承』,『待兼山論叢』(第28号) 大阪大学

김종대(1994)『한국의 도깨비 연구』국학자료원

김태곤(1976)「民間의 鬼神」,『韓国思想의 源泉』博英社

안병국(1995)『鬼神説話研究』奎章閣

이부영(1982) '도깨비',『韓国民俗大観』(第3巻) 高大民俗文化研究所

임동권(1975)「鬼神論」『語文論集』(第10輯) 中央大学校国語国文学会

장주근(1975)「배서낭과 도깨비」『韓国의 郷土信仰』, 乙酉文化社

진홍섭(1981)「瓦当에 새겨진 도깨비」『한국의 도깨비』, 열화당

최길성(1988)「도깨비의 虚像과 実像」『韓国民俗学』, 새문사

최인학(1979)「韓国のトケビと日本のバケモノ」,『日本昔話大成』(12), 角川書店

______(1988)「도깨비와 幽霊」『韓国民俗学』, 새문사

______(1989)「도깨비의 민속학적 고찰」『韓国民俗学研究』, 仁荷

하효길(1982)「鬼神」『韓国民俗大観』(第3巻), 高大民俗文化研究所

웅진출판사편(1989)『도깨비 방망이』(한국전래동화 14권) 웅진출판사

秋元吉郎 校注(1958)『風土記』岩波書店

池田弥三郎(1974)『日本の幽霊』中央公論社

井上円了(1979)『妖怪学講義』(全六巻) 国書刊行会

久保田公俊(1993),「鬼の研究-日本の鬼と韓国の鬼神に関する比較研究」

静岡県立大学修士学位論文
小松和彦(1979)「妖怪-山姥をめぐって」『日本の民俗宗教』(3) 弘文堂
________(1983)「魔と妖怪」『日本民俗学大系』(第四巻) 平凡社
________(1994)『妖怪学新考』小学館
乾克己 他編(1986)『日本伝奇伝説大事典』角川書店
今野円輔(1959)「妖怪」『日本民俗学大系』(第八巻) 平凡社
坂本太郎 外校注(1965)『日本書紀 (下)』岩波書店
諏訪春雄(1988)『日本の幽霊』岩波書店
千葉幹男(1988)「全国妖怪語辞典」『妖怪』(谷川健一編) 三一書房
柳田国男(1963)「妖怪談義」『定本柳田国男集』(第四巻) 筑摩書房
平田篤胤(1976)「古今妖魅考」『平田篤胤全集』(第八巻) 名著出版
________(1976)「稲生物怪録」『平田篤胤全集』(第九巻) 名著出版
松原孝俊「妖怪トケビと人間のコミュニケーション」『ユリイカ』1985年2月号
宮田登(1975)「祀り上げ祀り捨ての構造」『国文学』(第20第1号) 学灯社
______(1990)『妖怪の民俗学』岩波書店
村山智順(1972)『朝鮮の鬼神』国書刊行会
依田千百子(1985)「農耕民の山神信仰」『朝鮮民俗文化の研究』琉璃書房
金両基(1994)『オニとトケビ』『「かしこ型」日本人と「かちき型」韓国人』学生社
民俗学研究所編(1983)『昔話と妖怪』三弥井書店
小池正胤・叢の会編(1987)「おにの四季あそび」『江戸の絵本Ⅰ』国書刊行会
朝鮮総督府発行(1923)『普通学校朝鮮語読本』(巻二)

한일 동물설화의 비교연구(1)

1. 머리말
2. 한국과 일본의 동물설화
    2.1 한국의 동물설화
    2.2 일본의 동물설화
    2.3 한국과 일본의 동물설화
3. 일본의 〈원숭이와 게의 싸움(猿蟹合戦)〉과 한국의 〈게와 원숭이〉
    3.1 일본의 〈원숭이와 게의 싸움(猿蟹合戦)〉
    3.2 일본의 〈원숭이와 게의 싸움(猿蟹合戦)〉에서 한국의 〈게와 원숭이〉로
4. 맺음말

1. 머리말

인간의 역사와 문화가 시작된 이래, 지금까지 인간과 동물은 다양한 형태의 관계를 맺어왔다. 인간의 역사와 문화 속에 드러난 인간과 동물의 관계에 대해서는 여러 유형으로 나누어 고찰할 수 있을 것이다.

영국의 구조주의 인류학자인 로이 윌리스(Roy G. Willis)는 누엘(Nuer)족과 레레(Lele)족, 그리고 피파(Fipa)족이라는 세 부족사회에 대한 인류학적 연구에 기초하여, 인간과 동물의 관계가 지닌 구조적 의미를 고찰하였다.[1] 프랑스의 중세사 연구자인 로베르 드롤(Robert Delort)은 인간의 역사와 동물의 역사를 크게 인간이 동물의 희생자가 되는 관계, 동물이 인간의 희생물이 되는 관계, 그리고 동물이 인간의 손에 길들여져 가축화(家畜化)되는 관계로 나누어 고찰하기도 하였다.[2] 일본의 역사민속박물관에서는 인간과 동물의 관계를 수렵, 식료, 숭배, 구제(驅除), 감상・애완, 유희에 도입・비유・상징화, 표현・기록・대용(代用)이라는 관점으로 나누어 기획전시회를 개최하기도 하였다.[3]

이처럼 인간과 동물은 오랜 역사 속에서 실로 다양한 관계를

1) 로이 윌리스, 小松和彦訳(1979).

2) 로베르 드롤(桃木暁子訳, 1998 : 81~156쪽)을 참조.

3) 1996년 3월 19일부터 5월 19일까지 개최되었으며, 기획전시와 함께 관련 주제로 포럼을 개최하였다. 이 포럼의 구체적인 성과는 国立歷史民俗博物館(1997)에 정리되어 있다.

맺어왔으며, 그 같은 인간과 동물의 관계를 잘 이해할 수 있는 문학장르가 설화이다. 어느 나라·민족을 막론하고 설화 속에는 수많은 종류의 동물이 등장한다. 설화 속에 등장하는 이들 동물들은 혼인, 대립, 숭배, 퇴치 등 여러 형태로 인간과 다양한 관계를 유지해 왔다.[4)]

설화 속에는 인간과 동물이 함께 등장하기도 하고, 동물만이 주인공으로 등장하기도 한다. 물론 어느 쪽을 막론하고 인간과 동물의 관계가 잘 나타나 있다.

이 논문에서는 동물이 주인공으로 등장하여 활약하는 동물설화를 주목하고자 한다.[5)] 동물설화는 전 세계적으로 널리 분포하고 있다. 한국과 일본의 동물설화도 마찬가지다. 한국과 일본의 동물설화는 전체 설화 속에서 차지하는 양적인 비중이나 다양한 모티브 유형으로 볼 때, 설화연구에서 소홀히 할 수 없는 중요한 영역이라 할 수 있다.

일찍이 야나기타 구니오(柳田国男)는 『日本昔話名彙』에서 민담을 크게 완형담(完形昔話), 파생담(派生昔話)으로 분류하고, 파생담(派生昔話)을 인연담(因縁話), 요괴담(化物話), 소화(笑話), 조수초목담(鳥獣草木譚), 기타 등으로 분류하였다.[6)] 이 중

4) 예를 들어, 이류혼인담(異類婚姻譚)이라 부르는 설화에는 인간과 동물의 혼인을 매개로 여러 관계가 극명하게 드러나 있다. 일본의 이류혼인담에 대해서는 雨宮裕子(1985), 天野武(1989) 등을 참조.

5) 설화 속에는 동물들만이 등장하기도 하고, 동물과 인간이 함께 등장하기도 한다. 여기서는 동물만이 등장하거나, 동물과 인간이 함께 등장하더라도 동물이 주역인 경우에 한정하여 「동물설화」라 부른다.

에서 동물설화는 조수초목담에 포함된다.

세키 게이고(関敬吾)는 『日本昔話集成』과 이를 보완한 『日本昔話大成』에서 민담을 크게 동물담(動物昔話), 본격담(本格昔話), 소화(笑話)로 분류하였다.[7] 이 중에서 동물담을 다시 동물갈등, 동물분배, 동물경쟁, 동물 떡경쟁(動物餅競争), 원숭이와 게의 싸움(猿蟹合戦), 가치가치 산(かちかち山), 비가 새는 고옥(古屋の漏), 동물사회, 작은 새의 전생(小鳥前生), 동물유래 등으로 하위분류하였다.

최인학은 세키 게이고의 분류방법을 참고로 하여, 『한국민담의 유형연구』에서 민담을 동식물민담, 보통민담, 소화, 형식담, 신화적 민담, 기타로 분류하였다.[8] 이 중에서 동식물민담을 다시 동물의 유래, 동물의 사회, 식물의 유래, 인간과 동물로 하위분류하고, 인간과 동물은 도서(逃鼠), 바보 동물, 동물보은, 둔갑 등으로 더욱 세분하였다.

이와 같이 동물설화는 한일 양국의 설화연구에서 매우 중요한 위치를 차지하고 있다. 이 논문에서는 임석재의 『한국구전설화』(전 12권)에 수집되어 있는 동물설화 159화와, 『일본의 민화(日本の民話)』(전 26권)에 수록되어 있는 동물설화 187화를 대상으로 비교연구를 행한다.[9] 비교연구를 통하여 다음의 두 가지

6) 柳田国男(1948).

7) 関敬吾(1950, 1979).

8) 최인학(1994).

9) 이 두 설화자료집을 바탕으로 하여 비교연구를 시도하는 이유는, 우선 두 자료집이 양국의 전지역을 대상으로 자료를 수집하였기 때문이다.

점을 밝히고자 한다. 우선 한일 양국의 동물설화 속에 자주 등장하는 동물들의 빈도순위를 확인하고 그 이유에 대해 고찰한다. 다음으로 한일동물설화의 구체적인 사례비교로, 한국에서 「게와 원숭이」로 통용되는 민담과, 일본 오대민담(五大昔話)[10] 중의 하나인 「원숭이와 게의 싸움(猿蟹合戦)」을 비교한다. 한국의 「게와 원숭이」와 일본의 「원숭이와 게의 싸움(猿蟹合戦)」이 한일 양국의 전체 동물설화에서 차지하는 비중이나, 텍스트 비교 등을 통하여 두 민담 사이의 영향관계를 밝히고자 한다. 전자의 작업이 거시적인 관점에서 한일 동물설화 전체를 개략적으로 관망하는 작업이라면, 후자는 그러한 작업과정에서 기대되는 구체적인 연구 성과라고 할 수 있다.

2. 한국과 일본의 동물설화

2.1 한국의 동물설화

한국의 동물설화에는 주로 어떤 동물들이 등장하여 활약하는 것일까? 〈표 1〉은 임석재의 『한국구전설화』(12권)에 채록되어

특히 『한국구전설화』(12권)에는 오늘날 현지조사가 어려운 북한지역도 포함되어 있다. 그 밖의 이유로는 비교연구를 위한 적당한 분량 등을 고려하였다.

10) 「五大昔話」 또는 「五大御伽噺」라고도 부른다. 구체적인 내용은 稲田浩二 외(1977 : 344~355쪽)을 참조.

있는 모두 159화의 동물설화를 화명, 전승지, 등장동물, 출전 등으로 나누어 정리한 결과이다. 〈표 1〉을 보면 66종에 이르는 다양한 동물들이 설화 속에 등장한다. 사나운 산짐승으로 호랑이, 여우, 곰 등이 등장하며, 새는 꿩, 메추라기, 물새, 까치 등이 등장한다. 그리고 물고기로는 메기, 송사리, 병어 등이 보이며, 가축으로는 드물지만 당나귀, 말, 소, 돼지 등이 등장하며, 곤충에는 이, 벼룩, 개미, 빈대 등이 등장한다.

지역별 분포를 보면 평안북도 63화, 평안남도 4화, 황해도 9화, 함경북도 2화, 함경남도 1화, 강원도 2화, 경기도 16화, 충청북도 2화, 충청남도 11화, 전라북도 24화, 전라남도 5화, 제주도 4화, 경상남도 11화, 경상북도 6화로 되어 있다.[11)]

〈표 2〉는 〈표 1〉을 바탕으로 하여 등장동물의 빈도순위를 20위까지 나타낸 것이다. 〈표 2〉를 보면 알 수 있는 것처럼, 『한국구전설화』에서 가장 많이 등장하는 동물은 토끼로 모두 39회 등장한다. 그 다음은 호랑이가 38회로 토끼와 거의 같은 빈도를 차지한다. 그 뒤를 이어서 꿩이 20회로 3위에 들어 있다. 이 결과를 놓고 볼 때 토끼와 호랑이, 그리고 꿩이 한국인들에게 매우 친숙한 동물이라는 사실이 확인된 셈이다. 그리고 동물설화에서 복수의 동물이 등장하는 경우, 유형적으로 흔히 같이 등장하는 동물이 있다는 점도 흥미롭다. 〈표 1〉을 살펴보면, 한국의

---

11) 『한국구전설화』에 수록된 설화의 경우, 수집과정 · 수집시기 등이 다른 사정을 감안할 때, 설화의 지역별 분포가 큰 의미를 지닌다고는 보지 않는다. 설화의 수집과정 · 수집시기 등에 대한 자세한 경과에 대해서는 『한국구전설화』의 서문을 참조.

동물설화에 호랑이와 토끼가 둘이 같이 등장하는 경우가 모두 15화로 주목을 끈다. 이는 흔히 힘과 용맹을 상징하는 호랑이나 꾀와 연약함을 상징하는 토끼의 캐릭터를 이용한 결과이다. 두 동물의 캐릭터를 대비함으로써 이야기를 흥미롭게 이끌어가고 있는 것이다.

표 1 한국의 동물설화

* 표의 출전에서 밝힌 숫자는 「임석재전집」의 권수를 가리킨다.

	화명	전승지	등장 동물	출전
1	고양이의 꾀	평안북도	고양이, 쥐	전집 1
2	메추라기의 꼬리	평안북도	토끼, 메추라기	전집 1
3	메추라기와 여우	평안북도	여우, 메추라기	전집 1
4	비에 놀란 호랑이	평안북도	호랑이	전집 1
5	호랑이와 토끼	평안북도	호랑이, 토끼	전집 1
6	호랑이와 토끼와 곰	평안북도	호랑이, 토끼, 곰	전집 1
7	호랑이	평안북도	호랑이	전집 1
8	호랑이와 곰	평안북도	호랑이, 곰	전집 1
9	호랑이와 토끼	평안북도	호랑이, 토끼	전집 1
10	호랑이와 토끼	평안북도	호랑이, 토끼	전집 1
11	호랑이와 당나귀와 토끼	평안북도	호랑이, 당나귀, 토끼	전집 1
12	꿩과 쥐	평안북도	꿩, 쥐	전집 1
13	꿩과 쥐	평안북도	꿩, 쥐	전집 1
14	꿩의 죽음	평안북도	꿩	전집 1
15	꿩과 쥐	평안북도	참새, 꿩, 쥐	전집 1
16	꿩과 쥐	평안북도	꿩, 쥐	전집 1

	화명	전승지	등장 동물	출전
17	꿩과 쥐	평안북도	꿩, 쥐	전집 1
18	노래소리 판정	평안북도	꾀꼬리, 따오기, 뻐꾸기, 두루미	전집 1
19	까치와 여우와 왁새	평안북도	까치, 여우, 왁새	전집 1
20	까치와 여우와 왁새	평안북도	까치, 여우, 왁새	전집 1
21	까치와 호랑이와 메추라기	평안북도	까치, 호랑이, 메추라기	전집 1
22	토끼의 꾀	평안북도	거북, 토끼, 쉬파리, 독수리	전집 1
23	두꺼비와 토끼와 호랑이	평안북도	호랑이, 토끼, 두꺼비	전집 1
24	두꺼비의 꾀	평안북도	두꺼비, 호랑이	전집 1
25	두꺼비와 여우	평안북도	두꺼비, 여우	전집 1
26	토끼와 호랑이와 할머니	평안북도	호랑이, 토끼, 쉬파리	전집 1
27	까마귀와 범과 토끼	평안북도	까마귀, 호랑이, 토끼	전집 1
28	토끼	평안북도	토끼, 호랑이	전집 1
29	호랑이와 토끼	평안북도	호랑이, 토끼	전집 1
30	새끼를 짝지워 세는 토끼	평안북도	토끼	전집 1
31	메뚜기 · 왁새 · 개미	평안북도	메뚜기, 왁새, 개미	전집 2
32	개미와 메뚜기	평안북도	개미, 메뚜기	전집 2
33	방아개비 · 촉새 · 개미	평안북도	방아개비, 촉새, 개미	전집 2
34	서스레기 · 지렁이 · 물새	평안북도	서스레기, 지렁이, 물새	전집 2
35	개미 · 지렁이 · 서스레기	평안북도	개미, 지렁이, 서스레기	전집 2
36	지렁이와 서스레기	평안북도	지렁이, 서스레기	전집 2
37	개미 · 지렁이 · 노래기	평안북도	개미, 지렁이, 노래기	전집 2
38	이 · 벼룩 · 모기의 시	평안북도	이, 벼룩, 모기, 빈대	전집 2
39	이 · 벼룩 · 모기의 시	평안북도	이, 벼룩, 모기, 빈대	전집 2
40	이 · 벼룩 · 모기의 시	평안북도	이, 벼룩, 모기	전집 2

	화명	전승지	등장 동물	출전
41	이·벼룩·빈대	평안북도	이, 벼룩, 빈대	전집 2
42	범·토끼·벌의 봉변	평안북도	호랑이, 토끼, 벌	전집 2
43	범·토끼·앵벌의 봉변	평안북도	호랑이, 토끼, 벌	전집 2
44	게와 원숭이	평안북도	게, 원숭이	전집 2
45	게와 원숭이	평안북도	게, 원숭이	전집 2
46	게와 원숭이	평안북도	게, 원숭이	전집 2
47	게와 원숭이	평안북도	게, 원숭이	전집 2
48	게와 원숭이	평안북도	게, 원숭이, 벌	전집 2
49	게와 원숭이	평안북도	게, 원숭이, 벌	전집 2
50	게와 원숭이	평안북도	게, 원숭이, 벌	전집 2
51	참새 원수를 갚아준 벌과 개구리	평안북도	참새, 곰, 벌, 개구리, 딱다구리	전집 2
52	고양이를 죽인 쥐	평안북도	고양이, 쥐	전집 2
53	청개구리 울음소리	평안북도	개구리	전집 3
54	비둘기 울음소리	평안북도	비둘기	전집 3
55	비둘기 울음소리	평안북도	비둘기	전집 3
56	꿩의 울음소리	평안북도	꿩	전집 3
57	꿩의 울음소리	평안북도	꿩	전집 3
58	꿩의 울음소리	평안북도	꿩	전집 3
59	빼꾸기와 풍덕새	평안북도	빼꾸기, 풍덕새	전집 3
60	망두기·가재미·낙지	평안북도	망두기, 가자미, 낙지	전집 3
61	붕어의 꿈	평안북도	붕어	전집 3
62	이와 벼룩의 씨름	평안북도	이, 벼룩	전집 3
63	이와 벼룩의 씨름	평안북도	이, 벼룩	전집 3
64	메뚜기·왁새·개미	평안남도	메뚜기, 왁새, 개미	전집 3
65	이와 벼룩의 씨름	평안남도	이, 벼룩	전집 3

	화명	전승지	등장 동물	출전
66	모기·이·벼룩의 시작(詩作)	평안남도	모기, 이, 벼룩	전집 3
67	대합에 놀란 까마귀	평안남도	까마귀, 대합	전집 3
68	메뚜기·개미·물새	황해도	메뚜기, 개미, 물새	전집 3
69	눈을 금띠와 바꾼 지렁이	황해도	가재, 지렁이, 개미	전집 3
70	꿩과 쥐	황해도	꿩, 쥐	전집 3
71	게와 원숭이	황해도	게, 원숭이	전집 3
72	게와 원숭이	황해도	게, 원숭이	전집 3
73	게와 원숭이	황해도	게, 원숭이	전집 3
74	토끼와 호랑이	황해도	호랑이, 토끼	전집 3
75	토끼의 꼬리	황해도	호랑이, 토끼	전집 3
76	쪽박새	황해도	쪽박새	전집 3
77	참새가 뛰는 이유	함경북도	참새, 파리	전집 4
78	이·벼룩·빈대	함경북도	이, 벼룩, 빈대	전집 4
79	청개구리의 울음소리	함경남도	개구리	전집 4
80	이·벼룩·빈대	강원도	이, 벼룩, 빈대	전집 4
81	빈대·이·벼룩·파리·모기	강원도	빈대, 이, 벼룩, 파리, 모기	전집 4
82	됫박 바꿔주 하고 우는 새	경기도	새	전집 5
83	두견새 울음소리	경기도	두견	전집 5
84	꿩의 울음소리	경기도	꿩, 거북	전집 5
85	개미와 물새와 메뚜기	경기도	개미, 물새, 메뚜기	전집 5
86	메뚜기의 이마	경기도	메뚜기, 개미	전집 5
87	물새와 메뚜기와 개미와 꿩	경기도	물새, 메뚜기, 개미, 꿩	전집 5
88	이와 벼룩과 빈대	경기도	이, 벼룩, 빈대	전집 5

	화명	전승지	등장 동물	출전
89	이와 벼룩과 빈대와 모기와 파리	경기도	이, 벼룩, 빈대, 모기, 파리	전집 5
90	원숭이와 게	경기도	원숭이, 게	전집 5
91	말과 소와 개와 돼지	경기도	말, 소, 개, 돼지	전집 5
92	까치와 여우와 학	경기도	까치, 여우, 학	전집 5
93	수달과 호랑이	경기도	수달, 호랑이, 토끼	전집 5
94	메추라기와 여우	경기도	메추라기, 여우	전집 5
95	꿩과 쥐와 토끼	경기도	꿩, 쥐, 토끼	전집 5
96	토끼와 호랑이	경기도	토끼, 호랑이	전집 5
97	호랑이와 토끼와 노루	경기도	호랑이, 토끼, 노루	전집 5
98	개미와 메뚜기	충청북도	개미, 메뚜기	전집 6
99	천년 묵은 여우와 미련한 너구리	충청북도	여우, 너구리	전집 6
100	원숭이와 게	충청남도	원숭이, 게	전집 6
101	원숭이와 게	충청남도	원숭이, 게	전집 6
102	메추라기의 꽁지	충청남도	메추라기, 꿩, 쥐	전집 6
103	수달과 호랑이와 토끼	충청남도	수달, 호랑이, 토끼	전집 6
104	수달과 호랑이와 토끼	충청남도	수달, 호랑이, 토끼	전집 6
105	수달과 호랑이와 토끼	충청남도	수달, 호랑이, 토끼	전집 6
106	수달과 호랑이와 토끼	충청남도	수달, 호랑이, 토끼	전집 6
107	흰 나비의 유래	충청남도	나비	전집 6
108	국국새	충청남도	뻐꾸기	전집 6
109	소쩍새	충청남도	소쩍새	전집 6
110	메기의 꿈	충청남도	메기	전집 6
111	순창의 개구리와 모기	전라북도	개구리, 모기	전집 7
112	우리나라에 뱀이 있게 된 이유	전라북도	뱀	전집 7

	화명	전승지	등장 동물	출전
113	이 벼룩 모기 빈대	전라북도	이, 벼룩, 모기, 빈대	전집 7
114	벼룩 이 모기 빈대의 모양과 그들의 글	전라북도	벼룩, 이, 모기, 빈대	전집 7
115	물새 메뚜기 개미	전라북도	물새, 메뚜기, 개미	전집 7
116	물새 메뚜기 개미	전라북도	물새, 메뚜기, 개미	전집 7
117	가재와 지렁이	전라북도	가재, 지렁이	전집 7
118	지렁이와 가재	전라북도	지렁이, 가재	전집 7
119	메기와 송사리	전라북도	메기, 송사리	전집 7
120	메기와 눈쟁이(송사리)	전라북도	메기, 송사리	전집 7
121	메기입과 병어 입	전라북도	메기, 병어	전집 7
122	두견새	전라북도	두견	전집 7
123	풍덕새	전라북도	풍덕새	전집 7
124	게와 원숭이	전라북도	게, 원숭이	전집 7
125	너구리와 여우	전라북도	너구리, 여우	전집 7
126	쥐와 게	전라북도	쥐, 게	전집 7
127	토끼와 두꺼비의 재주자랑	전라북도	토끼, 두꺼비	전집 7
128	두꺼비와 토끼와 호랑이의 재주	전라북도	두꺼비, 토끼, 호랑이	전집 7
129	메추라기와 여우	전라북도	메추라기, 여우	전집 7
130	호랑이와 여우	전라북도	호랑이, 여우	전집 7
131	토끼와 호랑이	전라북도	토끼, 호랑이	전집 7
132	늙은 당나귀와 호랑이와 토끼	전라북도	당나귀, 호랑이, 토끼	전집 7
133	꿩과 소리개	전라북도	꿩, 소리개	전집 8
134	연학(鳶学)	전라북도	까치, 소리개	전집 8
135	쑥국새	전라남도	쑥국새	전집 9
136	이 벼룩 빈대	전라남도	이, 벼룩, 빈대	전집 9

	화명	전승지	등장 동물	출전
137	소금쟁이와 게와 물고기	전라남도	소금쟁이, 게, 물고기	전집 9
138	곶감 도둑 호랑이 곰	전라남도	호랑이, 곰	전집 9
139	수달과 호랑이와 토끼	전라남도	수달, 호랑이, 토끼	전집 9
140	청개구리의 울음	제주도	개구리	전집 9
141	게와 새가 된 오누이	제주도	게, 새	전집 9
142	굴뚝새의 울음소리	제주도	꿩, 굴뚝새	전집 9
143	꾀꼬리와 호랑나비가 된 유래	제주도	꾀꼬리, 나비	전집 9
144	두꺼비와 토끼	경상남도	두꺼비, 토끼	전집 10
145	여우 토끼 두꺼비	경상남도	여우, 토끼, 두꺼비	전집 10
146	호랑이와 토끼	경상남도	호랑이, 토끼	전집 10
147	호랑이와 토끼	경상남도	호랑이, 토끼	전집 10
148	호랑이와 토끼	경상남도	호랑이, 토끼	전집 10
149	호랑이 꼬리와 토끼 꼬리	경상남도	호랑이, 토끼	전집 10
150	호랑이 꼬리와 토끼의 꼬리	경상남도	호랑이, 토끼	전집 10
151	호랑이와 에비	경상남도	호랑이, 토끼	전집 10
152	꿩과 메추리와 쥐	경상남도	꿩, 메추리, 쥐	전집 10
153	게의 꾀	경상남도	두꺼비, 게	전집 10
154	들에 사는 쥐와 인가에 사는 쥐	경상남도	쥐	전집 10
155	두꺼비와 토끼의 거북의 나이 자랑	경상북도	두꺼비, 토끼, 거북	전집 12
156	개미와 물새와 방아깨비	경상북도	개미, 물새, 방아깨비	전집 12
157	꿩과 쥐	경상북도	꿩, 쥐, 메추리	전집 12
158	꿩과 쥐	경상북도	꿩, 쥐, 메추리	전집 12
159	노고지리와 꿩과 쥐	경상북도	노고지리, 꿩, 쥐	전집 12
160	까마귀와 여우와 학	경상북도	까마귀, 여우, 학	전집 12

표 2 한국동물설화의 등장동물 빈도순위

등장동물	회수	빈도순위
토끼	39	1
호랑이	38	2
꿩	20	3
게	18	4
이	16	5
벼룩	16	5
개미	15	7
쥐	14	8
원숭이	14	8
여우	12	10
메뚜기	10	11
빈대	10	11
두꺼비	9	13
메추라기	9	13
지렁이	7	15
수달	6	16
물새	6	16
개구리	5	18
까치	5	18
메기	4	20

2.2. 일본의 동물설화

〈표 3〉은 『일본의 민화(日本の民話)』(전 26권)에 수록되어 있는 총 187화에 이르는 동물설화를 화명, 전승지, 등장동물, 출전 등으로 나누어 정리한 결과이다. 〈표 3〉을 보면 모두 65종에 이르는 다양한 동물들이 설화 속에 등장한다. 짐승으로 이리, 여

우, 고양이 등이 등장하며, 새는 참새, 두견, 까마귀, 비둘기, 제비, 등이 등장한다. 그리고 자주 등장하지는 않지만 어류로 새우, 쥐치, 은어 등이 보이며, 가축으로는 닭이 거의 유일하게 등장한다. 곤충으로는 벼룩, 이, 파리 등이 등장한다.

〈표 4〉는 〈표 3〉을 바탕으로 하여 등장동물의 빈도순위를 20위까지 나타낸 것이다. 〈표 4〉에 나타난 바와 같이, 일본의 『일본의 민화(日本の民話)』에 가장 많이 등장하는 동물은 원숭이로 모두 41회 등장한다. 다음으로 참새가 19회로 2위, 두견이 18회로 3위를 차지한다. 이 결과를 보면 일본의 동물설화에서 가장 친숙한 동물은 원숭이라는 사실을 알 수 있다. 원숭이는 일본의 민간신앙이나 설화에서 중요한 위치를 차지하는 동물이다. 이 점에 관해서는 일본 전국 각지에 〈원숭이신 퇴치(猿神退治)〉에 관한 전승이나 〈원숭이사위 보기(猿聟入り)〉라 부르는 설화가 골고루 분포하고 있는 점만을 보아도 알 수 있다.

참새가 2위에 올라 있는 이유는 일본 오대민담(五大昔話) 중의 하나로 널리 알려진 〈혀 잘린 참새(舌切雀)〉의 영향이 큰 것으로 볼 수 있다. 그리고 두견이 빈도순위에서 2위를 차지한 이유는 사람이 죽어서 새가 되었다는 소조전생담(小鳥前生譚)[12)]

12) 이는 동물설화의 한 유형으로 인간과 동물의 관계를 고찰하는 데 있어 중요한 의미를 지닌다. 대개 소조(小鳥)의 전생에 대한 이야기를 함으로써, 그 울음소리, 색채, 형태, 습성 등에 대한 유래를 설명한다. 본문에서 언급한 두견과 관련한 전생담 중에 유명한 설화로 〈두견(時鳥)〉·〈두견과 형제(時鳥と兄弟)〉·〈두견과 의붓자식(時鳥と継子)〉 등이 있다. 상세한 내용은 稲田浩二 외(1977 : 349~359쪽, 850~853쪽)을 참조.

에 두견이 압도적으로 많이 등장하기 때문으로 보인다. 〈표 3〉에서도 소조전생담에 두견이 등장하는 설화가 모두 30화에 이르고 있다.

표 3 일본의 동물설화

* 표의 출전에서 밝힌 숫자는 『日本の民話』의 권수를 가리킨다.

	화명	전승지	등장동물	출전
1	きつつきと雀	青森県弘前市田茂木町	딱따구리, 참새	1
2	しぎと鳩	青森県弘前市田茂木町	도요새, 비둘기	1
3	はと	青森県弘前市田茂木町	비둘기	1
4	さるとかに	青森県弘前市田茂木町	원숭이, 게	1
5	狐とかわうそ	青森県弘前市石川町字大沢	여우, 수달	1
6	猿とかにの寄合餅	秋田県鹿角郡手馬内町	원숭이, 게	2
7	古屋のもり	秋田県大館市	이리, 원숭이	2
8	くじらのはなし	秋田県男鹿市戸賀	고래	2
9	猿と雉	山形県由利郡岩城町君ケ野	원숭이, 꿩	2
10	雀と猿	山形県東置賜郡	참새, 원숭이, 뱀	2
11	猿と蛙	山形県東置賜郡	원숭이, 개구리	2
12	なるともる	山形県南置賜郡	이리	2
13	猿と兎のカチカチ山	山形県南置賜郡	원숭이, 토끼	2
14	ほととぎすになった弟	山形県最上郡	두견	2

	화명	전승지	등장동물	출전
15	梟の染屋	福島県信夫郡	올빼미, 까마귀	3
16	元七黒七鳥	福島県耶麻郡	새	3
17	鶏と白蛇の話	福島県福島市旭町	닭, 뱀	3
18	ほととぎす	福島県いわき市	두견	3
19	川うそとキツネ	秋田県	수달, 여우	4
20	ねずみのおすもう	秋田県	쥐	4
21	古屋のもり	宮城県	이리, 토끼	4
22	コーモリになった ノネズミ	福島県	박쥐, 들쥐, 족제비, 소리개, 토끼, 다람쥐	4
23	サルと蛙	福島県	원숭이, 개구리	4
24	十二支からおちた猫	安房郡	고양이, 쥐	6
25	雀の親孝行	安房郡	참새, 제비, 박쥐	6
26	糞蛙と赤蛙	市原郡	개구리	6
27	蟻と鳩	市原郡	개미, 개구리	6
28	ほととぎすの親子	市原郡	두견	6
29	くらつこ鳥	長生郡	새	6
30	蛙になった牧丹餅	君津郡	개구리	6
31	すずめとつばめ	相州内郷村	참새, 제비	6
32	ミソサザイは鳥の王	相州内郷村	굴뚝새	6
33	蛇とみみず	相州内郷村	뱀, 지렁이	6
34	ばばあ汁・狸汁	上模北部	너구리, 토끼	6
35	ほととぎすの兄弟	相州内郷村	두견	6
36	犬の足は三本	上模東部	개	6
37	鼠が猫に食われるわけ	上模東部	고양이, 쥐	6
38	猿の尻尾	上模東部	이리, 원숭이	6

	화명	전승지	등장동물	출전
39	つばめと雀	静岡県	제비, 참새	7
40	狼よりもるぞ恐ろしい	静岡県	이리, 원숭이	7
41	子とび	静岡県	소리개	7
42	ほととぎす	賀茂郡	두견	7
43	猫と十二支の話	静岡県	고양이, 쥐	7
44	ジヒシン鳥	碓氷郡	새	8
45	二羽がらす	南巨摩郡早川町奈良田	까마귀	8
46	継母と時鳥	西入代郡上九一色村	두견	8
47	水乞鳥	西入代郡上九一色村	새	8
48	狐のわけまえ	西入代郡上九一色村	여우, 너구리, 토끼	8
49	狐と鼠の大戦争	南巨摩郡早川町硯島	고양이, 쥐	8
50	クマとウサギとカワウソ	揖斐郡	곰, 토끼, 수달	9
51	大ねずみと猫	益田郡	고양이, 쥐	9
52	降るぞ漏るぞ	大野郡・高山市	이리	9
53	猿とどんびき	大野郡・高山市	원숭이, 개구리	9
54	鯨の夫婦	南佐久郡小海村	고래	10
55	ほととぎすの話	北佐久郡浅間町上平尾	두견	10
56	カッコウ鳥	東筑摩郡	뻐꾸기(두견)	10
57	もるどを恐れた虎と狼	婦負郡	호랑이, 이리	10
58	蜂と蟻と蜘蛛	上新川郡	벌, 개미, 거미	10
59	烏のあほう	上新川郡	까마귀, 고양이	10
60	とんびの魚売り	上新川郡	소리개, 까마귀, 고양이, 참새	10
61	クラゲと猿	射水郡	해파리, 원숭이	10

	화명	전승지	등장동물	출전
62	いも鳥の話	西砺波郡	두견	10
63	鳶と雀と鳩と烏	東頚城郡松之山村湯元	소리개, 참새, 비둘기, 까마귀	11
64	鳩と鴫	東頚城郡松之山村湯元	비둘기, 도요새, 개미	11
65	猿の生きぎも	東頚城郡松之山村湯元	원숭이, 갓파(河童), 문어	12
66	いたちと鼠	小千谷市首沢	족제비, 쥐	12
67	猿と雉	岩船郡朝日村字釜杭	원숭이, 꿩, 벌, 게	12
68	狐と獅子の術くらべ	岩船郡朝日村字釜杭	원숭이, 사자	12
69	ヒバリ	北加賀	종다리	12
70	慈悲心鳥	鹿島郡	새	12
71	へそ曲りの鳩	鹿島郡	비둘기	12
72	けものの力くらべ	遠敷郡	이리, 여우, 호랑이, 사자	12
73	猿とフクガエル	遠敷郡	원숭이, 두꺼비	12
74	シギと鳩	遠敷郡	도요새, 비둘기, 개미	12
75	ふるやのもるぞ	大飯郡	이리	12
76	オットトリ	大野郡	새	12
77	猿の生き肝	坂井郡	원숭이, 뱀	12
78	みみずの目	坂井郡	지렁이, 개구리	12
79	かえるの宿がえ	坂井郡	개구리, 새	12
80	かわうそどんときつねどん	坂井郡	수달, 여우, 문어	12
81	もち争い	大野郡	원숭이, 여우	12

	화명	전승지	등장동물	출전
82	片羽千里	大野郡	새, 새우, 가오리	12
83	鷲にかまれた猿	三重郡	독수리, 원숭이	13
84	三匹の小猿	一志郡	원숭이, 메기	13
85	かっこう鳥	一志郡	뻐꾸기(두견)	13
86	つつ鳥の話	一志郡	새	13
87	七本鮫の磯部参り	志摩郡	상어	13
88	大坂のかわず京のかわず	大阪市南区	개구리	14
89	熊の尻っぽの話	茨木市福井	곰, 여우	14
90	みそさざえとたか	三島郡三島町	굴뚝새, 매, 멧돼지	14
91	狼ともるろう	茨木市福井	이리	14
92	スズメは米食うてツバメは土食うて	茨木市福井	참새, 제비, 휘파람새	14
93	かっこうかっこうかっこう鳥	寝屋川市	뻐꾸기(두견)	14
94	百舌鳥の拾いもの	大阪市住吉区	때까치, 메뚜라기, 비둘기, 도요새, 개미	14
95	猿の餅花	大阪市住吉区	원숭이, 두꺼비	14
96	いたちとかにの走りあい	大阪市住吉区	족제비, 게	14
97	三匹のさる	養父郡	원숭이	14
98	きつねとたぬきの腕くらべ	養父郡	여우, 너구리	14
99	鹿の鏡井戸	宝塚市	사슴	14
100	カエルの引越し	明石市	개구리	14
101	鳶がなくと雨が降る	神崎郡	소리개	14

	화명	전승지	등장동물	출전
102	海老の腰はなぜ曲った	相生市	새우, 도미	14
103	猿のけつは赤いな	真庭郡	원숭이, 토끼, 수달	15
104	雀孝行	久米郡久米町	참새, 떡다구리	15
105	オトトキタカ	久米郡	두견	15
106	タイとアイとがけんかする話	西大寺市津田	은어, 도미	15
107	雨の漏りどん	八束地方	이리	15
108	雀ときつつき	八束地方	참새, 딱다구리	15
109	ててっぽぽ、かかっぽぽ	簸川地方	비둘기	15
110	ひきがえるとサル	広島市	두꺼비, 원숭이	16
111	阿波の藤兵衛狸と化けくらべ	広島市	여우, 너구리	16
112	フクロウと要七	賀茂郡	올빼미	16
113	孝行雀	山県郡	참새, 딱다구리	16
114	田螺と烏	沼隈郡	우렁이, 까마귀	16
115	兎と猿とひき蛙	玖珂・熊手郡	토끼, 원숭이, 두꺼비	17
116	弟きたか芋首くうたか	都濃郡	두견	17
117	猿亀合戦	大津郡	원숭이, 거북	17
118	なまこにまけた鯨	大津郡	해삼, 고래	17
119	蛸にはなぜ骨がない	大津・豊浦郡	원숭이, 거북, 문어	17
120	鳳凰五斗もってこい	厚狭郡	봉황, 올빼미, 벌, 여우, 호랑이	17
121	犬と猫との話	厚狭・豊浦郡	개, 고양이	17

	화명	전승지	등장동물	출전
122	烏と田にし	阿武郡	까마귀, 우렁이	17
123	こごとみみそさざい	美弥厚狭郡	굴뚝새, 까마귀, 독수리, 봉황, 멧돼지, 사슴	17
124	虎と蝸牛との話	阿武郡	호랑이, 달팽이	17
125	えと(干支)のはなし	大島・都濃・吉敷郡	고양이, 십이지동물	17
126	孝行雀と不孝子つばめ	周防地方	참새, 제비	17
127	いかとするめ	阿武・大津郡	오징어	17
128	鶴と亀	阿武・豊浦郡	거북, 학	17
129	化け競べ	讃岐地方	너구리	18
130	弟子こし鳥	讃岐地方	두견	18
131	猿のお尻はなぜ赤い	佐柳志志島昔話集	원숭이, 게	18
132	雀と鴎	志志島	참새, 갈매기	18
133	てしこび鳥	川之江市	새	18
134	うぐいすとねずみ	温泉郡	휘파람새, 쥐	18
135	猿のお尻はなぜ赤い	伊予郡	원숭이, 게	18
136	雀孝行、燕不孝	喜多郡	참새, 제비	18
137	カチカチ山	東宇和郡	너구리, 토끼	18
138	みそこすりと鷹	三好郡加茂町	굴뚝새, 매, 멧돼지	19
139	海老の腰が丸くなっ話	美馬郡穴吹町	새, 새우, 고래	19
140	狸と狐のばかっしゃい	美馬郡脇町	너구리, 여우	19
141	弟子恋しの鳥	美馬郡美馬町郡里	새(두견)	19
142	阿波と讃岐と土佐の猿	板野郡	원숭이	19
143	みそさざいは鳥の王様	三好郡	굴뚝새	19
144	古屋の漏り	三好郡	이리, 원숭이	19

	화명	전승지	등장동물	출전
145	ふるやんぼるど	杵築市	이리, 원숭이	20
146	猿と蟹	速見郡	원숭이, 게	20
147	雀と燕	東国東郡	참새, 제비	20
148	蛇と蛙	直入郡昔話集	뱀, 개구리	20
149	新かちかち山	西彼杵郡外海町黒崎	너구리	21
150	エイの魚になって死んだ大蛇	姫戸町牟田	뱀	21
151	古家のもり	蘇郡阿	이리, 원숭이	22
152	狐の化かし合い	日置郡	여우	22
153	世界で一ばん大きい動物	種子島	새, 새우, 오징어, 가오리	22
154	猿とつがねの餅つき	甑島	원숭이, 게	22
155	ふくろうになった狩人	薩摩郡	올빼미, 뱀, 게	22
156	ほととぎす	薩摩郡	두견	22
157	烏ときじ	姶良郡	까마귀, 꿩	22
158	烏と鷹	大隅地方	까마귀, 매	22
159	虎ときつね	宮崎市	여우, 호랑이	23
160	猿カニ合戦	宮崎郡	원숭이, 게, 벌	23
161	エビとカラス	児湯郡	새우, 까마귀	23
162	エビの腰はなぜまがった	日向	독수리, 새우, 가오리	23
163	タコと蛇	日向	문어, 뱀	23
164	カラスと猫どん	日向	까마귀, 고양이	23
165	天のはてを見にいく	西之表市下能野	새, 새우, 가오리, 오징어	24
166	ガニとサル	種子島	원숭이, 게	24

	화명	전승지	등장동물	출전
167	アリとガニとバック	西之表市安城	개미, 게, 두꺼비	24
168	シカと田みなの競走	種子島	사슴	24
169	カラスとタカ	中種子町女洲	까마귀, 매	24
170	ケシこい、クロクチこい	種子島	올빼미	24
171	クラゲの骨	南種子町上中	해파리, 원숭이	24
172	猿になった紺屋どん	種子島	원숭이	24
173	恐ろしい雨もり	南種子町夏田	호랑이, 원숭이	24
174	動物の世界漫遊	屋久町安房	새, 새우, 가오리, 오징어	25
175	猿の生きぎも	屋久町尾之間	원숭이, 거북, 쥐치	25
176	サルとカメ	上屋久町永田	원숭이, 거북	25
177	十二支のはじまり	屋久町麦生	고양이, 쥐	25
178	のみとしらみ	沖縄本島	벼룩, 이	26
179	雀と蝿	沖縄本島	참새, 파리	26
180	みみずの涙	沖縄本島	지렁이, 뱀	26
181	雀と雲雀	八重山群島	참새, 종다리	26
182	すずめとかわせみ	八重山群島	참새, 물총새	26
183	かっこう鳥	八重山群島	뻐꾸기, 까마귀	26
184	ほととぎすの兄弟	三根	두견	26
185	すずめとうぐいす	三根	참새, 휘파람새	26
186	フクロウと鶏の問答	大賀郷	올빼미, 닭	26
187	ひょんげの鳥	八丈島	새	26

▌표 4 ▌일본설화의 등장동물 빈도순위

등장동물	회수	빈도순위
원숭이	41	1
참새	19	2
두견(뻐꾸기)	18	3
새	15	4
이리	14	5
여우	13	6
까마귀	12	7
게	12	7
고양이	11	9
개구리	10	10
쥐	10	10
토끼	8	12
비둘기	8	12
너구리	8	12
뱀	8	12
새우	7	16
제비	7	16
호랑이	6	18
올빼미	6	18
두꺼비	5	20
개미	5	20
수달	5	20
굴뚝새	5	20
소리개	5	20
거북	5	20

2.3. 한국과 일본의 동물설화

『한국구전설화』와 『일본의 민화(日本の民話)』에 수록된 양국의 설화를 대상으로 비교해 보면, 우선 등장동물의 종류에 있어 한국의 경우가 모두 66종, 일본의 경우가 모두 65종으로 거의 비슷하다. 그렇지만 양국의 동물설화에 등장하는 등장동물의 빈도순위에 있어서는 큰 차이를 보이고 있다. 등장동물의 종류에 있어 별다른 차이가 없음에도 불구하고, 왜 이처럼 빈도순위에 있어 크게 차이가 나는 것일까? 이 점에 대해서 구체적으로 검토하기로 한다.

한국과 일본의 동물설화에 등장하는 동물의 빈도순위에 큰 차이가 나는 결정적인 이유로 동물의 생태환경을 들 수 있다. 즉, 지역적으로 한국이나 일본에 서식하지 않은 동물은 양국의 설화 속에도 등장하지 않는다는 사실이다. 더 정확히 말한다면 등장할 수가 없었을 것이다. 예를 들어 호랑이의 경우를 생각해 보기로 한다. 〈표 2〉를 보면, 한국의 동물설화에는 호랑이가 총 38회 등장하여 2위에 올라있다. 그런데 〈표 4〉를 보면, 일본의 동물설화에는 총 6회 등장하여 8위에 올라있다. 구체적으로 〈비가 새는 것을 두려워한 호랑이와 이리(もるどを恐れた虎と狼)〉(제57화), 〈짐승의 힘겨루기(けものの力くらべ)〉(제72화), 〈봉황 5되 가져오너라(鳳凰五斗もってこい)〉(제120화), 〈호랑이와 달팽이 이야기(虎と蝸牛との話)〉(제124화), 〈호랑이와 여우(虎ときつね)〉(제159화), 〈비가 새는 것이 무섭다(恐ろしい

雨もり)〉(제173화) 등이다. 여기서 주의할 점은 일본의 동물설화에 등장하는 호랑이의 경우는, 호랑이가 주역으로 등장하기보다는 조역으로 등장하는 경우가 많으며, 이야기의 무대로 다른 나라가 배경인 경우가 많다는 점이다.

결론적으로 호랑이는 일본의 설화세계에서 큰 의미를 지닌 동물이 아니다. 잘 알려진 바와 같이 호랑이는 원래 일본에 서식하지 않았다고 하는데, 그 결과가 양국의 동물설화에 그대로 반영되어 있는 것이다. 본 적도 없는 동물을 설화의 주인공으로 삼아 이야기를 한다는 것이 쉬운 일은 아니었기 때문일 것이다.

한일 양국의 동물설화에서 공통적으로 주목할 점이 있다. 〈표 2〉나 〈표 4〉의 20위 안에 가축이 전혀 포함되어 있지 않다는 점이다. 〈표 1〉을 보면, 한국의 동물설화에 말, 소, 돼지 등의 가축이 등장하기는 하지만, 그 등장회수가 당나귀 2회, 말 1회, 소 1회, 돼지 1회로 거의 등장하지 않는 것이나 다름없다.

〈표 3〉에서도 일본의 동물설화에서 가축으로는 유일하게 닭이 2회 등장할 뿐이다. 이 점에 대해서 어떻게 생각해야 할까? 이는 허구를 생명으로 하는 설화(그 중에서도 민담)의 본질, 특히 이야기가 전개되는 공간과 연관성이 있는 중요한 문제라고 볼 수 있다. 즉 이야기가 전개되는 공간이 주로 인간의 거주공간과는 거리가 먼 산 속 등으로 설정되기 때문에, 인간과 가까운 거리에 있는 가축이 설화에 등장하기가 쉽지 않은 것이다. 이 점은 한국과 일본이 공통적이며, 〈표 2〉와 〈표 4〉에 그대로 반영되어 있다.

마지막으로 〈표 1〉과 〈표 2〉를 대조해 볼 때, 한 가지 주목할 만한 사실을 발견할 수 있다. 즉, 〈표 2〉에 따르면 원숭이가 14회 등장하여 8위에 올라 있다. 그렇지만 잘 알려진 바와 같이, 원숭이는 한국에 서식하지도 않았으며, 한국인들 사이에서 좋은 이미지로는 인식되지 않는 동물이다. 그런데도 8위에 올라 있는 것이다. 더욱 흥미로운 점은 〈표 1〉을 다시 확인해 보면, 원숭이가 등장하는 경우는 오직 한국에서 〈게와 원숭이〉[13]라는 이름으로 부르는 설화에만 한정되어 있다는 점이다. 여기에는 무언가 필연적인 이유가 있을 것이다. 이 점에 관해서 구체적으로 고찰해 보기로 한다.

3. 일본의 「원숭이와 게의 싸움(猿蟹合戦)」과 한국의 「게와 원숭이」

3.1 일본의 「원숭이와 게의 싸움(猿蟹合戰)」

〈표 3〉에 나타난 바와 같이, 일본의 『일본의 민화(日本の民話)』에는 〈원숭이와 게의 싸움(猿蟹合戦)〉이 모두 16화가 수록되어 있다. 구체적으로 열거하면 〈원숭이와 게(さるとかに)〉(제4화), 〈원숭이와 게의 떡(猿とかにの寄合餅)〉(제6화), 〈원숭이와 개구리(猿と蛙)〉(제11화), 〈원숭이와 개구리(サルと

13) 화명에 대해서는 한국에서 「원숭이와 게」「게와 원숭이」 등으로 사용되고 있다. 여기서는 일본의 경우와 구분한다는 의미에서 「게와 원숭이」로 통일하여 사용하기로 한다.

蛙)〉(제23화), 〈원숭이와 개구리(猿とどんびき)〉(제53화)〉, 〈원숭이와 꿩(猿と雉)〉(제67화), 〈원숭이와 두꺼비(猿とフクガエル)〉(제73화), 〈수달과 여우(かわうそどんときつねどん)〉(제80화), 〈원숭이와 떡猿の餅花)〉(제95화), 〈두꺼비와 원숭이(ひきがえるとサル)〉(제110화), 〈토끼와 원숭이와 두꺼비(兎と猿とひき蛙)〉(제115화), 〈원숭이 엉덩이가 빨간 이유(猿のお尻はなぜ赤い)〉(제131화), 〈원숭이 엉덩이가 빨간 이유(猿のお尻はなぜ赤い)〉(제135화), 〈원숭이와 게(猿と蟹)〉(제146화), 〈원숭이와 게의 떡만들기(猿とつがねの餅つき)〉(제154화), 〈게와 원숭이(ガニとサル)〉(제166화) 등이 이에 해당한다.[14)]

이 〈원숭이와 게의 싸움(猿蟹合戦)〉은 일본에서 다섯 손가락 안에 드는(五大昔話) 유명한 설화이다. 세키 게이고(関敬吾)도 이 점을 감안하여 일본의 동물설화를 유형별로 분류하면서 〈원숭이와 게의 싸움(猿蟹合戦)〉을 따로 설정하여 분류하였던 것이다. 이 설화는 일본 각지에 다양한 모티브를 지닌 여러 유형의 이야기가 전해지고 있는데, 이야기의 모티브 구조에 따라 분류하면 크게 네 가지 유형의 설화가 있다.

첫 번째 유형은 이야기 전반부의 발단이 원숭이와 게가 감씨와 주먹밥을 교환하는 데서 시작한다. 게가 감씨를 심어서 감이 열리자 원숭이가 감을 혼자 차지하려다 게가 감을 차지하게 된

---

14) 경우에 따라서 등장동물이 개구리·꿩·두꺼비·여우 등으로 되어 있는 설화도 있다. 그러나 등장동물만이 바뀌었을 뿐, 이야기의 전개과정이나 내용이 전혀 다르지 않으므로 같은 범주로 집어넣었다.

다. 이야기의 결말 부분에서 게의 발에 털이 난 내력과 원숭이 궁둥이가 빨간 내력을 설명한다. 이 유형을 A-a유형이라 부르기로 한다.

두 번째 유형은 A-a유형과 마찬가지로 이야기 전반부의 발단이 원숭이와 게가 감씨와 주먹밥을 교환하는 데서 시작한다. 마찬가지로 게가 감씨를 심어서 감이 열리자 원숭이가 감을 혼자 차지한다. 그리고 원숭이가 감을 던져서 게가 죽는다. 후반부에서 게의 자식이 원조자의 도움으로 원숭이에게 복수하는 것으로 결말을 맺는다. 이 유형을 A-b유형이라 부르기로 한다.

세 번째 유형은 이야기 전반부의 발단이 원숭이와 게가 떡을 찧거나 훔치는 데서 시작한다. 원숭이가 속임수로 떡을 혼자 차지하려다 게가 떡을 차지하게 된다. 게가 굴속으로 떡을 가지고 가며, 결말 부분에서 게의 발에 털이 난 내력과 원숭이 궁둥이가 빨간 내력을 설명한다. 이 유형을 B-a유형이라 부르기로 한다.

네 번째 유형은 B-b유형과 마찬가지로 이야기의 전반부에 원숭이와 게가 떡을 찧거나 훔치는 데서 시작한다. 원숭이가 속임수로 떡을 혼자 차지하려다 게가 떡을 차지하게 된다. 그러자 원숭이가 게를 위협한다. 게는 원조자의 도움으로 무사히 원숭이를 물리친다. 이 유형을 B-b유형이라 부르기로 한다.

네 유형 중에서 A-a유형, A-b유형, B-b유형 순서로 구체적인 사례를 살펴보기로 한다.

사례 1

게와 원숭이가 산에서 만나 서로 갖고 있던 감씨와 주먹밥을 교환했다. 게는 감씨를 갖고 돌아와 뿌리고, 매일 "싹 나와라 싹 나와라 나오지 않으면 집게발로 싹둑 자르겠다""커라 커라 크지 않으면 집게발로 싹둑 자르겠다 "라고 말하면서 소중하게 키웠다. 감이 익었으므로 자루를 메고 감을 따기 위해 나무를 오르려고 했지만, 도저히 오를 수가 없었다. 그 때 원숭이가 나타나 감을 따려거든 내가 따주마 하고서, 자루를 메고 잽싸게 나무에 올랐다. 원숭이는 잘 익은 감은 자신이 먹고, 게에게는 떫은 것만 던져주었다. 게는 분해서 견딜 수가 없어 밑에서 "네가 들고 있는 자루에 감을 가득 넣어서 마른 나무 가지 끝에 걸치고 흔들면 아주 재미날거야 "라고 말했다. 원숭이는 그렇겠다고 생각하여 바로 게가 말한대로 했다. 마른 나무 가지가 부러져서 자루가 땅에 떨어졌다. 게는 놓치지 않고 달려가서 자루를 들고 구멍 속으로 도망쳤다. 원숭이는 땅으로 내려와 구멍으로 다가가서, "내놓지 않으면 똥을 늘어놓겠다"하고 엉덩이를 구멍 쪽으로 내밀었다. 게는 집게발로 원숭이 엉덩이를 물고 놔주지 않았다. 원숭이는 아파서 견딜 수가 없어, 꼬리털을 게에게 주고서 용서를 받았다. 이것이 지금의 게의 선조로 이 게의 발에는 털이 나있다. 또한 그 때문에 원숭이는 엉덩이 털이 없고 빨갛다고 한다.[15)]

---

15) 柳田国男(1948 : 296~297쪽). 이하 본문에서 다루는 사례의 한국어 번역은 모두 필자에 의한 번역이다.

〈사례 1〉은 『日本昔話名彙』에 〈원숭이와 게와 감(猿と蟹と柿)〉이라는 이름으로 수록되어 있다. 전승지는 후쿠오카(福岡)현이다. 원숭이와 게가 각각 감씨와 주먹밥을 교환하여, 원숭이는 주먹밥을 먹고 게는 감씨를 심어 감이 열린다. 마침 원숭이가 나타나 사술(詐術)로 감을 독차지한다. 그러자 게가 기지(機智)를 발휘하여 감을 다시 빼앗는다. 이야기의 결말에서 게의 발에 털이 난 내력과 원숭이 궁둥이가 빨간 내력을 설명하고 있어, 어른 보기에 「유래담」과 같은 형식으로 되어 있다. 이 〈사례 1〉과 같은 A-a유형에 후반부가 첨가된 이야기가 A-b유형이다.

사례 2

게와 원숭이가 주먹밥과 감씨를 교환한다. 게는 감씨를 정원에 심고서 "싹이 나지 않으면 쑤시겠다. 크지 않으면 싹둑 자르겠다."하고서 키웠다. "열매를 맺지 않으면 싹둑 자르겠다."하니 열매가 열린다. 원숭이가 나무에 올라서 감을 먹는다. 게가 익은 감을 따달라고 하자 원숭이는 덜 익은 감을 던진다. 게가 이에 맞아서 죽고 만다. 이 때 배에서 새끼 게가 태어난다. 새끼 게가 울고 있자, 벌 · 밤 · 바늘 · 소똥 · 절구통이 와서 사정을 듣고, 원수 갚는 것을 돕기로 한다. 원숭이 집에는 원숭이 할멈만 있고 원숭이는 부재중이다. 각각 숨어서 원숭이를 기다린다. 원숭이가 돌아와서 화로에 다가가자 밤이 불알로 뛰어오른다. 원숭이 할멈이 된장을 바르라고 말해서 된장통 뚜껑을 열자, 벌이 쏜다. 자라고 말해서 잠자리에 들자 바늘이 찌른다. 강에 들어갔다 오라고 말하므로 밖으로 나서자 소똥에 미끄러지고, 지붕에서 떨어진 절구통에 짓눌려서 죽는다.16)

〈사례 2〉는『日本昔話大成』에 수록되어 있다. 전승지는 야마나시(山梨)현으로 되어 있다. 이 〈사례 2〉를 〈사례 1〉과 비교하여 보면, 〈사례 2〉가 〈사례 1〉의 연장선에 놓여 있음을 쉽게 알 수 있다. 전반부의 발단 부분은 거의 같으며, 원숭이가 던진 감에 맞아서 게가 죽고 마는 부분부터 이야기의 후반부가 시작된다. 후반부는 죽고 난 어미의 뱃속에서 태어난 새끼 게가 울고 있자, 벌 · 밤 · 바늘 · 소똥 · 절구통이라는 원조자들이 출현하여 까닭을 듣고서, 새끼 게를 대신하여 어미의 복수를 갚아준다. 즉 후반부는 복수담의 형식으로 되어 있다.

사례 3

옛날에 원숭이와 게가 이삭을 주어서 쌀을 찧어 떡을 만들었다. 원숭이가 교활한 생각이 들어 혼자서 떡을 먹으려고, 떡이 다 될 무렵에 절구를 굴렸다. 산 위였기 때문에 절구가 점점 굴러 떨어졌다. 원숭이가 그 뒤를 쫓아가고, 게는 울면서 그 뒤를 따라갔다. 그러자 원숭이가 지나간 뒤에 떡이 몽

16) 関敬吾編(1979 : 157~158쪽).

땅 떨어져 있었으므로, 게는 내 것이다 하고서 그 떡을 먹고 있었다. 그러자 원숭이가 와서 떡을 나누어달라고 말한다. 게가 "절구에 들어있는 떡을 먹으면 되잖아"하고 말하자, 원숭이는 "절구에 안 들어있었다. 그 흙이 묻은 데도 괜찮으니까" 하고 부탁했다. 게는 "흙이 묻어 있어도 재가 묻어 있어도 털고 먹으면 맛있어"라고 대답했다. 원숭이는 얼굴을 붉히며 화를 내면서 "그렇다면 이제부터 산에 있는 원숭이를 모아서 복수하겠다."라는 말을 남기고 산으로 갔다. 그 뒤 게가 혼자서 울고 있자, 상수리가 와서 이유를 듣고서 도와주기로 약속을 한다. 다음에 벌・소똥・절구공이와 절구 등이 와서 모두 게를 돕기로 한다. 절구와 절구공이는 들보 위로, 소똥은 정원 구석에, 벌은 창문으로, 게는 물통 속으로, 상수리는 화로 속에서 기다린다. 그 곳으로 원숭이가 와서 추워라 추워라 하며 화로에 다가가 불을 파헤쳤으므로, 상수리가 뛰어올라서 화상을 입혔다. 원숭이는 부엌의 물통에서 화상을 식히려다가 게에게 물리고, 이를 아파하다가 벌에게 빰을 쏘였다. 당황하여 도망치려다가 소똥에 미끄러져 구르자, 거기로 절구와 절구공이가 떨어져서 원숭이가 짓눌려죽었다.[17]

〈사례 3〉은『日本昔話名彙』에 〈원숭이와 게의 싸움(猿蟹合戦)〉이란 이름으로 수록되어 있다. 전승지는 아키타(秋田)현이다. 이 〈사례 3〉은 네 유형 중에서 B-b유형에 속한다. 앞에서 예

17) 柳田国男(1948 : 303쪽).

를 든 〈사례 1〉이나 〈사례 2〉와는 달리, 전반부의 발단 부분이 떡을 만드는 데서 시작된다. 원숭이가 사술(詐術)로 떡을 혼자 차지하려다가 오히려 게가 혼자 차지하게 된다. 그러자 원숭이가 복수하겠노라 위협을 가한다. 후반부에서는 게가 울고 있는 곳에, 벌 · 소똥 · 절구공이와 절구라는 원조자들이 출현하여 원숭이의 위협을 물리친다. 후반부는 앞의 〈사례 2〉의 후반부와 같은 서사구조로 되어 있다. 원조자에 있어 약간의 차이가 있을 뿐이다.

3.2 일본의 〈원숭이와 게의 싸움(猿蟹合戰)〉에서 한국의 〈게와 원숭이〉로

〈표 1〉에 나타난 바와 같이 한국의 『한국구전설화』에는 〈게와 원숭이〉 설화가 모두 14화 수록되어 있다. 구체적으로 열거하면 〈게와 원숭이」(제44화), 〈게와 원숭이〉(제45화)〉, 〈게와 원숭이〉(제46화)〉, 〈게와 원숭이(제47화), 〈게와 원숭이〉(제48화), 〈게와 원숭이〉(제49화)〉, 〈게와 원숭이〉(제50화), 〈게와 원숭이〉(제71화)〉, 〈게와 원숭이〉(제72화), 〈게와 원숭이〉(제73화), 〈원숭이와 게〉(제90화), 〈원숭이와 게〉(제100화), 〈원숭이와 게〉(제101화), 〈게와 원숭이〉(제124화) 등이다.

그런데, 『한국구전설화』에 수록된 모두 14화의 〈게와 원숭이〉를 자세히 검토해 보면 이 이야기가 원래 한국에서 전승되던 이야기가 아니라, 일본의 〈원숭이와 게의 싸움(猿蟹合戰)〉이 한국에 유입되어 전승된 것으로 보인다. 이 같은 문제는 이 논문에서 다루는 〈게와 원숭이〉 설화에만 국한된 것은 아니다. 우리가 민속현장에서 설화를 채록할 때에 어렵지 않게 경험할 수 있는 현상이기 때문이다. 한국의 〈게와 원숭이〉가 일본에서 유입되었다는 몇 가지 근거를 들 수 있는데, 우선 『한국구전설화』에 수록된 구체적인 사례를 몇 가지 살펴보기로 한다.

사례 4

이즌에 원숭이가 감씨를 가지고 갱변을 돌고 있는듸 그때 기가 뜩을 맨들으스 잔치를 블이구 있으스 원숭이는 그리 가스 감씨하고 뜩하고 바꿔 믁자고 했다. 기가 그 감씨가 뭇하는 그냐고 물응께 원숭이는 감씨를 땅에다 심으노면 내년에는 감나무가 나스 감이 많이 연다고 했다. 기는 그 말을 듣고 그름 그르자 하고 감씨를 받고 뜩을 주읬다. 멫 해가 지나스 원숭이가 기네 집에 가 봉께 감나무가 크스 감이 많이 열려있읬다. 기는 나무에 오를 줄을 모릉께 감만 츠다보고 있읬는디 마침 원숭이가 와스 감 좀 따 달라고 했다. 원숭이는 좋와라고 감나무에 올라가스 감을 따스 즈만 믁고 기한티는 하나도 주지 안했다. 그릉께 기는 골이 나스 기들을많이 불르다가 감나무에 씨끄뭏게 붙으스 원숭이가 내레오믄 물으뜯을라고 베루구 있읬다. 원숭이는 지까짓긋들이 물면 을매나 물긌냐 하고 나무스 내레오는디 기들이 모다 달라들으스 원숭이 똥구뭉을 물으제칬다. 그릉께 원숭이 똥구뭉은 살즘이 뜰으즈스

뻘궁게 되였는듸 원숭이 똥구뭉이 뻘궁게 된 긋은 그때부틈 이라고 한다.[18]

사례 5

거이와 잰내비레 항께 길을 가드랬는데 가다가 거이는 떡을 한재박 얻구 잰내비는 감씨를 한알 얻었다. 잰내비는 배가 고파서 얼레 개지구 감씨와 떡과 바꽈서 먹었다. 거이는 감씨를 개지구 저네집에 가서 심었넌데 이거이 자라서 감이 많이 열게 됐다. 잰내비가 와서 보구서 올라가서 감을 따주갔다구 했다. 거이가 그카라구 하느꺼니 잰내비는 감나무에 올라가서 감을 따서 저 함자만 먹구 거이한테는 주딜 안했다. 거이는 안타가와서 잰내비과 감 하아 따서 내리보내라구 했다. 그래두 잰내비는 저 함자만 따먹구 있었다. 거이는 밑에서 자꾸 하나 따서 내리보내라구 성화를 멕이느꺼니 잰내비는 익디두 않은 선 감 하나를 던데 주었다. 그런데 거이는 그 생감에 맞아서 죽구 말았다. 거이 새끼는 엄지가 죽었다구 울구 있었다. 이때 덜구통・밤・버리가 와서 와 우능가 물었다. 거이 새끼는 잰내비가 우리 엄지를 생감으루 때려 죽였다구 말했다. 덜구통・밤・버리는 우리가 원수 갚아 주갔다 하구서 밤은 화루 안에 들어가서 숨구 버리는 동애 안에 들어가서 숨

18) 임석재(1990 : 301~302쪽). 이하 임석재전집에서 인용하는 사례는, 현재 사용하는 한글맞춤법 규정에는 맞지 않으나 원문을 손상시키지 않기 위하여 그대로 인용한다.

구, 덜구통은 자붕 우에 올라가서 숨어 있엇다. 재내비가 거이 집에 와서 아이 추과 아이 추과 하멘 화루에 와서 불을 쪼이 갔다구 하넌데 밤이 탁 튀어나와서 잰내비 상을 텟다. 잰내비는 놀래서 물동이 있는 데루 갔다. 물동이 안에 숨어 있던 버리가 나와서 쏘아 댔다. 잰내비는 급해마자서 밖으루 퉤테나가는 데 지붕에 있던 덜구통이 굴러내리와서 잰내비를 깔아 죽엤다.[19]

사례 6

넷날에 잰내비 하나이 산둥에 있노라느꺼니 심심해서 들넉으루 나오드랬넘데 나오다가 궈이를 만났다. 잰내비는 궈이보구 우리 이렇게 만났으니꺼니 떡이나 해먹자구 했다. 궈이두 거 좋다구 하구 둘이서 논에 가서 베를 비구 베알을 찧구해서 떡을 했다. 떡을 다 해노느꺼니 잰내비는 혼자 먹갔다구 떡을 다 개지구 나무에 올라가서 먹구 있었다. 거이는 올라갈수레 없어서 나무 밑에 있어가주구 바람이나 불어서 낭구나 불거데라 하구 있넌데 정 바람이 불어서 낭구가 불거지멘 떡이 따루 떨어뎄다. 그런데 떡은 궈이 뒷장덩에 떨어데서 고만에 궈이 잔등은 납작하게 됐다. 궈이는 떡을 주워 지구 돌팡구 사이루 들어가서 먹구 있었다. 잰내비는 쫓아와서 궈이레들어 있는 돌팡구 안악으루 들어갈라구 했넌데 구넝이 너머좁아서 들어갈수레 없어서 증이 나서 돌팡구 구넝에다 대구

---

19) 임석재(1988 : 50~51쪽).

방구를 꿨다. 귀이는 증이 나서 잰내비 앵둥이를 깍 물었다. 잰내비는 깜짝 놀라서 퉤 달아났넌데 잰내비 앵둥이 살덤이 떨어디구 그 살덤은 거이 엄지 발에 가 붙었다. 그래서 지금 두 귀이 엄지 발에는 털이 나 있구 잰내비 앵둥이에는 털이 없구 샛빨가게 돼 있다구 한다.[20]

〈사례 4〉·〈사례 5〉·〈사례 6〉을 검토해 보면, 앞에서 검토한 일본의 〈사례 1〉·〈사례 2〉·〈사례 3〉과 같은 계열의 설화에 속해 있음을 쉽게 알 수 있다. 즉 한국의 〈게와 원숭이〉, 일본의 〈원숭이와 게의 싸움(猿蟹合戰)〉중에서 어느 한쪽이 다른 한쪽으로 유입된 이야기일 것이라는 결론을 내릴 수 있다.

일본의 〈사례 1〉과 한국의 〈사례 4〉를 비교해 보면, 등장동물과 이야기의 발단 부분, 이야기를 끌어가는 전개과정, 결말 부분에 이르기까지 거의 차이가 없다. 〈사례 4〉를 일본의 설화자료집에 수록하거나, 반대로 〈사례 1〉을 한국의 설화자료집에 수록해도 알 수 없을 정도이다. 차이가 있다면, 원숭이와 게의 교환물에서 주먹밥과 떡이라는 차이가 있을 뿐이다. 또한 〈사례 1〉에서는 게가 원숭이를 속여서 감을 되찾지만, 〈사례 4〉에서는 게가 동료들을 불러들여서 원숭이를 혼내주는 모티브만 다르다. 그밖에는 이야기의 결말에서 원숭이 궁둥이(똥구멍)가 빨간 내력을 설명하고 있는 부분도 일치한다.

〈사례 2〉와 〈사례 5〉의 경우를 비교해 보아도 큰 차이를 발

---

20) 임석재(1988 : 49쪽).

견하기는 어렵다. 앞의 경우와 마찬가지로 교환물에서 주먹밥과 떡이라는 작은 차이가 있다. 그리고 〈사례 2〉에는 게의 원조자로 벌·밤·바늘·소똥·절구통이 등장하고, 〈사례 5〉에는 절구통·밤·벌이 등장하여 원조자의 구성원만 조금 다를 뿐이다. 등장동물과 이야기의 발단 부분, 전개과정, 결말에 이르기까지 모두 거의 다름없는 모티브 구조로 이루어져 있다.

〈사례 6〉은 〈사례 1〉이나 〈사례 3〉의 모티브가 혼합된 형식으로 되어 있다. 〈사례 1〉처럼 결말에서 게 발에 털이 나고 원숭이 궁둥이(똥구멍)가 빨간 내력을 설명하는 것으로 끝을 맺고, 후반부가 생략되어 있다. 그리고 이야기의 발단 부분은 〈사례 3〉과 매우 유사하다.

지금까지 검토한 바와 같이, 한국의 〈게와 원숭이〉와 일본의 〈원숭이와 게의 싸움(猿蟹合戦)〉은 구별하기 어려울 정도로 매우 유사하다. 이는 어느 한쪽의 이야기가 다른 한쪽으로 유입된 결과이다. 필자가 조사한 결과에 따르면 일본의 〈원숭이와 게의 싸움(猿蟹合戦)〉이 한국으로 유입되어 한국에서 〈게와 원숭이〉란 이름으로 전승되었다는 것을 알 수 있다. 필자는 그 근거로 세 가지 점을 지적하고자 한다.

첫째, 이미 〈표 1〉에서 확인한 바와 같이, 한국의 설화에는 〈게와 원숭이〉를 제외하고는 설화 속에 원숭이 자체가 거의 등장하지 않는다. 『한국구전설화』(전 12권)뿐만이 아니라, 한국정신문화연구원에서 채록한 『한국구비문학대계』(전 82권)를 전부 조사해 보아도, 원숭이가 등장하는 설화는 모두 4화에 불과하다.[21] 반면에 〈표 2〉를 보면, 일본설화에 원숭이가 등장하는 회수가 41회로 가장 많다. 이 점이 한국과 일본의 동물설화에서 가장 큰 차이점 중의 하나이다. 『한국구전설화』(전 12권)에 원숭이가 등장하는 경우는 모두 14화로 〈게와 원숭이〉 설화에만 한정되어 있다. 이 점은 이 설화가 일본에서 한국으로 유입되었음을 입증하는 유력한 근거이다.

둘째, 한국에서 〈게와 원숭이〉가 지역적으로 한정되어 분포한다는 점을 들 수 있다. 평안북도에 모두 7화, 황해도에 모두 3화가 집중되어 있어, 전국적으로 고루 분포되어 있지 않다. 뿐만 아니라 오늘날에도 이 설화는 한국에서 거의 전승되고 있지 않다. 예를 들면, 앞에서 인용한 『한국구비문학대계』(전 82권) 전권을 조사해 보아도, 〈원숭이와 게의 떡 다툼〉(1-4권), 〈원숭이 엉덩이가 빨갛고 게발이 털난 내력〉(5-3권)이란 이름으로 겨우 총 2화가 수집되어 있을 뿐이다. 필자가 검토한 바에 따르면 이 두 이야기도 일본의 〈원숭이와 게의 싸움(猿蟹合戦)〉이 한국에 유입된 결과로 볼 수 있다. 즉 앞에서 분석한 일본의 〈원숭이와 게의 싸움(猿蟹合戦)〉 유형분류로 보면 두 이야기 모두 B-a유형에 속한다. 이야기의 발단 부분, 전개과정, 결말 부분 등이 B-b유형과 거의 일치하고 있다.

셋째, 이른 시기에 발행된 한국의 설화집을 조사해 보아도

---

21) 4화를 구체적으로 열거하면 다음과 같다. 「원숭이와 게의 떡 다툼」(1-4권), 「호랑이, 원숭이, 토끼의 점괘」(1-7권), 「원숭이 엉덩이가 빨갛고 게발이 털난 내력」(5-3권) 「용왕신과 원숭이 바위」(6-7권).

<게와 원숭이>는 수록되어 있지 않다. 예를 들면, 다카하시 도루(高橋亨)의 『朝鮮物語集附俚諺』(1910), 조선총독부의 『朝鮮童話集』(1924), 손진태의 『朝鮮民譚集』(1930) 등을 조사해 보았지만, <게와 원숭이> 설화는 발견할 수가 없다.

4. 맺음말

한국과 일본의 동물설화에는 다양한 종류의 동물들이 등장한다. 그 활약상도 매우 다양하다. 따라서 어느 나라를 막론하고 설화연구에 있어 동물설화에 대한 연구는 매우 중요한 위치를 차지한다.

이 논문에서는 동물설화 연구의 중요성을 인식하고, 거시적인 관점에서 한일 동물설화 전체를 개략적으로 검토하는 작업과, 이 같은 작업과정에서 기대되는 구체적인 연구 성과를 제시하였다. 먼저, 임석재의 『한국구전설화』(전 12권)에 수집되어 있는 동물설화 총 159화와, 『일본의 민화(日本の民話)』(전 26권)에 수록되어 있는 동물설화 총 187화를 대상으로 한일비교연구를 하였다. 비교연구를 통하여 한일 양국의 동물설화 속에 자주 등장하는 동물들의 빈도순위를 확인하고, 빈도순위에 차이가 보이는 이유를 고찰하였다. 호랑이의 경우를 예로 들어 가장 근본적인 이유가 동물의 생태환경과 밀접한 관계가 있음을 지적하였다. 또한 양국의 설화에 가축 종류가 별로 등장하지 않는다는 공통점이 있음을 확인하였다. 이는 허구를 본질로 하는 설화(그

중에서 민담)의 특성과 밀접한 관계가 있음을 논하였다. 즉, 설화가 전개되는 공간이 인간의 거주공간과 멀리 떨어진 곳으로 설정되기 때문이라는 사실을 확인하였다.

다음으로 한일동물설화의 구체적인 사례비교로, 한국에서 〈게와 원숭이〉로 통용되는 민담과 일본의 〈원숭이와 게의 싸움(猿蟹合戦)〉을 비교하였다. 그 결과 한국의 〈게와 원숭이〉는 일본의 〈원숭이와 게의 싸움(猿蟹合戦)〉이 유입된 것이라는 결론을 도출하였다. 그 근거로 한국설화에는 원숭이가 거의 등장하지 않는다는 점, 한국의 〈게와 원숭이〉가 지역적으로 한정되어 분포하고 현재 거의 전승되고 있지 않다는 점, 『한국구전설화』와 비슷한 시기에 발행된 한국설화자료집을 찾아보아도 수록되어 있지 않다는 점을 들었다.

참고 문헌

高橋亨(1910)『朝鮮の物語集附俚諺』日韓書房

朝鮮総督府編(1924)『朝鮮童話集』朝鮮総督府

孫晋泰(1930)『朝鮮民譚集』郷土文化社

高木敏雄(1943)「日韓共通の民間説話」『日本神話伝説の研究』岡書院

柳田国男(1948)『日本昔話名彙』日本放送協会

________(1983)『日本の昔話』新潮文庫

関敬吾編(1950)『日本昔話集成』角川書店

________(1979)『日本昔話大成』角川書店

未来社編(1974)『日本の民話』(全26巻) 未来社

稲田浩二 외編(1977)『日本昔話事典』弘文堂

中村禎里(1984)『日本人の動物観』海鳴社

雨宮裕子(1985)「異類婚姻譚の構造」『昔話研究の課題』, 名著出版

天野武(1989)「昔話と婚姻」『昔話と婚姻・産育』昔話-研究と資料17号 日本昔話学会編

稲田浩二・小沢俊夫編(1977-1990)『日本昔話通観』(全26巻) 同朋舎出版

ロイG・ウィリス(Roy G. Willis)・小松和彦訳(1979)『人間と動物』紀伊国屋書店

国立歴史民俗博物館編(1997)『動物と人間の文化誌』, 吉川弘文館

ローベル・ドロール(Robert Delort)・桃木暁子訳(1998)『動物の歴史』みすず書房

한국정신문화연구원어문연구실편(1979-1988)『韓国口碑文学大系』
(전 82권) 한국정신문화연구원

임석재(1987-1993)『韓国口伝説話』(전 12권) 평민사

최인학(1994)『韓国民譚의 類型研究』인하대학교출판부

______(1999)『한·중·일 설화의 비교연구』민속원

찾아보기

ㄱ

가나하부(嘉那比武) / 106
가미고촌(上郷村) / 54
가시와자키(柏崎) / 47
가와모리 히로시(川森博司) / 84
가와바타(川端) / 54, 75, 76
가주마루(ガジュマル) / 116
가주마루의 신격화 / 116
가축화(家畜化) / 240
가치가치 산(かちかち山) / 242
가쿠라사마(カクラサマ) / 37
가쿠슈인(学習院) / 188, 189, 190, 191, 198
가타리베(語り部) / 71, 81
가택신(家宅神) / 46, 50
갓파 / 52, 54, 55, 59
갓파(川童) / 216
갓파(河童) / 37, 64, 73, 208
갓파 이야기 / 54, 66, 74, 77, 78, 85
갓파 쿠와 여름방학(河童のクゥと夏休み) / 73
갓파고마비키(河童駒引き) / 78, 88
갓파부치(かっぱ渕) / 85, 86
갓파신 / 89
갓파와 인간 사이에서 태어난 아이 / 76
갓파와 인간의 혼인 / 76
갓파의 고향 / 73
갓파의 공격 / 56
갓파의 기원 / 64
갓파의 발자국 / 74
갓파의 사죄문(河童の詫び証文) / 78
갓파의 습성 / 55
갓파의 신체적 특징 / 76
갓파의 와비쇼몬(詫び証文) / 56
갓파의 자식 / 75, 76
개 홋타치(犬の経立) / 45
거북이 / 164
게와 원숭이 / 243
겐페이전투(源平合戦) / 52
견우성 / 114
견훤설화 / 127
고도경제성장기 / 68, 92
고료신앙(御霊信仰) / 144, 145
고마쓰 가즈히코(小松和彦) / 24, 25, 214, 218
고마이누(狛犬) / 88
고미(古見) / 161
고바야시 히데오(小林秀雄) / 67

고사기(古事記) / 127, 206
고코쿠지(護国寺) / 106
고콘초몬슈(古今著聞集) / 206
곡물의 기원에 관한 설화 / 169
곤노 엔스케(今野円輔) / 24, 211
곤자쿠 모노가타리슈(今昔物語集) / 206
과소화 문제 / 91
관광상품 / 66, 92
관광자원 / 79
관광지도 / 69, 79
관광코스 / 81, 85, 92, 93
관음보살 / 109
관음상 / 117
관음신앙 / 118, 197
괴석(塊石) / 128, 131
구다카지마(久高島) / 125
구렁이(大蛇) / 133
구메 삼십육성(久米三十六姓) / 132
구메무라(久米村) / 132
구메촌(久米村) / 108
구보타 기미도시(久保田公俊) / 207
구술문화 / 197
구시가미(具志頭) / 143
구양(球陽) / 125
구어체 정형구 / 84
구연 / 81, 84
구전기록 / 197
구전설화 / 206, 210, 221, 222
궁내성(宮内省) / 189
귀(鬼)의 유형 / 221
귀면와(鬼面瓦) / 234
귀신 / 223
귀신과 도깨비 / 220, 221, 230
귀신관 / 222, 228
귀신관념 / 228
귀신설화 / 220, 222, 223
귀신신앙 / 228
기라이카나이(ギライ·カナイ) / 142, 161, 164, 165, 167
기리기리(吉利吉里) / 26
기리기리진(吉里吉里人) / 26
기물(器物) 요괴 / 211
기사이(喜才) / 140
기세인(喜清院) / 43
기원설화 / 169, 170
기지무나(キジムナー) / 116
기층문화 / 230
기쿠조 / 45
기쿠치 리키마쓰(菊池力松) / 71
기쿠치 마쓰노조(菊池松之丞) / 43
기쿠치 야요(菊池ヤヨ) / 71
기쿠치 에코(菊池栄子) / 71
길에 사는 요괴(道の怪) / 23

ㄴ

나가노 현(長野県) / 115
나라이카나이 / 178
나무에 사는 요괴(木の怪) / 24
나무의 정령(木神) / 223
나베가키(鍋掻) / 155, 180
나비하키아마스(鍋掻き田)의 유래 / 158, 171
나오키상(直木賞) / 177

나카에 유지(中江裕司) / 171
나하 시(那覇市) / 128, 131
나하(那覇) / 154, 179
낙원 전설 / 171
낙원(楽園) / 150
낙원전설 / 158
난서도(蘭嶼島) / 151, 177
남도탐험(南嶋探験) / 151
남성 중심의 혈연 / 76
네노쿠니(根の国) / 169
노령인구 / 91
노로(ノロ) / 128
노로(祝女) / 166
누엘(Nuer)족 / 240
눈요괴(雪の怪) / 24, 35, 58
니라이(ニライ) / 161
니라이카나이 / 142, 159, 161, 162, 165, 167, 169
니라이카나이(ニライカナイ) / 118, 152
니라이카나이 관념 / 152, 167, 170, 171
니라이카나이 설화 / 170
니란 바위(ニーラン石) / 167
니란(ニーラン) / 161, 167
니레(ニレー) / 161
니로(ニロー) / 161
니루야카나야(ニルヤ·カナヤ) / 161
니혼쇼키(日本書紀) / 206
닛라(ニッラ) / 161

ㄷ

다니카와 겐이치(谷川健一) / 67, 68
다로부치(太郎淵) / 85, 86
다이도(大同) / 47, 48
다카하시 도루(高橋亨) / 280
다케토미지마(竹富島) / 125, 162, 167, 169, 170
대장장이 / 167
덴구(天狗) / 208
도교 신앙 / 102, 118
도교(道教) / 107
도교와의 관련성 / 118
도교의 풍수사상 / 107
도깨비 / 58, 206, 207, 208, 215, 219, 229, 230, 231, 234
도깨비 방망이 / 225
도깨비불 / 224
도깨비설화 / 224
도깨비와 귀신 / 215, 225, 226, 227, 235
도깨비와 인간 / 219
도깨비의 조형화 / 221
도노 모노가타리 / 25, 26, 27, 28, 35, 37, 39, 45, 47, 48, 50, 52, 57, 65, 67, 68, 74, 79
도노 모노가타리 습유(遠野物語 拾遺) / 65
도노 모노가타리 증보판(遠野物語 增補版) / 26
도노(遠野) / 25
도노가타리베관(遠野語り部館) / 69

도노관광안내소 / 71
도노무카시바나시무라(遠野昔話村) / 69
도노물산관(遠野物産館) / 69
도노시(遠野市) / 65
도노시의 향토색 / 79
도대제(稲大祭) / 140
도마모리(唐守嶽) / 131
도마모리(唐守嶽) 우타키 / 127
도시화 / 68
도에(唐栄) / 131
도치나이촌(栃内村) / 38
도호쿠(東北)지방 / 47, 48
도화녀비형랑(桃花女鼻荊朗) / 206
돈도하레(どんどはれ) / 84
돌로 변한 말 / 146
동물 떡경쟁(動物餅競争) / 242
동물갈등 / 242
동물경쟁 / 242
동물담(動物昔話) / 242
동물분배 / 242
동물사회 / 242
동물설화 / 241, 242, 243, 244, 245, 264, 265, 280
동물요괴(動物の怪) / 24, 35, 37, 44, 45, 58
동물유래 / 242
동물을 신격화 / 102
동물의 생태환경 / 264, 280
동물의 신격화 / 118, 128, 134, 146
동아시아 설화 / 103
동아시아의 민속종교 / 103
두우(斗牛) / 114
두창신 / 229
등장인물 / 109

ㄹ

레레(Lele)족 / 240
류큐 가라테(琉球空手) / 184, 185, 187, 198
류큐(琉球) / 132
류큐왕국(琉球王国) / 106, 150
류큐왕부(琉球王府) / 100, 125, 153, 162, 178, 179, 181
류큐처분(琉球処分) / 150

ㅁ

마쓰리(祭り) / 64
마쓰바라 다카도시(松原孝俊) / 207
마쓰시게씨(松茂氏) / 154
마쓰자키초(松崎町) / 85
마쓰자키촌(松崎村) / 54
마윤가나시(マユンガナシ) / 161
마을 유래담 / 113
마을공동체 제사 / 159, 162, 167, 170
마치즈쿠리(町づくり) / 65
마키노 기요시 / 125
마타요시 세이키요(又吉盛清) / 151
말과 원숭이의 삼각관계 / 55
말과 인간의 혼인 / 104
말에 관한 설화 / 104
망령(亡霊) / 35, 37, 41, 42, 58

메이지정부 / 150
모여포(毛如苞) / 125
모티브 / 44, 56, 76, 79, 104, 142, 207, 223, 267
목격담 / 43
목격자 / 57
목우(木偶) / 47
무격(巫覡) / 228
무라야마 지준(村山智順) / 221, 227
무라오코시(村おこし) / 65
문자문화 / 197
문헌설화 / 206, 226
문화 아이덴티티 / 182, 183, 184, 185, 198
문화영웅 / 139
문화적 아이덴티티 / 188
문화적 표상물 / 188
물에 사는 요괴(水の怪) / 24, 58
물요괴 / 35
미루야카나야(ミルヤ·カナヤ) / 161
미시마 유키오(三島由紀夫) / 67
미야코 제도(宮古諸島) / 114, 128
미야코지마(宮古島) / 131, 139
미야타 노보루(宮田登) / 25
미와야마(三輪山) 전설 / 127
민간신앙 / 25, 219, 227
민담 연구자 / 43
민속 개념 / 223
민속문화 / 22, 124
민속사회 / 217
민속세계 / 68
민속신 / 46
민속적 사고체계 / 116
민속적 상징성 / 104
민속종교 / 98, 101, 124, 144, 192
민속종교의 비교연구 / 119
민속학 / 26
민속학적 관점 / 55
민족설화집 / 117, 145

ㅂ

바다에 사는 요괴(海の怪) / 24, 57
바케모노(化け物) / 216
방상씨(方相氏) / 107
벽사의 기능 / 107
보다이지(菩提寺) / 43
보타락가(補陀落迦) / 197
복건성(福建省) / 118
복신(福神) / 41
본격담(本格昔話) / 242
봉제인형 / 89
부신(富神) / 219
부적과 같은 기능 / 107
부족사회 / 240
북두성 / 114
불교 / 108
불교문화 / 118
불교신앙 / 102
불교와의 관련성 / 118
불교의 상징물 / 52
불교의 전도 / 140
불상 / 109
불요괴(火の怪) / 24

붉은 얼굴을 한 갓파 / 74
비가 새는 고옥(古屋の漏) / 242
비밀의 낙원 / 195
비서(秘書) / 139
비일상적 공간 / 214
비주르(ビジュル) / 99, 114
비주르 신앙 / 112, 116, 117, 118, 119, 135
비주르(ビジュル) 신앙 / 132, 146
비주르(賓頭盧) / 117
비주르의 영험함 / 112
비준(ビジュン) / 99
빈두로 / 99
빈즈루(びんずる) / 99
빈즈루마와시(びんずる廻し) / 115
빈지리(ビンジリ) / 99

ㅅ

사냥꾼 / 57
사령(死霊) / 223
사사모리 기스케(笹森儀助) / 151
사사키 가헤에(佐々木嘉兵衛) / 38
사사키 기젠(佐佐木喜善) / 25, 57, 65
사사키 이세(佐々木イセ) / 71
사술(詐術) / 270
사쓰마번(薩摩藩) / 150, 158
사우스바운드(サウスバウンド) / 171, 177, 182, 184, 191
사자춤(獅子舞) / 27
사죄문(詫び証文) / 56
사키야마모리(崎山森) 우타키 / 127
사타안다기(サ-タ-アンダ-ギ-) / 182, 183, 184, 185, 187
사회집단과의 관련설 / 52
사후의 이적(異蹟) / 135, 136, 144, 146
산신(山神) / 35, 39
산에 사는 요괴(山の怪) / 23
삼국유사(三国遺事) / 127
생사관 / 152
서복(徐福) / 197
서해제도(西海諸島) / 128
석신(石神) / 98, 99, 100, 104, 105, 106
석신(石神) 신앙 / 98, 102, 108, 109, 118
석신의 성격 / 105
석신의 신격 / 101
석신의 신체(神体) / 107
설화세계 / 265
설화연구 / 241, 242
설화자료집 / 277
설화적 맥락 / 170
설화적 배경 / 74
설화적 상상력 / 118
성기암(性器岩) / 98
성역(聖域) / 124, 192
성호사설(星湖僿説) / 220
세키 게이고(関敬吾) / 242, 267
센다이(仙台) / 66
소리요괴(音の怪) / 24, 35, 58
소화(笑話) / 241, 242
손각씨(孫閣氏) / 229

손진태 / 280
쇼부케 미야(正部家ミヤ) / 71
쇼코하쿠(尚康伯) / 114
쇼하시(尚巴志) / 106
숯 굽는 사람 / 57
슈리 오얏코(首里大屋子) / 154, 179
슈리(首里) / 103
스가와라노 미치자네(菅原道真) / 144
스모(相撲) / 52, 64
스와 하루오(諏訪春雄) / 213
스즈키 사쓰(鈴木サツ) / 71
스치 나요(須知ナヨ) / 71
시리코다마(尻子玉) / 52
시키나촌(識名村) / 113
신검 / 107
신격화 / 101, 119, 139
신격화된 인물 / 135
신녀(神女) / 128
신도신앙 / 144
신들의 세계 / 152, 170
신불(神仏)의 가호 / 217
신사(神社) / 116
신상(神像) / 47, 48
신석 도노 모노가타리(新釈 遠野物語) / 26
신성(神性) / 39, 103
신수(神樹) 신앙 / 114, 116
신암(神岩) / 128, 146
신앙의 대상 / 98
신의 거주공간 / 105
신의 사자(使者) / 55
신의 탁선 / 136
신주(神酒) / 140
신직(神職) / 116
신체(神体) / 46, 47, 104, 105
신화적 감성 / 178
십육나한 / 99
쓰치부치초(土淵町) / 85
쓰치부치촌(土淵村) / 47, 49
쓰카사(ツカサ) / 167
쓰카야마촌(津嘉山村) / 143

ㅇ

아구니지마(粟国島) / 109
아미타불 / 109
아스이모이(早飯森) / 103, 133, 135
아스이모이(早飯森) 우타키 / 127
아카마타·구로마타(アカマタ·クロマタ) / 161
아카혼(赤本) / 232
아키타(秋田)현 / 272
아헤타노시(安平田子) / 143
애니메이션 / 64, 73
애니미즘 / 118
야나기오주쿠(柳翁宿) / 69
야나기타 구니오(柳田国男) / 22, 24, 65, 68, 69, 99, 154, 155, 179, 180, 209, 241
야래자(夜来者) 설화 / 127
야마가타현(山形県) / 46, 47
야마구치 손자에몬(山口孫左衛門) / 51
야마구치(山口) / 49

야마나시(山梨)현 / 271
야마오토코(山男) / 35, 37, 38, 39, 58
야마온나(山女) / 35, 37, 38, 39, 58
야마토(大和) / 169
야마투후노라 / 158
야마하하(山姥) / 35, 39, 40, 41, 58
야마히토(山人) / 35
야만바 / 40
야에야마제도(八重山諸島) / 114, 125, 150, 176
야에야마지마 연래기(八重山島年来記) / 153, 154, 158, 178, 180
야쿠(ヤク) 부락 / 158
야쿠아카마라(ヤクアカマラ) / 158
약사여래 / 109
양황(梁煌) / 125
어로활동 / 186
에도(江戸)시대 / 231
에코로지 시대 / 119
에후다(絵札) / 56
여성 사제 / 167
여자요괴 / 40
연구사적 배경 / 236
오누이 시조(兄妹始祖) 설화 / 124
오니(鬼) / 206, 208, 224, 230, 232, 234, 236
오리쿠치 시노부(折口信夫) / 99
오산(穏作根) / 127
오시라사마(オシラサマ) / 37, 46, 47, 48, 59
오아무시라레(大阿母志良礼) / 114, 116
오코나이사마(オコナイサマ) / 35, 46, 47, 48, 59
오쿠다 히데오(奥田英朗) / 171, 177, 182, 198
오키나와 / 98, 99, 105, 150, 155, 176
오키나와 민속사전(沖縄民俗辞典) / 159
오키나와 민속종교 / 98, 113, 117
오키나와 본도 / 128, 150, 162
오키나와 북부지역 / 106
오키나와 비주르 신앙 / 114
오키나와 석신 신앙 / 107
오키나와 설화 / 100, 145
오키나와 우타키 신앙 / 126
오키나와 전통문화 / 189
오키나와 제도 / 100
오키나와 표상물 / 186, 187
오키나와(沖縄) / 207
오키나와문화 / 142
오키나와사회 / 191
오키나와의 기층문화 / 159, 170
오키나와의 농경의례 / 140
오키나와의 문헌설화 / 162
오키나와의 민속종교 / 124, 178
오키나와의 비주르 신앙 / 100
오키나와의 석신 신앙 / 100, 108
오키나와의 설화 / 159, 162, 170
오키나와의 세계관 / 152
오키나와의 신직(神職) / 114
오키나와의 여성 사제 / 166
오키나와의 의례 / 161
오키나와인들의 세계관 / 118

오키나와전(沖縄戦) / 150
오토기조시(お伽草子) / 164
오하테루마(大波照間) / 154, 179
와노(和野) / 38
와노촌(和野村) / 45
와쿠가미 모토오 / 124
완형담(完形昔話) / 241
요괴와 신 / 235
요괴 / 23, 25, 28, 37, 39, 56, 64, 208
요괴 이야기 / 57
요괴(妖怪) / 22
요괴담(化物話) / 241
요괴설화 / 206
요괴성(妖怪性) / 39
요괴연구 / 22, 23, 25, 208, 209, 215, 235
요괴와 신 / 23, 25
요괴와 유령 / 23, 212, 215, 226, 227, 235
요괴의 목격자 / 28
요괴의 발생 / 217
요괴의 분류 방법 / 57
요괴의 외형적 특징 / 28
요괴의 유형분류 / 41
요괴의 종류 / 23, 27, 58
요괴의 출현장소 / 57
요괴의 특징 / 35, 57
요괴전승 / 25, 56
요괴학(妖怪学) / 22
요나구니지마(与那国島) / 151, 176
요다 지호코(依田千百子) / 207
요리시로(依代) / 105
요시모토 다카아키(吉本隆明) / 67
요쿠쓰나 오야코(善縄大屋子) / 142, 164
용궁 / 167
용궁세계 / 164
용수(榕樹) / 116
용주(龍珠) / 108
우라시마타로(浦島太郎) / 164, 165
우시토라(艮) / 233
우에노다키 / 167
우에하라(上原) / 177
우지슈이 모노가타리(宇治拾遺物語) / 206
우타키(御嶽) / 98, 103, 118, 127, 135, 136, 140, 144, 167, 192
우타키 유래설화 / 126, 127, 128, 144, 146
우타키(御嶽)신앙 / 124
우타키설화집 / 145
우타키와 우타키 설화 / 125
우타키의 신암(神岩)에 관한 유래설화 / 131
우타키의 유래 / 126, 145
우타키의 유래설화 / 132, 135
운자미(ウンジャミ, 海神) / 162
원령(怨霊) / 213
원숭이 / 55
원숭이 홋타치(猿の経立) / 45, 46
원숭이와 게의 싸움(猿蟹合戦) / 242, 243, 266, 267, 272, 273, 277, 278, 279, 281
원시종교 / 118

원조자 / 41, 44
유가적 언설(言說) / 221
유령 / 24, 208, 215
유로설전(遺老說伝) / 100, 101, 104, 112, 116, 118, 125, 127, 132, 139, 144, 162, 170
유머러스한 이야기 / 45
유큐이(ユークイ) / 162, 167
유키온나 / 37
윤카이(ユーンカイ) / 167, 170
음양설 / 222
의례적 행위 / 161
이계(異界) / 213
이나후쿠바(稲福婆) / 166
이노오모노노케로쿠(稲生物怪録) / 214
이노우에 엔료(井上円了) / 23, 209
이노우에 히사시(井上ひさし) / 26
이리오모테(西表島) / 188, 198
이리오모테지마(西表島) / 161, 191
이마부치 간주로(今淵勘十郎) / 49
이상향 / 162, 170
이시가키 시게루(石垣繁) / 151
이시가키 오야쿠모이(石垣親雲上) / 179
이시가키지마(石垣島) / 150, 161
이시간토(石敢当) / 98, 107, 118
이시다 에이치로(石田英一郎) / 55
이야기꾼 / 71
이야기창고 / 69
이어도 / 171
이와테현(岩手県) / 25, 48, 65
이웃집 할아버지(隣の爺) / 43
이원론적 대립구도 / 188, 193, 198
이원론적 우주론 / 217
이이데(飯豊) / 49
이익(李瀷) / 228
이중의 신격 / 105
이케다 야사부로(池田弥三郎) / 213
이하(伊霸) / 103
이향(異郷)방문 / 43
이향관(異郷観) / 59
이향담(異郷譚) / 43, 44
이향방문담(異郷訪問譚) / 165
인간과 동물 / 240, 241, 242
인간과 동물의 관계 / 240, 241
인간세계와 신의 세계 / 103
인두세 / 195
인두세(人頭税) / 155, 181
인류문화 / 103
인물의 신격화 / 128, 139, 140, 142, 144, 145, 146, 147
인연담(因縁話) / 241
인형기원설 / 52
일본 본토의 설화 / 145
일본 전통문화 / 189
일본민속학 / 26, 56
일본민속학의 고향 / 92
일본사회 / 185, 186, 193, 198, 199
일본설화 / 279
일본요괴 / 35, 58
일본의 민속종교 / 147
일본의 민화(日本の民話) / 242, 264, 266, 280

일본의 파라다이스 / 176
일상적인 공간 / 28, 57
임사체험(臨死体験) / 43
임석재 / 242, 243

ㅈ

자급자족의 세계 / 195
자본주의사회 / 188, 191, 198
자시키와라시(ザシキワラシ) / 37, 46, 48, 49, 50, 51, 59
자연물의 신격화 / 128, 146
자연석 / 118
작은 새의 전생(小鳥前生) / 242
장자(長者) / 43, 47
장횡거(張橫渠) / 222
저승세계 / 43
전국요괴어사전(全国妖怪語辞典) / 211
전국체육대회(国体) / 66, 69
전문 이야기꾼 / 69, 71, 81, 92
전설상의 낙원 / 150, 151
전조담(前兆談) / 51
전통예능 / 159, 162
정병철(鄭秉哲) / 125
정월 십오일 / 47, 48
젠코지(善光寺) / 115
조동종(曹洞宗) / 86
조반분마(早飯奔馬) / 103, 133
조선문화 / 228
조선의 귀신(朝鮮の鬼神) / 227
조선의 무격(朝鮮の巫覡) / 227
조선의 풍수(朝鮮の風水) / 227
조선총독부 / 280
조수초목담(鳥獸草木譚) / 241
조켄지(常堅寺) / 86
종규(鐘馗) / 107
종합일본민속어휘(綜合日本民俗語彙) / 23, 35, 211
죽은 사람의 혼령(亡霊) / 35
중국도래설 / 52
중국인 집단거주지 / 108
지바 미키오(千葉幹夫) / 24, 211
지역사회 / 191
지역활성화 운동 / 64, 65, 66, 68, 71, 79, 81, 93
진혼(鎮魂) / 144
집에 사는 요괴(家の怪) / 24, 58
집요괴 / 35

ㅊ

채굉모(蔡宏謨) / 125
처녀귀신(孫閣氏) / 223
초자연적 존재 / 219
촌락공동체신앙 / 125
출판문화 / 231
치병(治病) / 114

ㅋ

캐릭터를 활용한 조형물 / 80
커뮤니티 / 195, 199

ㅌ

타계 관념 / 235
타계(他界) / 213
타계관 / 152
타이완(台湾) / 177

ㅍ

파생담(派生昔話) / 241
파이파티로마(パイパティローマ) / 150, 152, 153, 154, 155, 159, 170, 176, 177, 178, 192, 193, 195, 199
파이파티로마 전설 / 155, 177
파이파티로마의 현재적 수용 양상 / 171
풍수사상 / 108
피파(Fipa)족 / 240

ㅎ

하라 게이치(原敬一) / 73
하리미즈(漲水) 우타키 / 127
하이도난(ハイドゥナン) / 150, 151, 176, 177, 178, 197
하카리이시 / 99
하타케야마 아쓰시 / 125
하테루마(波照間) / 151
하테루마지마(波照間島) / 150, 158, 170, 176, 195, 196
한국구비문학대계 / 223, 278, 279
한국구전설화 / 242, 243, 244, 264, 273, 274, 278, 279, 280
한국민담의 유형연구 / 242
한국민속대관 / 220
한국설화 / 281
한국설화자료집 / 281
한국의 민속종교 / 147
한일동물설화 / 281
항해안전 / 117
해남소기(海南小記) / 154, 179, 195
해원신앙(解寃信仰) / 147
향토음식 / 91
헤시키 요시하루(平敷令治) / 100
헤이안(平安) 시대 / 144
현실세계의 질곡 / 150
호국비민(護国庇民) / 105
호국신 / 105
호국신 계열 / 102, 104, 118
호쿠잔(北山) / 106, 107
혹부리영감(瘤取爺) / 233
화자(話者) / 57
화족학교학칙(華族学校学則) / 189
황금도끼(黄金の斧) / 43
후도키(風土記) / 206
후쿠다 아키라(福田晃) / 218
히라타 아쓰타네(平田篤胤) / 23, 209
히라타촌(平田村) / 154
히로세(広瀬) 우타키 / 127